"创新设计思维"

数字媒体与艺术设计类新形态丛书

案例学 AIGC+

Premiere

短视频编辑与制作

微 | 课 | 版

戚大为 苏霞◎主编

时春风 丁亮◎副主编

人民邮电出版社

北 京

图书在版编目（CIP）数据

案例学 AIGC+Premiere 短视频编辑与制作：微课版 /
戚大为，苏霞主编. -- 北京：人民邮电出版社，2025.
（"创新设计思维"数字媒体与艺术设计类新形态丛书）.
ISBN 978-7-115-67652-8

Ⅰ. TP317.53

中国国家版本馆 CIP 数据核字第 20253QC166 号

内 容 提 要

本书是一本全面、系统讲解短视频编辑与制作的案例教程，精心设计"本章导读→学习目标→学习引导→行业知识→实战案例→拓展训练→AI 辅助设计→课后练习"的体例结构，以 Premiere 为核心工具，涵盖了五大主流短视频类型，并结合 AI 进行辅助设计，旨在培养读者的设计思维，强化读者的综合制作能力。

本书共 8 章，第 1 章讲解短视频编辑与制作基础知识；第 2 章讲解 Premiere 基础知识；第 3～7 章分别讲解宣传短片、电商短视频、自媒体短视频、Vlog、创意短视频的行业知识和实战案例操作；第 8 章为综合案例，帮助读者深入理解不同短视频行业的视频制作需求和应用场景，全面提升读者的短视频编辑与制作水平，以及实际应用能力。

本书内容讲解由浅入深、直观易懂、理论与实际相结合，可作为本科和职业院校短视频类课程的教材，也可作为短视频编辑与制作初学者，以及相关从业人员的参考书。

◆ 主　　编　戚大为　苏　霞
　　副主编　时春风　丁　亮
　　责任编辑　张　蒙
　　责任印制　胡　南

◆ 人民邮电出版社出版发行　　北京市丰台区成寿寺路 11 号
　　邮编　100164　　电子邮件　315@ptpress.com.cn
　　网址　https://www.ptpress.com.cn
　　临西县阅读时光印刷有限公司印刷

◆ 开本：787×1092　1/16
　　印张：14　　　　　　　　　　　2025 年 8 月第 1 版
　　字数：331 千字　　　　　　　　2025 年 8 月河北第 1 次印刷

定价：79.80 元

读者服务热线：(010)81055256　印装质量热线：(010)81055316
反盗版热线：(010)81055315

PREFACE

随着移动通信技术的飞速发展，以及智能手机的普及，短视频已经成为人们日常生活中非常重要的一部分，很多短视频创作者也通过制作与分享短视频获得了可观的经济收益。与此同时，随着科学技术的不断发展，人工智能（Artificial Intelligence，AI）技术也为短视频的编辑与制作带来更多的创意和可能性。在这样的技术浪潮下，短视频成为一个充满无限可能性的领域，短视频创作者唯有不断学习、实践与创新，才能紧跟时代的步伐，创作出更好的作品。

基于此，我们编写了本书。本书以行业需求为导向，以培养高技能人才为目标，力求通过丰富的知识和实战案例，引导读者掌握短视频制作技能，并不断寻求创新与突破，从而更好地提升专业技能。

▍本书特色

● **学习目标+学习引导，轻松指明学习方向**。本书将学习目标分为知识目标、技能目标和素养目标3个方面，全面帮助读者理清学习思路。另外，本书还设置了学习引导，引导读者高效预习，明确各章内容及重难点知识，科学提炼学习方法和技能要点，并提供学时建议和技能提升指导。

● **行业知识+实战案例，全面结合行业应用**。本书涵盖宣传短片、电商短视频、自媒体短视频、Vlog、创意短视频等五大主流短视频类型，先引导读者学习行业相关知识，再按照"案例背景→设计思路→操作要点→步骤详解"的设计流程，让读者深入体验案例的具体制作过程，充分理解并掌握行业案例的设计与制作方法。

● **Premiere+AI设计工具，结合科技高效创新**。本书以短视频编辑与制作中广泛应用的Premiere 2024为"蓝本"，充分考虑Premiere的功能和操作的难易程度，在各个案例中归纳操作要点，并提供操作视频，还附有Premiere教程二维码，供读者扫码自学、巩固所学知识。并且，本书紧跟行业前沿设计趋势，讲解常用AI辅助工具的技术原理、使用方法，并提供演示示例，让读者能够亲身体会AI辅助工具在短视频编辑与制作中的应用效果，从而拓宽读者的知识面，提升读者的创作能力。

● **拓展训练+课后练习，巩固并强化短视频编辑与制作的能力**。本书章末通过拓展训练和课后练习，帮助读者进一步巩固本章知识点，提升短视频编辑与制作能力。拓展训练提供完整的实训要求，并展示操作思路，让读者能够举一反三、同步训练；课后练习通过填空题、选择题、操作题等题型，帮助读者进一步巩固所学知识并锻炼独立完成的能力。

● **设计思维+技能提升+素养培养，培养高素质专业型人才。** 本书在正文讲解中提供有"设计大讲堂"栏目，讲述设计规范、设计理念、设计思维、设计趋势、前沿信息技术等内容，以提升读者的设计思维与专业能力；通过"操作小贴士"栏目，提升读者的软件操作技能。此外，实战案例的题材和内容设计中融入了家国情怀、工匠精神、传统文化、开拓创新等素养，旨在培养读者的文化自信，使其最终成长为全面发展的技能型人才。

▌资源支持

本书附有丰富的配套资源和拓展资源，读者可使用手机扫描书中的二维码获取对应资源，也可登录人邮教育社区（www.ryjiaoyu.com）获取相关资源。

素材效果使用说明：本书提供的所有案例素材和效果文件均以案例名称命名，并归类整理至对应章节文件夹（详见配套资源），以便读者查找和使用。

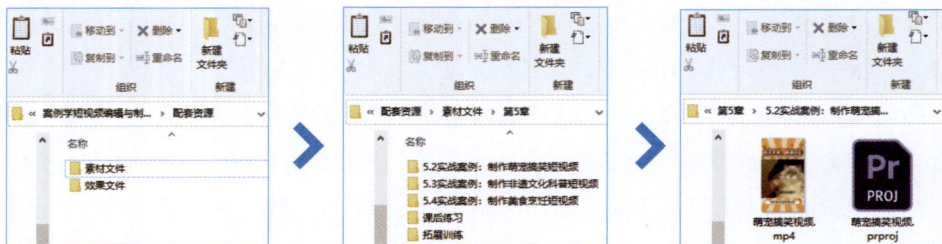

编者
2025年9月

CONTENTS

目录

第 1 章

001 ——————— 短视频编辑与制作基础知识

1.1 认识短视频与短视频编辑 002
　1.1.1 短视频的特点及优势 002
　1.1.2 短视频中的景别与运动
　　　　镜头 004
　1.1.3 AI 时代下短视频的发展
　　　　趋势 010
　1.1.4 短视频编辑常用术语 011

1.2 短视频编辑与制作的常用工具 014
　1.2.1 Premiere 014
　1.2.2 After Effects 014
　1.2.3 剪映 015
　1.2.4 快剪辑 016
　1.2.5 AI 工具 016

1.3 短视频编辑与制作的应用领域 017
　1.3.1 宣传短片 017
　1.3.2 电商短视频 018
　1.3.3 自媒体短视频 018
　1.3.4 Vlog 019
　1.3.5 创意短视频 019

1.4 课后练习 020

第 2 章

022 ——————— Premiere 基础知识

2.1 认识 Premiere 023
　2.1.1 Premiere 的工作界面 023
　2.1.2 Premiere 的常用面板 024
　2.1.3 Premiere 的常用工具 026

2.2 新建并设置项目和序列 027
　2.2.1 新建项目 027
　2.2.2 设置项目 028
　2.2.3 新建序列 029
　2.2.4 设置序列 032

2.3 素材的基本操作 032
　2.3.1 导入素材 033
　2.3.2 替换素材 034
　2.3.3 链接脱机素材 034
　2.3.4 分离和链接素材 035
　2.3.5 编组和解组素材 036

2.4 剪辑短视频 036
　2.4.1 添加素材至轨道 036
　2.4.2 快速剪切短视频 037

2.5 优化短视频内容 037
　2.5.1 应用和编辑视频效果 037

2.5.2 调整视频色彩 040

2.5.3 添加并调整文字 041

2.5.4 添加并调整音频 043

2.6 导出短视频与打包工程文件 043

2.6.1 渲染与导出短视频 044

2.6.2 打包工程文件 045

2.7 课后练习 045

第 3 章

047 ——————— 宣传短片制作

3.1 行业知识：宣传短片制作基础 049

3.1.1 宣传短片的类型 049

3.1.2 宣传短片的制作要点 052

3.2 实战案例：制作新品发布宣传

短片 053

3.2.1 导入视频素材 054

3.2.2 剪辑素材并调整播放速度 055

3.2.3 添加宣传文案 056

3.2.4 添加装饰素材 058

3.2.5 添加背景音乐 059

3.3 实战案例：制作旅游宣传短片 ...059

3.3.1 设置入点与出点 060

3.3.2 创建子剪辑 061

3.3.3 添加标记 062

3.3.4 添加景点宣传文案 063

3.4 实战案例：制作城市形象宣传

短片 065

3.4.1 通过"源"面板插入素材....066

3.4.2 在"节目"面板中提取

素材 067

3.4.3 添加"颜色遮罩"素材 068

3.5 拓展训练 070

实训1 制作企业形象宣传短片 070

实训2 制作夏季防暑宣传短片 071

3.6 AI 辅助设计 072

TreeMind 梳理视频剪辑思路 072

DeepSeek 编写视频文案 073

3.7 课后练习 074

第 4 章

076 ——————— 电商短视频制作

4.1 行业知识：电商短视频制作

基础 078

4.1.1 电商短视频的常见类型 078

4.1.2 电商短视频的制作要点 081

4.1.3 电商短视频的尺寸要求 082

4.2 实战案例：制作零食开箱

短视频 083

4.2.1 剪辑零食开箱短视频 084

4.2.2 应用视频过渡效果 085

4.2.3 制作短视频标题 086

4.2.4 添加背景音乐和音效 087

4.3 实战案例：制作家居用品种草

短视频 088

4.3.1 转换短视频比例 089

4.3.2 提高画面清晰度与丰富视频

画面 089

4.3.3 添加家居用品卖点文案和

装饰 090

4.4 实战案例：制作口红测评

短视频 092

4.4.1 制作短视频片头 093

4.4.2 制作模糊的视频背景 096

4.4.3 添加标题文字 097

4.4.4 添加片中文字和背景音乐....097

4.5 拓展训练 099

实训1 制作坚果展示短视频 099

实训2 制作小电锅种草短视频 100

4.6 AI 辅助设计 101

（图可丽） 抠取商品素材.................101

（美图设计室） 更换商品背景 102

4.7 课后练习 103

第5章

105 —— 自媒体短视频制作

5.1 行业知识：自媒体短视频的制作

基础 107

5.1.1 自媒体短视频的常见类型.....107

5.1.2 自媒体短视频的制作要点.....111

5.2 实战案例：制作萌宠搞笑

短视频.....................................113

5.2.1 剪辑萌宠视频素材...............114

5.2.2 制作萌宠特效 114

5.2.3 添加音效和背景音乐...........116

5.2.4 制作视频背景......................116

5.2.5 添加语音和文字 117

5.3 实战案例：制作美食烹饪

短视频.................................... 120

5.3.1 制作短视频片头 121

5.3.2 添加语音识别字幕...............122

5.3.3 剪辑美食烹饪视频素材 123

5.3.4 制作片尾动态效果...............125

5.4 实战案例：制作非遗文化科普

短视频.....................................126

5.4.1 制作短视频开场动态标题....127

5.4.2 剪辑相关视频素材...............128

5.4.3 应用动态图形模板...............129

5.4.4 添加传统背景音乐...............131

5.5 拓展训练 132

（实训1） 制作"大雪"节气科普

短视频 132

（实训2） 制作博物馆解说短视频......133

5.6 AI 辅助设计 134

（讯飞智作） 文字生成语音.................134

（喜马拉雅云剪辑） 处理语音音频.........135

5.7 课后练习 136

第6章

138 ———————— Vlog 制作

6.1 行业知识：Vlog 制作基础 140

6.1.1 Vlog 的常见类型.................140

6.1.2 Vlog 的制作要点.................143

6.2 实战案例：制作咖啡店探店

Vlog 145

6.2.1 制作趣味片头效果...............146

6.2.2 添加字幕内容......................146

6.2.3 剪辑咖啡店相关视频片段....148

6.2.4 丰富视频内容......................149

6.3 实战案例：制作旅行攻略

Vlog.................................... 150

6.3.1 制作分屏封面效果...............151

6.3.2 剪辑相关视频素材...............152

6.3.3 调整画面色彩......................154

6.3.4 添加装饰素材和攻略文字.....155

6.4 实战案例：制作生活记录

Vlog 157

6.4.1 制作片头动画效果...............158

6.4.2 剪辑素材并对画面调色.......160

6.4.3 添加装饰元素和字幕...........161

6.4.4 添加音效和背景音乐...........163

6.5 拓展训练 163

（实训1） 制作动物园一日游 Vlog.....163

（实训2） 制作春游 Vlog 165

6.6 AI 辅助设计 166

（度加创作工具） 根据文案生成

短视频 166

网易天音　一键生成背景音乐...167

6.7　课后练习 169

第7章

171 ——— 创意短视频制作

7.1　行业知识：创意短视频制作

　　　基础.................... 173
　　7.1.1　创意短视频的常见类型........173
　　7.1.2　创意短视频的制作技巧........175

7.2　实战案例：制作美食卡点

　　　短视频.................... 175
　　7.2.1　导入音频素材并添加标
　　　　　记点 176
　　7.2.2　剪辑美食视频素材 177
　　7.2.3　添加视频过渡效果和文字.....179
　　7.2.4　添加装饰素材并抠像 180

7.3　实战案例：制作水墨定格创意

　　　短视频.................... 181
　　7.3.1　制作变速视频....................182
　　7.3.2　制作水墨效果....................183
　　7.3.3　丰富视频效果....................184
　　7.3.4　添加装饰文字和音乐 186

7.4　实战案例：制作"我的故事"情景

　　　短视频.................... 187
　　7.4.1　根据剧本粗剪视频素材........188
　　7.4.2　添加语音和字幕 189
　　7.4.3　校正画面色调....................190
　　7.4.4　丰富视频内容....................193

7.5　拓展训练 194
　　实训1　制作秒变漫画趣味短
　　　　　视频 194
　　实训2　制作"草根老板"情景
　　　　　短视频 195

7.6　AI 辅助设计 197
　　腾讯智影　生成数字人播报视频......197
　　WHEE　生成创意特效视频.........198

7.7　课后练习 199

第8章

201 ——————————— 综合案例

8.1　农产品品牌项目设计 203
　　8.1.1　制作品牌活动宣传短片........203
　　8.1.2　制作农产品展示短视频........205
　　8.1.3　制作水果选购知识分享
　　　　　短视频....................207

8.2　智能家居企业项目设计............208
　　8.2.1　制作家居新品发布宣传
　　　　　短片 208
　　8.2.2　制作"我的家居好物分享"
　　　　　Vlog....................210
　　8.2.3　制作秒变不同家居风格创意
　　　　　短视频....................212

8.3　文化宣传项目设计 213
　　8.3.1　制作森林防火公益宣传
　　　　　短片....................213
　　8.3.2　制作中药科普短视频 214
　　8.3.3　制作博物馆一日游 Vlog.......216

Pr

第 **1** 章

短视频编辑与制作基础知识

众所周知，短视频是人们日常生活中不可或缺的一部分，它不仅改变了人们获取信息的方式，还使得短视频剪辑技术成为一个备受欢迎的技术领域。短视频编辑与制作是一种颇具创意和表现力的视频制作方式，主要运用相关的软件或工具，对拍摄好的视频进行剪辑、编辑、配乐、特效等处理，以呈现更加精彩的短视频内容。了解短视频编辑与制作的基础知识，将有助于为后续的学习奠定基础。

学习目标

▶ 知识目标

◎ 了解短视频与短视频编辑。
◎ 熟悉短视频编辑常用术语。

▶ 技能目标

◎ 能够掌握短视频编辑与制作的常用工具。
◎ 能够结合短视频编辑与制作的应用领域来选择行业。

▶ 素养目标

◎ 具备前瞻性意识和发展性思维，以便更好地推动短视频行业健康发展。
◎ 善于归纳总结，树立求真务实、开拓进取的职业态度。

学习引导

STEP 1　相关知识学习　　　建议学时：＿3＿学时

课前预习	1. 扫码了解短视频的概念和发展历程 2. 上网搜索并欣赏不同类型的优秀短视频案例
课堂讲解	1. 熟悉短视频的优势及特点、运动镜头与景别 2. 熟悉AI时代下短视频的发展趋势、短视频编辑常用术语 3. 掌握短视频编辑与制作的常用工具、了解短视频编辑与制作的应用领域
重点难点	1. 学习重点：Premiere、AI工具，宣传短片、电商短视频、自媒体短视频、Vlog、创意短视频 2. 学习难点：推镜头、拉镜头、摇镜头和移镜头，远景、全景、中景、近景和特写

课前预习

电子书

STEP 2　技能巩固与提升　　　建议学时：＿1＿学时

课后练习	通过填空题、选择题和操作题，熟悉短视频编辑与制作的基础知识

1.1　认识短视频与短视频编辑

在数字化时代的浪潮中，短视频以其独特的魅力迅速崛起，成为连接信息、分享生活、展现创意的重要窗口。为了更好地顺应这股潮流，短视频创作者需要深入了解和认识短视频与短视频编辑。

1.1.1　短视频的特点及优势

短视频作为一种内容形式，在互联网时代就已经出现。而随着移动互联网时代的到来，短视频再次走向了风口，观看短视频的用户数量不断攀升。第54次《中国互联网络发展状况统计报告》显示，截至2024年6月，我国网民规模近11亿人，短视频用户占网民整体的95.5%。短视频如此受欢迎与其自身的特点和优势密不可分。

1. 短视频的特点

短视频具有的短、低、快、强等特点，使其更容易获得用户的认可和选择。

● **短**。短是指短视频时长短，这有助于用户利用碎片化的时间接收其中的信息，更容易吸引和保持用户的注意力。

- **低**。低是指短视频的制作成本和门槛低。短视频的拍摄、剪辑和发布可以由一个人使用一部手机完成，而且短视频编辑与制作工具非常智能，功能也很丰富，用户可以轻松使用这些工具制作出特效丰富、剪辑清晰的短视频。
- **快**。快一方面是指短视频的内容节奏快，由于短视频时长短，所以其内容节奏比影视剧等长视频的内容节奏快，能够在较短的时间内向用户完整地展示创作者的意图；另一方面是指短视频的传播速度快，短视频通过网络能够迅速在互联网平台间进行传播。
- **强**。强是指短视频有较强的参与性，短视频创作者和观看者之间没有明确的分界线，即创作者可以成为其他人创作的短视频的观看者，而观看者也可以创作自己的短视频。

2. 短视频的优势

与图片、文字和声音相比，短视频的表现方式更加直观且具有冲击力；与长视频相比，短视频的内容节奏更快，能满足人们碎片化的信息需求，而且具备较强的互动性和社交属性；与直播视频相比，短视频具备更强的传播性，能够更长时间地传播和更便利地分享。以上这些都是短视频能够迅速获得用户认可和喜爱的原因。

（1）满足移动时代碎片化的信息获取需求

随着媒体以及通信技术的发展，人们查看网络上的各种信息时不再受时间和空间的限制，而是倾向于利用一些零碎、分散的时间接收信息，如上下班途中、排队等候的间隙等，这时人们可以随时随地通过手机或平板电脑等移动设备查看各种消息。而且，短视频时长较短、传递的信息简单直观，使人们不需要太多时间思考便能够理解，从而满足在碎片化时间下快速接收信息的需求。

（2）具备较强的互动性

短视频可以直接通过移动设备拍摄完成，然后一键发布并分享到朋友圈和微博等社交平台，从而实现用户之间的互动交流。而在短视频平台上，创作者和观看者能通过发布短视频进行单向、双向和多向的交流。这种互动性方面的优势使得创作者能够通过互动获取观看者对短视频内容的反馈，从而有针对性地提升短视频内容的质量。反之，观看者则可以通过互动进一步了解短视频内容的深层次含义，从而增进对短视频创作者以及内容中涉及的相关品牌和产品的理解，并发表自己的意见和见解。

（3）具有强大的社交属性

移动社交是目前最常见的社交方式之一。短视频则与移动社交完美契合，满足了用户充分展示自己积极形象的需求，而且用户也可以对他人的短视频进行点赞、评论，实现双向交流；一些收到点赞和评论多的用户还有机会获得平台的推荐，从而更容易吸引其他用户的关注。另外，短视频强大的社交属性也影响到网络社交平台的功能设计。例如，微信推出了"视频号"功能，当用户在微信视频号中看到感兴趣的短视频后，可直接将其分享到朋友圈或转发给微信好友，实现好友间的社交。

（4）具备较强的营销能力

短视频时长较短，传播速度快且范围广，不仅可以在短时间内集中展示产品的核心卖点、使用场景或品牌故事，从而有效吸引用户的注意力，也能够在短时间内覆盖大量潜在用户，提高品牌的曝光度和知名度。此外，短视频还可以根据用户的浏览历史和兴趣偏好进行个性化推荐，实现精准营销，提高产品转化率。

1.1.2 短视频中的景别与运动镜头

短视频的画面质量在一定程度上会影响作品的最终效果，而短视频中的景别与运动镜头则是决定画面质量的重要因素。

1. 景别

景别是指摄像设备与被摄对象的距离不同，造成被摄对象在摄像镜头中所呈现出的范围大小的变化。在短视频中，景别的运用则需根据短视频内容的需要和画面中的轻重主次，给予大小远近的恰当表现。

一般按照被摄对象在短视频中所占比例的大小，把景别分为远景、全景、中景、近景和特写5种类型。如果被摄对象是人，则以画面中截取人体部位的多少为标准。

（1）远景

远景一般用于表现环境全貌，以及展示人物及其周围广阔的空间环境、自然景色和人群活动大场面的画面。远景相当于从较远的距离观看景物和人物，视野非常宽广，以背景为主要拍摄对象，突出当前画面所处环境，如图1-1所示。

图1-1　远景

（2）全景

全景用于展示人物的全身（包括体型、衣着打扮等），以交代与说明在相对窄小的活动场景里人与周围环境或者人与人之间的关系。与远景相比，全景能够突出画面主体的全部形貌，整个画面会有一个比较明确的视觉中心，更能够全面阐释主体与环境之间的密切关系。换句话说，全景主要以画面主体的存在为前提，其概念是相对画面主体而言的。全景既可以是人的全景，也可以是人和物共同的全景。

全景画面中包含整个画面主体的形貌，它既不像远景由于细节过于模糊而经不起仔细观察，也不像中景、近景由于画面过近而不能展示画面主体的整个形态、动作，在叙事、抒情和阐述画面主体与环境关系等方面可以起到独特的作用，如图1-2所示。

另外，全景镜头一般是作为短视频某段内容的关系镜头出现的。也就是说，在一个场景中，拍摄全景画面的目的通常是引出后面的一系列中景、近景或特写的镜头，全景画面中的内容是构建后面相关景别镜头的叙事依据。例如，上一个镜头是人物洗碗时的全景画面，下一个镜头中可以合理出现洗碗时的手部特写画面（见图1-3），这样观众更能理解下一个镜头所展现的具体动作或细节在整个情节中的位置和意义。

图1-2 全景

图1-3 洗碗镜头

（3）中景

中景主要用来表达人与人、人与物、物与物之间的关系，通常指拍摄人物膝部以上内容或场景局部。和全景相比，中景重点在于表现人物的上身，以反映人物的动作、姿态、手势等信息，此时环境处于次要地位。中景具备较强的叙事功能，因此在短视频中，若要表现人物的身份、动作和动作目的，以及多个人物之间的关系，甚至人物对话和情绪交流的画面都可以采用中景，如图1-4所示。

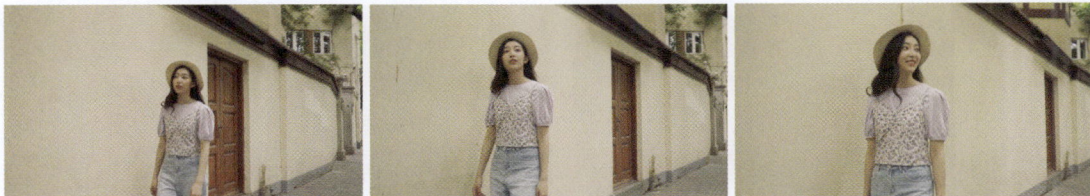

图1-4 中景

（4）近景

近景主要用于表现被摄对象的局部，在拍摄人物时，通常呈现人物胸部以上的神态细节，此时环境处于次要地位。由于近景拍摄的画面可视范围较小，人物和景物的尺寸足够大，能清楚地呈现被摄对象的细微之处，所以非常有利于表现人物的面部表情或者其他部位的状态、细微动作以及景物的局部状态，能使观众将注意力高度集中于被摄对象的主要特点，基本忽略环境与被摄对象的关系，让被摄对象在观众心中留下鲜明的、强烈的印象。以上这些都是远景、全景和中景画面难以表现的特性。图1-5所示的汽车宣传片中，使用近景镜头从多个角度充分展示了汽车的细节。

图1-5　近景

（5）特写

特写主要用于拍摄人物肩部以上的位置，或其他被摄对象的局部细节，通过放大局部细节来表现人或物的局部特征，揭示被摄对象的本质。特写的取景范围小，被摄对象充满画面，内容比较单一，但能够强烈地吸引观众的注意力。在短视频中使用特写镜头能够增强画面的表现力和感染力，向观众传达强烈的情感和清晰的信息，给人以深刻的印象。图1-6所示的美食制作短视频中，使用特写镜头近距离展示了美食的制作过程。

图1-6　近景

在短视频编辑与制作过程中，创作者往往很难以一个单独的镜头来表达连贯性内容，因此最好将不同景别的镜头组合在一起，以便完整地表达短视频内容。

设计大讲堂

通常来说，短视频创作者在拍摄短视频时可以从两个方面设置景别：一是摄像设备的位置与被摄对象的距离，即视距；二是摄像设备所使用的镜头焦距。在短视频编辑与制作过程中，由于短视频已经拍摄完成，此时就可以通过设置短视频画面的大小或比例（如裁剪或缩放操作）来改变景别。需注意的是，这种方法并不等同于改变原有的景别设置，甚至破坏原有景别传达的信息，正确的做法应该是在拍摄阶段就做好规划，确保每个镜头都能准确地传达出所需的信息和情感。

2. 运动镜头

短视频的画面主要通过多个镜头素材的组合来完成。短视频中常见的镜头主要分为两类。一类是固定镜头，主要通过摄像机机位（指摄像机相对于被摄对象的空间位置）和焦距（指平行光入射时从透镜中心到焦点的距离）保持不变，在固定的框架中进行拍摄，如图1-7所示。

图1-7　固定镜头

另一类是运动镜头，也叫移动镜头，主要是通过摄像机的连续运动或连续改变光学镜头的焦距来进行拍摄。运动镜头有推、拉、摇、移等不同的实现方式，对应的镜头被称为推镜头、拉镜头、摇镜头和移镜头。运用运动镜头可以模拟人的视觉感官，使画面更加真实、生动，有利于在视觉上吸引观众的注意力。

🎯 设计大讲堂

固定镜头可以在固定的框架下，长久地拍摄动态或者静态的事物，从而体现事物的发展规律。但固定镜头具有视点单一、构图缺乏变化、难以呈现环境全貌等局限，因此在短视频中，常会与运动镜头配合运用。

（1）推镜头

推镜头是指将摄像器材向靠近被摄对象的方向匀速推进，或调整焦距使被摄对象在视频画面中变得越来越大。使用推镜头拍摄的画面可形成较大景别向较小景别连续递进的视觉前移效果，让观众有种视点前移，身临其境的感觉，如图1-8所示。

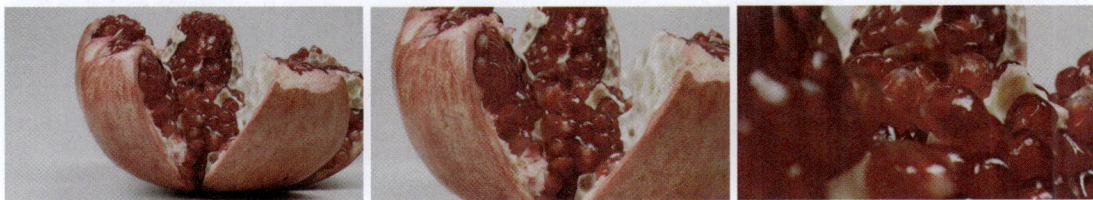

图1-8　推镜头

（2）拉镜头

拉镜头与推镜头相反，是指将摄像器材向远离被摄对象的方向运动，或调整焦距使被摄对象在画面中变得越来越小。使用拉镜头拍摄的画面会呈现出由近及远、由局部到整体的视觉后移效果，而且取景范围由小变大、由小景别向大景别变化，这样可以增加视频画面的信息量，逐渐显现出被摄对象与整体环境之间的关系，如图1-9所示。

图1-9　拉镜头

（3）摇镜头

摇镜头是指将摄像器材位置固定，以该器材为中轴固定点，通过摄像器材本身的水平或垂直移动进行拍摄的镜头。摇镜头类似于人转动头部环顾四周或将视线由一点移向另一点的视觉效果，以便表现被摄对象的动态、动势、运动方向和运动轨迹。摇镜头既可以用于拍摄开阔的画面，以及群山、草原、沙漠、海洋等宽广深远的景物（见图1-10），也可以用于拍摄运动中的物体。

图1-10　摇镜头

（4）移镜头

移镜头是指将摄像器材架在可移动设备上随之运动并进行拍摄的镜头。移镜头与摇镜头十分相似，但视觉效果更为强烈。摄像器材处在运动中，使得视频的画面框架也始终处于运动状态，被摄对象不论是运动还是静止，都会呈现出位置不断移动的视觉效果。移镜头下不断变化的背景使视频画面表现出一种流动感，如图1-11所示。

图1-11　移镜头

（5）跟镜头

跟镜头是指摄像器材始终跟随被摄对象一起运动的镜头。不同于移镜头，虽然跟镜头的运动方向是不规则的，但是要一直把被摄对象保持在视频画面中位置相对稳定的状态。跟镜头既能突出被摄对象，又能表现其运动方向、速度、体态，及其与环境的关系，因此在短视频中非常常见。另外，根据拍摄方向的不同，跟镜头通常可分为前跟、后跟和侧跟3种类型。图1-12所示的短视频画面采用了侧跟镜头。

图1-12　跟镜头

（6）旋转镜头

旋转镜头是指被摄对象呈现出旋转效果的镜头，常用于表现人物（或其他运动物体）的旋转动作、全角度展现宏伟的建筑或自然景观、表现特定的情绪和气氛等，可以增强画面的动感和视觉效果。需注意的是，旋转镜头的运动速度不能过快，否则容易给观众带来眩晕的视觉感受。图1-13所示的短视频画面采用了拉镜头和旋转镜头展现画面中的景物。

图1-13　旋转镜头

1.1.3 AI时代下短视频的发展趋势

在AI技术日新月异的今天，短视频行业迎来了前所未有的飞跃式发展。商家与企业敏锐地捕捉到AI赋能的海量用户群体中蕴藏着无限的商机，于是纷纷加速布局短视频领域，利用AI辅助精准营销和创意内容生产，进行高效的品牌推广与营销活动，取得了可观的经济效益。在这一背景下，几乎所有的商家和企业都将短视频视为不可或缺的战略高地，积极融入AI技术，构建自己的短视频营销生态，以抢占市场先机。可以预见，未来几年AI将成为短视频行业的重要驱动力，引领内容质量的提升和短视频的多元化发展。

1. 市场规模仍将维持高速增长

短视频本质上是一种媒体的新载体，能够为众多行业注入新活力。而且，随着5G技术（5th Generation Mobile Communication Technology，第五代移动通信技术）的普及和网络环境的优化，以及短视频行业的进一步规范，短视频的商业价值会越来越高，市场规模仍将维持高速增长的态势。

2. 驱动内容创新

AI技术在短视频行业的应用将进一步提升内容的创新性。例如，利用AI大模型分析大量短视频数据，提取其中的创意元素和流行趋势，为短视频创作者提供广泛的创意启发和制作方向。图1-14所示为利用AI技术生成的京剧动画短片《火焰山》，不仅展示了AI技术在短视频领域的巨大潜力，也为传统文化的传承和发展提供了新的思路和方向。

图1-14　京剧动画短片《火焰山》

3. 赋能短视频创作与平台优化

AI技术可以辅助短视频创作者进行内容创作，如自动生成配乐、字幕、特效等，降低创作门槛，提高创作效率。同时，短视频平台可以利用AI技术更好地分析用户的行为和喜好，借助智能推荐算法与个性化内容定制，为用户推荐更符合其口味的内容，提供更加精准的社交推荐和互动方式等，进一步增强短视频平台的社交属性，提高用户黏性和活跃度，以吸引和留住用户。

4. 推动跨界整合营销

短视频商业价值的不断提升，使得企业在短视频领域进行营销推广时，能与更多产业实现跨界合作和融合，从多个角度诠释品牌和产品的特点和价值，并借助短视频的传播和社交属性，提升营销效果。AI技术将促进这种合作和融合，为短视频行业带来更多的商业机会和创新模式。图1-15所示为利用AI技术制作的"新品上市"电商短视频，采用了"短视频+电商"模式，利用视频形式深入展现商品卖点，吸引观看该短视频的用户点击商品链接，进入短视频平台的自营电商店铺或者第三方网络店铺（如淘宝、京东）购买该商品。

图1-15　"新品上市"电商短视频

5. 隐私风险增加

AI技术的发展不仅提升了短视频的制作效率和质量，还带来了更加便捷、智能和个性化的用户体验。但同时，它也面临着隐私保护的挑战。很多短视频中都包含了大量的个人信息，如面部特征、声音特征、行为习惯等，这些信息如果缺乏有效的隐私保护和数据加密措施，一旦被别有用心的人用不法手段获取和利用，将会使个人信息面临被泄露的风险。例如，通过分析个人在短视频平台上发布的视频，黑客或不良商家可能会获取到个人的语音、人脸、唇形等信息，然后利用AI技术进行人脸语音合成，进而有针对性地实施诈骗。

短视频平台应该主动承担自身所肩负的社会责任，接受社会各界的持续监督，保护用户信息的安全性和隐私性。同时，短视频平台也可以利用AI大模型辅助短视频内容审核，快速识别和处理违规内容，进一步提高短视频平台的内容质量，防止用户产出包含色情、暴力、侵犯版权的短视频内容。用户也要提高对隐私保护和数据安全的重视程度和防范意识，保护个人隐私和数据安全。

1.1.4　短视频编辑常用术语

在短视频编辑与制作过程中，用户经常会遇到帧和帧速率、场等专用名词。这些名词是视频剪辑的常用术语，了解这些常用术语有利于后续的剪辑操作。

1. 帧和帧速率

帧和帧速率对短视频画面的流畅度、清晰度、文件大小等都有着重要的影响。

- 帧。帧相当于电影胶片上的镜头，一帧就是一幅静止的画面，播放连续的多帧就能形成动态效果。
- 帧速率。帧速率（Frame Rate）是指画面每秒传输的帧数（单位为：帧/秒），即通常所说的视频的画面数。一般来说，帧速率越高，短视频画面越流畅，短视频播放速度也越快，但同时短视频文件也会越大，进而影响短视频的后期编辑、渲染，以及短视频的输出等环节。要想生成平滑、连贯的播放效果，帧速率一般不低于8帧/秒；电影的帧速率多为24帧/秒；目前国内电视使用的帧速率为25帧/秒。

2. 场

场是一种视频扫描的方式，主要分为隔行扫描和逐行扫描两种。隔行扫描的每一帧由两个场组成，一个是奇场，是扫描帧的全部奇数场，又称为"上场"；另一个是偶场，是扫描帧的全部偶数场，又称为"下场"。场以水平分隔线的方式隔行保存帧的内容，并且将先显示第一个场的交错间隔内容，再显示第二个场的交错间隔内容，其作用是填充第一个场留下的缝隙。逐行扫描将同时显示每帧的所有像素，从显示屏的左上角一行接一行地扫描到右下角，扫描一遍就能够显示一幅完整的图像。这种方式也称为"无场"。

3. 视频制式

视频制式是指电视信号（电视信号是指通过电磁波或有线传输等方式传送的视频和音频信号，用于在电视机上还原图像和声音）的标准，可以简单地理解为用来实现电视图像或声音信号所采用的一种技术标准。世界上主要使用的视频制式有NTSC（National Television System Committee，美国国家电视制式委员会）制式、PAL（Phase Alteration Line，逐行倒相）制式和SECAM（Sequential Color and Memory，按顺序传送彩色与存储）制式3种类型。

- NTSC制式。NTSC制式规定视频每秒30帧，每帧525行，水平分辨率为240～400个像素点。视频采用隔行扫描，场频为60Hz，行频为15.634kHz，宽高比为4∶3。目前美国、加拿大、日本等国家使用这种制式。
- PAL制式。PAL制式规定视频每秒25帧，每帧625行，水平分辨率为240～400个像素点。视频采用隔行扫描，场频为50Hz，行频为15.625kHz，宽高比为4∶3。目前中国、澳大利亚、德国等国家使用这种制式。
- SECAM制式。SECAM制式规定视频每秒25帧，每帧625行。视频采用隔行扫描，场频为50Hz，行频为15.625kHz，宽高比例为4∶3。上述指标均与PAL制式相同，但具体实现细节有些许不同。目前法国、中东和非洲大部分国家使用这种制式。

4. 时间码

时间码是摄像机在拍摄时针对每一幅图像记录的时间编码。时间码为视频每一帧分配一个数字，用以表示小时、分钟、秒钟和帧数。其格式为"××H××M××S××F"，其中的××代表数字，也就是以"小时:分钟:秒:帧"的形式确定每一帧的具体位置，如00:00:05:01则表示第5秒的第1帧位置。

5. 像素与分辨率

像素是构成数字图像的基本单元，通常以每英寸的像素点数量来衡量。单位面积内的像素点数量越多，分辨率越高，短视频画面的影像就越清晰。

分辨率是指单位长度内包含的像素点数量，主要用于控制屏幕显示图像的精密度。分辨率的表示方法是"横向的像素点数量×纵向的像素点数量"，如1024×768就表示每一条水平线上包含1024个像素点，共有768条线。不同视频所显示的分辨率不同，如标清视频的分辨率为720×576，高清视频的分辨率为1920×1080。当构成数字视频的像素点数量很多时，可用K来表述，如2K视频的分辨率为2048×1080、4K视频的分辨率为4096×2160。

6. 像素宽高比和屏幕宽高比

像素宽高比是指像素的宽度与高度之比，如方形像素的像素宽高比为1:1。像素在计算机和电视中的显示并不相同，通常在计算机中为正方形像素，在电视中为矩形像素。因此，在选择像素宽高比时需要先确定视频文件的输入终端。若在计算机上输入，一般选择"方形像素"；若在电视或宽屏电视上输入，则需要选择相应的像素宽高比，以避免视频画面变形。

屏幕宽高比是指屏幕画面横向和纵向之比。在不同的显示设备上，屏幕宽高比也会有所不同。一般来说，标准清晰度电视采用的屏幕宽高比为4:3，如图1-16所示；高清晰度电视采用的屏幕宽高比为16:9，如图1-17所示。除了这些尺寸外，电影院也经常采用2.35:1、2.39:1、21:9等较大比例，给人一种更震撼的沉浸式的视觉效果。

图1-16　屏幕宽高比为4:3　　　　　　　图1-17　屏幕宽高比为16:9

7. 短视频格式

常见的短视频格式有以下几种。

● MP4格式。MP4格式（*.mp4）是一种标准的数字多媒体容器格式，主要用于存储数字音频及数字视频，也可用于存储字幕和静止图像。MP4格式的优点是能够在维持较高质量视频的同时，进一步缩小文件大小，还具有广泛的兼容性，因此该格式的视频非常适合在网络上进行传输和分享。

● WMV格式。WMV（*.wmv）格式是由微软公司开发的一种采用独立编码方式，并且可以在线上实时播放的文件压缩格式。WMV格式适用于各种设备和网络带宽，尤其是在同等视频质量下，WMV格式的文件体积非常小，这使得它适合在线上进行播放和传输。但WMV格式存在兼容性问题，需要选择合适的播放器或插件才能正常播放。

- ●**FLV格式**。FLV（*.flv）格式是一种网络视频格式，主要用作流媒体格式。FLV格式的优点是形成的文件较小、加载速度快，且几乎所有的操作系统都支持其视频播放。这使得它非常适合在网络上进行传输，可以有效提高视频文件在网络上的使用效率。
- ●**MKV格式**。MKV（*.mkv）格式是一种多媒体封装格式，可以将多条不同编码的视频以及16条或以上不同格式的音频和语言不同的字幕封装到一个Matroska Media文件中。MKV格式的优点是可以提供非常好的交互功能。
- ●**AVI格式**。AVI（*.avi）格式是一种将视频信息与音频信息一起存储的常用多媒体文件格式。AVI格式以帧为存储动态视频的基本单位，在每一帧中，都是先存储音频数据，再存储视频数据，即对音频数据和视频数据进行交叉存储。AVI 格式的优点是图像质量好，并且可以在多个平台上播放使用；缺点是体积过于庞大。
- ●**MOV格式**。MOV（*.mov）格式是Apple公司开发的QuickTime格式下的视频格式。MOV格式支持25位彩色和领先的集成压缩技术，提供150多种视频效果，并配有200多种MIDI（Music Instrument Digital Interface，乐器数字接口），用以兼容音响和设备的声音装置，是一种优良的视频编码格式。

1.2 短视频编辑与制作的常用工具

现如今，短视频广泛应用于产品宣传、品牌塑造等多个方面，短视频编辑与制作也因此受到越来越多人的关注。本书主要用到的视频编辑软件是Premiere，同时也用到很多其他的视频编辑软件，以及用于辅助短视频制作的一些AI工具。

1.2.1 Premiere

Premiere是由Adobe公司开发的一款高效、精确、专业的音视频编辑软件，可以支持当前所有标清和高清格式音视频的实时编辑。Premiere支持采集、剪辑、调色和美化音视频，以及添加字幕、输出视频和DVD刻录等功能，并能和其他Adobe系列软件紧密集成、相互协作，从而满足用户创作高质量短视频作品的要求。

1.2.2 After Effects

After Effects是由Adobe公司开发的另一款视频后期编辑与处理软件，其功能非常强大，在短视频制作中扮演着至关重要的角色。After Effects拥有强大的短视频处理能力、丰富的特效库和灵活的编辑功能，可以轻松实现视频、图像、图形、音频等素材的编辑合成以及特效处理，为短视频创作者提供了无限的创作可能。图1-18所示为After Effects的操作界面。

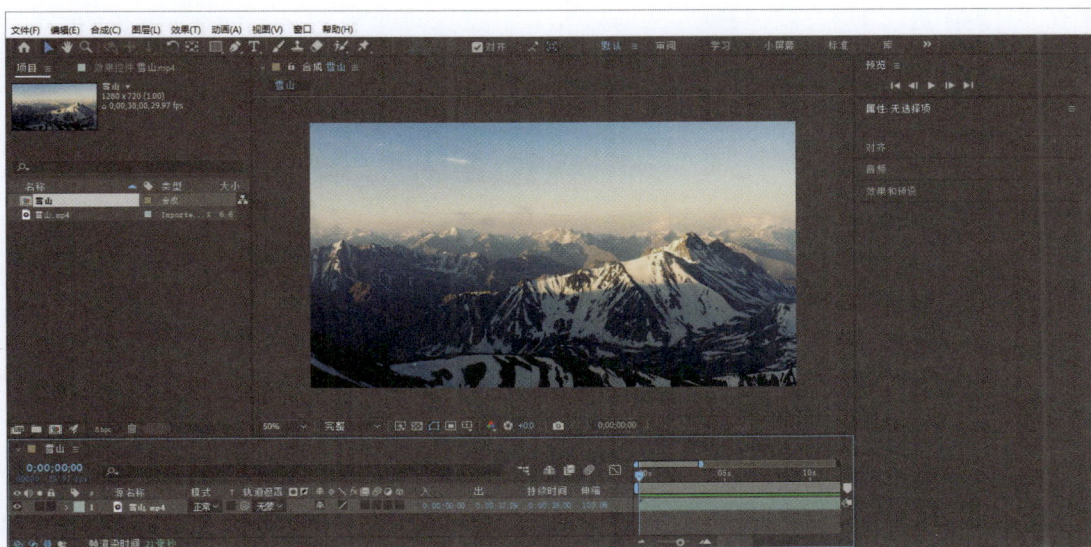

图1-18　After Effects的操作界面

1.2.3　剪映

　　剪映由抖音短视频官方推出，具有全面的剪辑功能，支持多种变速、滤镜、转场效果，并提供丰富的曲库资源和短视频制作模板，可以满足大部分短视频创作者的需求，是较为全面的短视频剪辑工具。剪映有移动端App（Application，应用）、PC（Personal Computer，个人计算机）端，以及网页版3种版本。图1-19所示为剪映专业版操作界面。

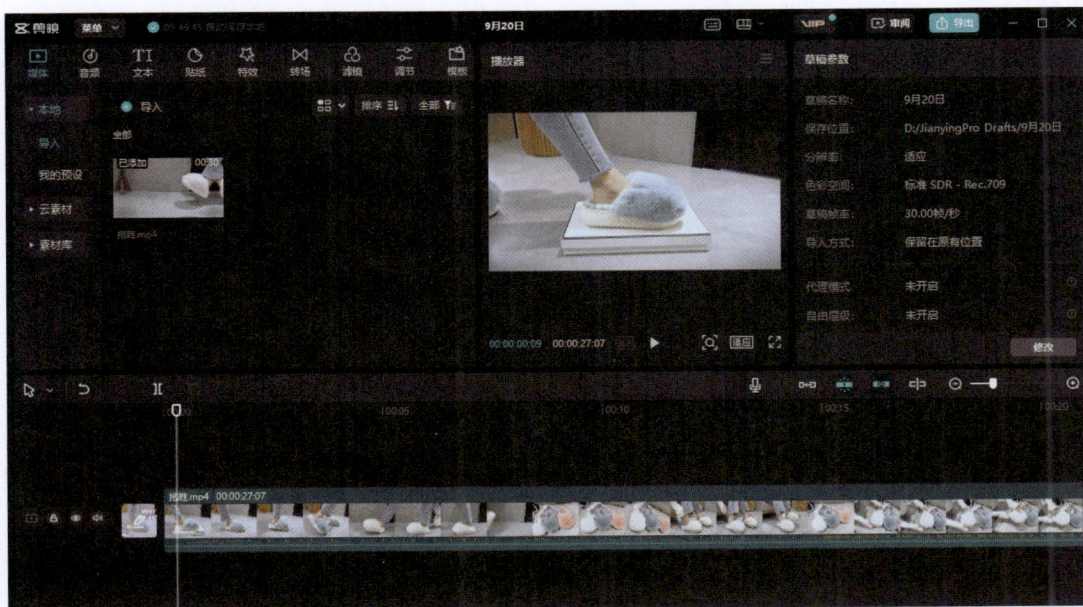

图1-19　剪映专业版操作界面

1.2.4 快剪辑

快剪辑是一款免费的视频编辑与制作软件，不仅支持剪辑短视频素材，为短视频添加音乐、音效、字幕、转场，以及进行抠图和调色等基础功能，还支持使用软件自带的AI工具去除素材上的水印、字幕等。快剪辑的操作界面简约大气、清晰易懂，用户无须具备专业的剪辑基础即可快速上手，大大降低了使用门槛。

快剪辑有专业模式和快速模式两种，专业模式适合精细剪辑，快速模式便于快速完成制作。用户可以根据自己的需求进行选择，实现更加灵活多样的短视频创作。图1-20所示为快剪辑专业模式操作界面。

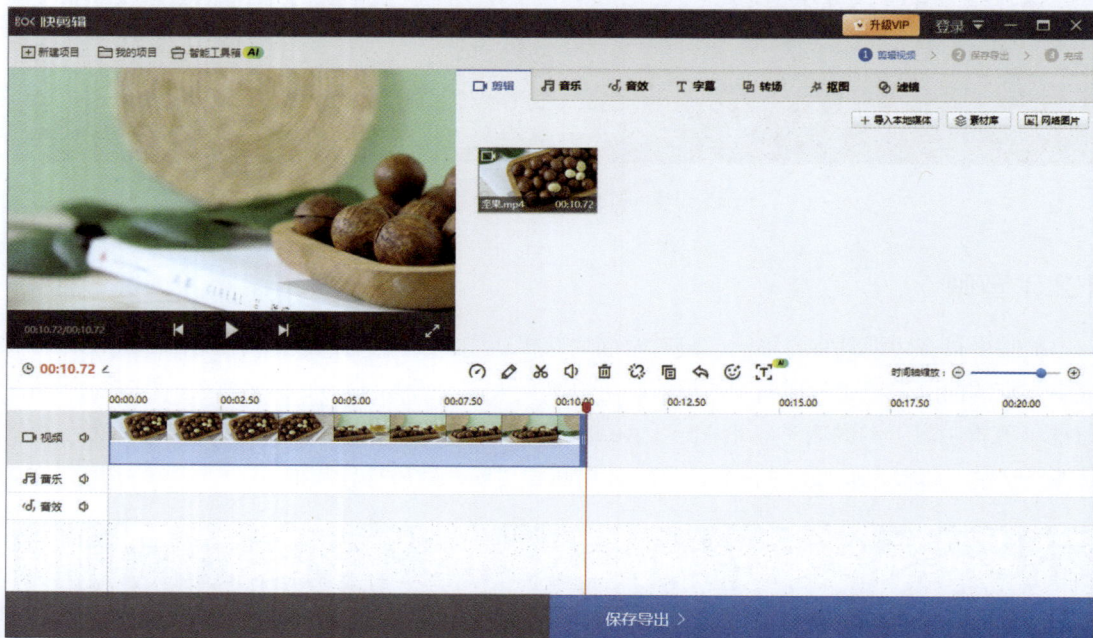

图1-20　快剪辑专业模式操作界面

1.2.5 AI工具

用户在编辑与制作短视频时，除了可以运用前面所讲的一些软件外，还可以利用一些AI工具。这样不仅能够更高效地完成多媒体制作任务，还能提升作品的质量和创新性，推动短视频行业的进一步发展。下面是在短视频制作中常用的一些AI工具。

- AI对话和写作工具。文心一言、讯飞星火、TreeMind树图、DeepSeek。
- AI图像工具。神采AI、美图设计室、文心一格、无界AI、图可丽。
- AI配音和音频剪辑工具。魔音工坊、讯飞智作、网易天音、喜马拉雅云剪辑。
- AI视频生成与剪辑工具。腾讯智影、一帧秒创、度加创作工具、WHEE、可灵AI。

另外，结合使用多个不同类型的AI工具，可以达到快速制作的效果。如使用AI对话和写作工具来获取短视频的剪辑思路和文案，甚至创意灵感；利用AI图像工具生成丰富的图像素材；利用AI配音和音频剪辑工具生成合适的音频素材；利用AI视频生成与剪辑工具为短视频提供恰当的视频素材，再通过剪辑生成的一系列素材制作出短视频。

图1-21所示为央视网利用AI工具生成的全国文旅宣传短片《AI我中华》。在该宣传短片中，创作者利用AI视频生成工具和AI图像工具创造出了既真实又具有艺术感的宣传片画面，具有高度的代表性和视觉冲击力，同时还利用AI配音工具生成宣传片中的配音，确保语音自然流畅，与视频内容相契合。该宣传短片充分展示了AI工具在短视频编辑与制作方面的强大能力，为传统的宣传短片制作带来了革命性的创新。

图1-21　全国文旅宣传短片《AI我中华》

设计大讲堂

随着数字化、网络化、智能化的深入发展，AI技术将在短视频中发挥越来越重要的作用。但AI技术同时也引发了一些法律法规、伦理、行业准则等方面的问题和争议，因此创作者在使用AI技术时，必须严格遵守《中华人民共和国网络安全法》等相关法律，严禁利用AI技术生成涉及政治人物、色情、恐怖等违反法律法规，损害社会公共利益，甚至引发社会不稳定的不良内容。

1.3　短视频编辑与制作的应用领域

短视频编辑与制作在多个领域有着广泛的应用。本节从宣传短片、电商短视频、自媒体短视频、Vlog以及创意短视频这5个领域展开详细介绍。

1.3.1　宣传短片

宣传短片旨在通过有限的时长快速传达品牌、产品、服务、活动或理念的核心价值、独特卖点及情感共鸣点，通过精美的画面、合适的音乐和简洁有力的文案吸引目标受众的注意并激发其兴趣或促使其采取行动，从而有效传达核心信息。

近年来，短视频平台（如抖音、快手、微信视频号等）迅速崛起，吸引了大量用户。这些平台以其独特的算法推荐机制、丰富的用户互动功能以及庞大的用户基础，成为发布宣传短片的重要渠道。这不仅使得宣传短片能够更广泛地触达目标受众，还能够增强传播和宣传效果。图1-22所示为发布在微信视频号平台上的城市形象宣传片。

图1-22　城市形象宣传片

1.3.2 电商短视频

随着电商市场规模逐年扩大，产业生态逐渐形成，许多商家或个人开始利用短视频来销售商品。为此，很多短视频平台开发了专门的短视频电商销售功能，供有销售需求的商家或个人使用。电商短视频通过直观的视觉展示和详细的商品介绍，能够帮助消费者更好地了解商品的外观、功能、使用方法等，提高购买率。图1-23所示为一款智能手环电商短视频，展示了智能手环的外观、佩戴效果、健康监测功能、运动数据记录等，激发了消费者的购买欲望。

图1-23　智能手环电商短视频

1.3.3 自媒体短视频

在自媒体领域，短视频由于其短小精悍、内容丰富、易于传播等特点，迅速成为最受欢迎的内容形式之一；其内容多样，涵盖了生活记录、娱乐、搞笑、教育、科普、美食、旅行、科技、美妆等多个领域，可以满足不同受众的需求。短视频不仅满足了现代人快节奏生活中碎片化的信息获取需求，还通过视觉和听觉的双重刺激有效提升了观众的观看体验。随着智能手机的普及和短视频编辑软件操作的简化，几乎任何人都可以成为自媒体短视频的创作者。图1-24所示为某记录农村生活的自媒体博主在小红书平台上发布的自媒体短视频，展示了牛肝菌从采摘到清洗、烹饪与品尝的整个过程，风格朴实自然，让观众感受到真实的乡村气息，吸引了众多粉丝的关注。

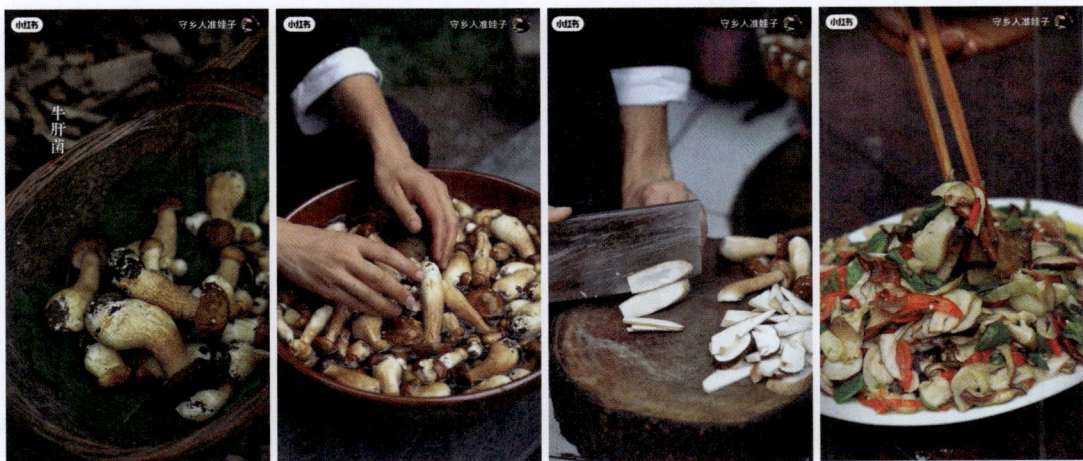

图1-24　自媒体短视频

1.3.4　Vlog

　　Vlog的全称为"Video Blog"或"Video log"，中文含义为"视频博客"或"视频日记"，是一种用视频来记录个人生活的短视频形式。通俗来讲，Vlog就是以视频为载体的网络日志。目前短视频平台上存在各种Vlog，内容涉及旅游、工作、学习、心情等不同的主题。另外，Vlog具有真实性和亲和力强的特点，能够迅速拉近博主与观众之间的距离；而且Vlog的内容一般不会很复杂，因此很多博主在初次尝试短视频制作时，都会选择制作Vlog。图1-25所示为某博主发布的以"沉浸式陪父母度假"为主题的旅游Vlog，展示了一家人的旅行全过程。

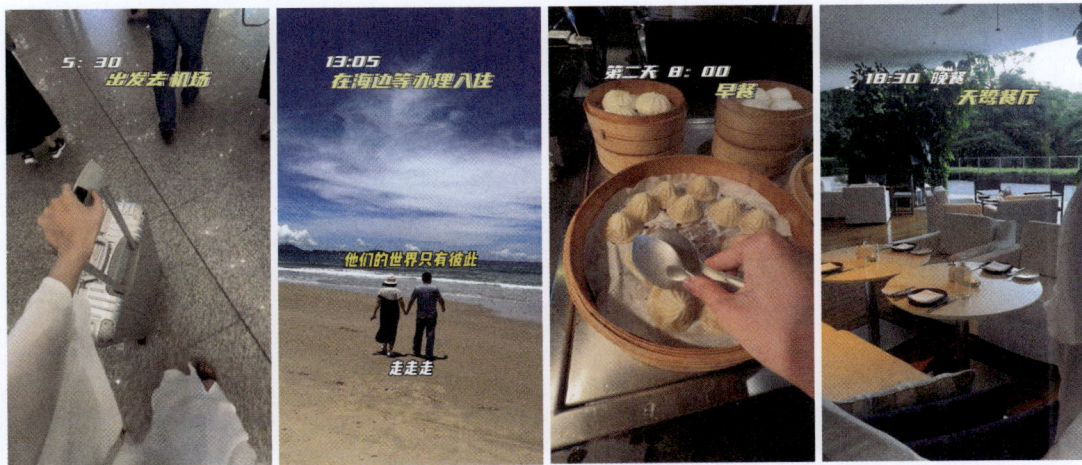

图1-25　旅游Vlog

1.3.5　创意短视频

　　创意短视频是指内容以创新事物和意识为主，或采用了独特表现手法的短视频作品。创意短视频的核心在于创意性，主要通过独特的视角、新颖的故事情节或巧妙的表达方式吸引观众，激发观众的想象力和创造力，以传递特定信息。图1-26所示为小红书平台发布的关于"大自然藏宝节"活动的创意短视频，利用"××藏着××"的句式，以及独特的文字特效，带给观众出乎意料的惊喜感，激发观众的参与兴趣，同时也强调了该活动的趣味性和探索自然的热情，成功吸引了大批观众的关注。

图1-26　创意短视频

1.4　课后练习

1．填空题

（1）短视频具有的_____、_____、_____、_____等特点，使其更容易获得用户的认可和选择。

（2）_____主要是用来表达人与人、人与物、物与物之间的关系，通常指拍摄人物膝部以上内容或场景局部。

（3）_____主要是通过摄像机的连续运动或连续改变光学镜头的焦距来进行拍摄。

（4）Vlog的全称为_____，中文含义为"视频博客"，是一种用视频来记录个人生活的短视频形式。

2．选择题

（1）【单选】帧速率是指画面每秒传输的帧数，单位为帧/秒。要想生成平滑、连贯的播放效果，帧速率一般不低于（　　）。

A．7帧/秒　　　　　　B．8帧/秒　　　　　　C．9帧/秒　　　　　　D．10帧/秒

（2）【单选】（　　）是指单位长度内包含的像素点数量，主要用于控制屏幕显示图像的精密度。

A．分辨率　　　　　　B．帧　　　　　　　　C．场　　　　　　　　D．像素长宽比

（3）【单选】（　　）是指将摄像器材位置固定，以该器材为中轴固定点，通过摄像器材本身

的水平或垂直移动进行拍摄的镜头。

　　A. 固定镜头　　　　　B. 跟镜头　　　　　C. 推镜头　　　　　D. 摇镜头

　　（4）【多选】下面属于短视频优势的有（　　）。

　　A. 满足移动时代碎片化的信息获取需求　　　B. 具备较强的互动性

　　C. 具有强大的社交属性　　　　　　　　　　D. 具备较强的营销能力

　　（5）【多选】视频制式是指电视信号的标准，可以简单地理解为用来显示电视图像或声音信号所采用的一种技术标准。世界上主要使用的视频制式有（　　）。

　　A. NTSC　　　　　　　B. ESC　　　　　　　C. PAL　　　　　　　D. SECAM

3. 操作题

　　（1）在短视频平台上观看一些感兴趣的短视频，分析这些短视频运用的景别和运动镜头。

　　（2）上网搜索更多可以用于短视频编辑与制作的AI工具，总结其优势和特点，并以表格的形式呈现。

第 2 章

Premiere 基础知识

Premiere 是一款常用的短视频编辑与制作软件，具有强大的视频和音频编辑功能，为用户提供了广阔的创意空间。通过 Premiere，用户可以剪辑短视频、美化短视频画面、后期调整画面色调、添加配乐等，从而将脑海里的创意转化为具体的短视频作品。

学习目标

▶ **知识目标**

◎ 认识 Premiere 的工作界面和常用面板。
◎ 熟悉 Premiere 的常用工具。

▶ **技能目标**

◎ 掌握新建并设置项目与序列，处理短视频素材的方法。
◎ 掌握剪辑与优化短视频内容的基本方法。
◎ 掌握导出视频与打包项目的方法。

▶ **素养目标**

◎ 提升短视频编辑软件的应用能力和专业能力。
◎ 培养良好的短视频编辑与制作习惯。

学习引导

STEP 1 相关知识学习　　　　　　　建议学时：＿＿4＿＿学时

课前预习	1. 扫码了解非线性编辑系统的基础知识 2. 了解Premiere的基本特点

课前预习

电子书

课堂讲解	1. 熟悉Premiere的工作界面、常用面板和常用工具 2. 新建并设置项目与序列、素材的基本操作、剪辑短视频、优化短视频内容、导出视频与打包项目的操作方法

重点难点	1. 学习重点："时间轴"面板、"监视器"面板、"项目"面板、"效果"面板、"效果控件"面板 2. 学习难点：替换素材、添加素材至轨道、快速剪切短视频、应用视频效果、调整视频色彩

STEP 2 技能巩固与提升　　　　　　　建议学时：＿＿1＿＿学时

课后练习	通过填空题、选择题巩固Premiere基础知识，通过操作题提升对Premiere基本操作的熟练程度

2.1 认识Premiere

　　了解并熟悉Premiere的基本知识，为正确使用该软件编辑与制作短视频打下坚实的理论基础。

2.1.1 Premiere的工作界面

　　Premiere的工作界面主要由菜单栏、界面切换栏、快捷按钮组、工作区组成，如图2-1所示（本书以Premiere 2024为例进行讲解）。

1. 菜单栏

　　菜单栏由"文件""编辑""剪辑""序列""标记""图形和标题""视图""窗口""帮助"9个菜单组成，每个菜单包含多个命令。选择需要的菜单，可在弹出的菜单中选择需要执行的命令。

2. 界面切换栏

　　界面切换栏主要用于切换不同的界面。单击"主页"按钮⌂，可切换到Premiere的主页界面，在该界面中可以新建项目或打开项目；单击"导入"选项卡，可切换到导入素材的界面；单击"编辑"选项卡，可切换到视频编辑界面，即工作界面；单击"导出"选项卡，可切换到导出项目的界面。

3. 快捷按钮组

单击快捷按钮组中的"工作区"按钮 ，可在弹出的下拉菜单中选择不同类型的工作区模式；单击"快速导出"按钮 ，可在弹出的面板中选择需快速导出的文件；单击"打开进度仪表盘"按钮 ，可在弹出的面板中查看后台进程；单击"全屏视频"按钮 ，可将视频画面放大至全屏，以便用户浏览。

4. 工作区

工作区是编辑与制作素材的主要区域，由具有不同作用的多个面板组成。选择"窗口"/"工作区"命令，可以重置、保存和编辑工作区的布局，以及切换不同的工作区模式。常用的工作区模式包括编辑、效果、字幕与图形、音频和颜色5种。

工作区中的面板共同协助短视频创作者进行短视频编辑与制作工作。这些面板的大小和位置并不固定，用户可以根据制作的需要对面板进行调整。另外，选择"窗口"菜单命令，可以显示和隐藏Premiere工作界面中的各个面板。

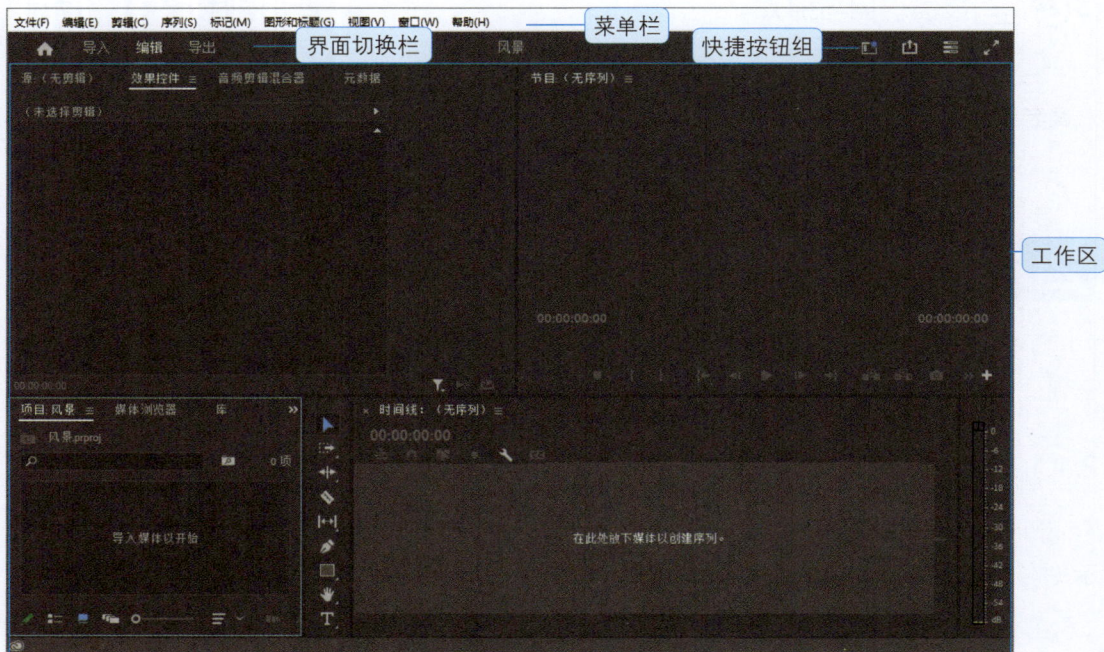

图2-1　Premiere 2024的工作界面

2.1.2 Premiere的常用面板

"项目"面板、"时间轴"面板、"监视器"面板、"效果"面板、"效果控件"面板是Premiere中常用的5个面板。

1. "项目"面板

"项目"面板主要用于存放导入的源素材，以便用户将素材拖曳至"时间轴"面板中进行编辑，如图2-2所示。

2. "时间轴"面板

使用Premiere进行视频编辑时，大部分工作都是在"时间轴"面板中进行的。用户在该面板中可以轻松地实现对素材的剪辑、插入、复制、粘贴和修整等操作，如图2-3所示。

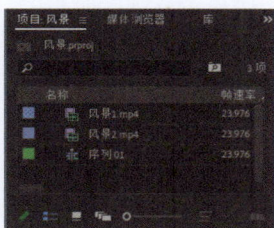

图2-2　"项目"面板

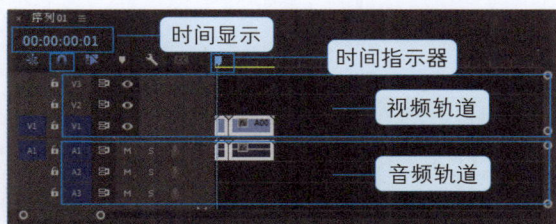

图2-3　"时间轴"面板

- 时间显示 [00:00:00:00]。用于显示当前素材的当前帧位置。单击并修改时间显示后，按【Enter】键，时间指示器将自动移动到设置的时间点上。
- 时间指示器 。单击并拖曳时间指示器可指定视频当前帧的位置。按住【Shift】键不放并拖曳时间指示器，将自动吸附到邻近的素材边缘（需保证"对齐"按钮 为选中状态）。
- 视频轨道 。用于进行视频编辑的轨道，默认有3个（分别为V1、V2、V3）。
- 音频轨道 。用于进行音频编辑的轨道，默认有3个（分别为A1、A2、A3）。

3. "监视器"面板

"监视器"面板的作用是在创建作品时进行预览，包括"源"面板和"节目"面板两个面板。"源"面板主要用于预览还未添加到"时间轴"面板中的源素材，在"项目"面板中双击素材即可在"源"面板中显示该素材效果，如图2-4所示。"节目"面板主要用于预览"时间轴"面板中时间指示器当前所处位置帧的效果，如图2-5所示。

图2-4　"源"面板

图2-5　"节目"面板

4."效果"面板

"效果"面板用于存放Premiere自带的各种效果，这些效果根据作用被分别归类在"预设""Lumetri预设""音频效果""音频过渡""视频效果""视频过渡"文件夹中，如图2-6所示。

5."效果控件"面板

在"时间轴"面板中任意选择一个素材后，可以在"效果控件"面板中设置该素材的运动、不透明度和时间重映射3种默认效果，还可以在"效果"面板中选择需要的其他视频效果并拖曳到素材上或素材结尾或开头的位置，然后在"效果控件"面板中设置该视频效果的参数，如图2-7所示。

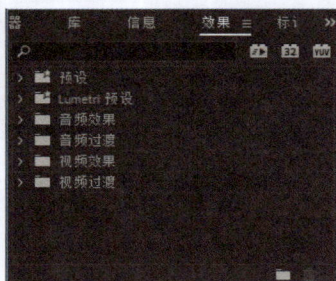

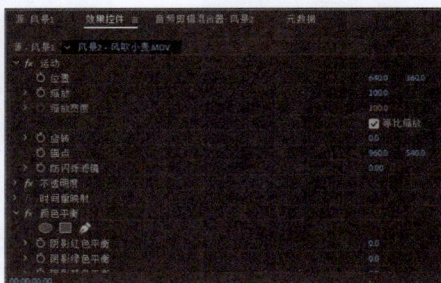

图2-6 "效果"面板   图2-7 "效果控件"面板

操作小贴士

Premiere中每个面板的大小并不是固定不变的，用户可根据需要自行调整，具体操作方法为：单击选中面板，将鼠标指针放置在与其他面板相邻的分隔线处，当鼠标指针变为 形状或 形状时，按住鼠标左键不放左右或上下拖曳，直到拖曳到合适位置再松开鼠标左键。

2.1.3 Premiere的常用工具

如图2-8所示，Premiere的工具栏中包含了各种各样的工具，这些工具主要用于编辑"时间轴"面板中的素材。在工具栏中单击需要的工具就可以立即使用，有的工具右下角有一个小三角图标 ，表示该工具位于工具组中，其中还隐藏有其他工具。在该工具组上按住鼠标左键不放，可显示该工作组中全部的工具。

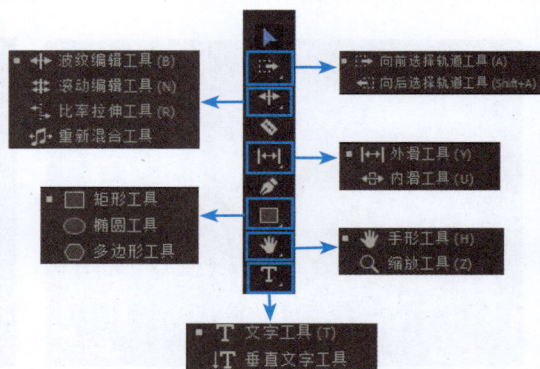

图2-8 Premiere常用的工具

- "选择工具" 。使用该工具，可以对时间轴上的素材进行选择和移动、调节素材的长短等基础操作。
- 选择轨道工具组。此工具组包含"向前选择轨道工具" 和"向后选择轨道工具" ，用户可以从当前位置开始，批量向前或向后选择多个素材。

- 编辑工具组。此工具组中包含4个工具，其中"波纹编辑工具" ⬌ 可以在素材的切割点之间，通过推拉直接剪辑素材片段，改变时长；"滚动编辑工具" ⬌ 可以改变素材左右片段的时长；"比率拉伸工具" ⬌ 用于拖拉轨道上素材的头尾，可以加快或减慢播放速度，从而缩短或延长时间长度；"重新混合工具" 🎵 可以剪辑音频素材，使之与视频素材相匹配。
- "剃刀工具" ◆。使用该工具，单击轨道上的素材，素材会被分割成两段。
- 滑动工具组。此工具组中包含"外滑工具" ⬌ 和"内滑工具" ⬌。选定素材的开头或结尾，使用"外滑工具" ⬌ 可以自动调整相邻素材的开头或结尾，保持两个素材之间的总时长不变；使用"内滑工具" ⬌ 可以自动调整该素材之后所有素材的入点（指素材开始播放的时间点）或出点（指素材结束播放的时间点），保持"时间轴"上的总时长不变。
- "钢笔工具" ✐。使用该工具，可以绘制并创建形状。
- 绘图工具组。此工具组中包含3个工具，其中"矩形工具" ▢、"椭圆工具" ◯、"多边形工具" ⬠ 分别可以绘制并创建矩形图形、椭圆图形、多边形图形。
- 轨道调整工具组。此工具组中包含2个工具，其中"手形工具" ✋ 可以移动"时间轴"面板中的轨道；"缩放工具" 🔍 可以缩小"时间轴"面板中的轨道。
- 文字工具组。此工具组中包含2个工具，其中"文字工具" T 可以在素材中输入横排文字；"垂直文字工具" IT 可以在素材中输入竖排文字。

2.2　新建并设置项目和序列

Premiere中的项目主要用于存储与序列和资源有关的信息，并记录所有的编辑操作。所以在制作短视频前，必须先新建项目，如果对项目参数不满意，还需要进行基本的参数设置。而序列相当于一个单独的小项目，可用于存放视频、音频、图片等素材。所以在制作短视频前，新建序列也是必不可少的操作，如果对序列参数不满意，也需要重新设置。

2.2.1　新建项目

启动Premiere后，会自动进入主页界面，如图2-9所示。主页界面右侧会显示之前打开过的项目，单击项目名称，可再次打开该项目。

图2-9　Premiere的主页界面

在主页界面中单击 新建项目 按钮，会进入"导入"界面，如图2-10所示。在该界面的左上角设置项目名以及项目的存储位置，单击 创建 按钮，便可新建项目。

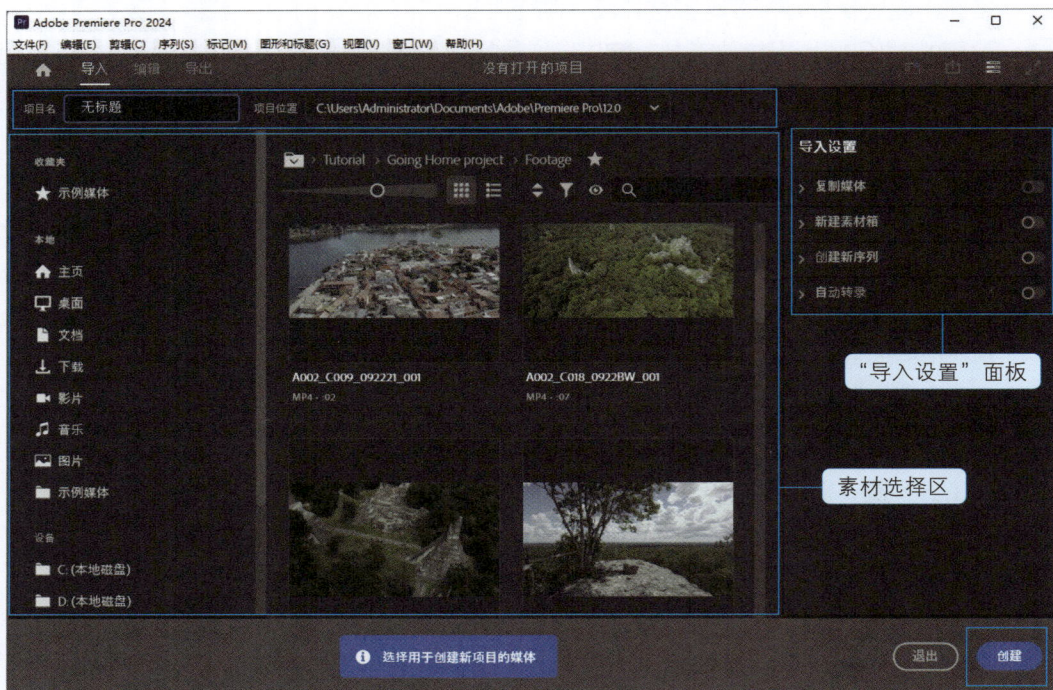

图2-10　"导入"界面

- 素材选择区。"导入"界面的左侧为素材选择区，该区域主要提供了对素材的导入、管理和搜索等功能，被选中的素材将在界面最下方进行展示。
- "导入设置"面板。"导入"界面的右侧为"导入设置"面板，该面板中包含4个功能，单击各功能名称右侧的 按钮，使其呈 状态，可激活相应功能。其中"复制媒体"功能可复制所选媒体到项目所在的文件夹中，以避免媒体文件丢失；"新建素材箱"功能可新建一个素材箱，并将所选媒体添加到其中；"创建新序列"功能可基于所选媒体创建一个序列；"自动转录"功能可在后台将素材中的对话转录为文本。

操作小贴士

若已经在Premiere中打开了项目，选择"文件"/"新建"/"项目"命令或按【Ctrl＋Alt＋N】组合键可创建一个新项目，但当前打开的项目将会被关闭。

2.2.2　设置项目

新建项目后，选择"文件"/"项目设置"命令中任意一项子命令都可以打开"项目设置"对话框，在其中可设置项目参数。图2-11所示为选择"文件"/"项目设置"/"常规"命令打开的"项目设置"对话框。

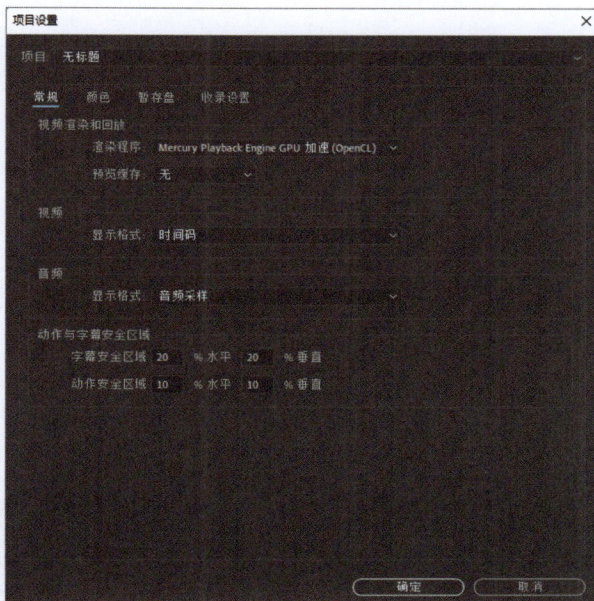

图2-11　"项目设置"对话框

1. 常规

在"常规"选项卡中可以更改Premiere默认的渲染程序（默认选择"仅Mercury Playback Engine软件"选项），若当前计算机中的显卡支持GPU加速，可在渲染程序中选择"Mercury Playback Engine GPU加速（OpenCL）"，以提高渲染速度。

2. 颜色

"颜色"选项卡提供了多种与颜色调整相关的功能，其中包括自动进行颜色校正，以矫正画面的偏色问题，使色彩更加准确自然；色彩平衡和饱和度调整，以影响画面的鲜艳程度；曲线调整和其他高级颜色调整，以更加精细地调整画面颜色；灰度系数设置，以确保画面在不同的平台上都有很好的展示效果。

3. 暂存盘

在"暂存盘"选项卡中可以查看相关文件的暂存位置，一般选择"与项目相同"选项。用户也可单击■■■■按钮，打开"选择文件夹"对话框，重新选择保存路径，注意应尽量选择内存空间较大的位置，以有效提高Premiere的运行速度。

4. 收录设置

若需要对项目中的每个视频剪辑做预处理，或者计算机性能不高，无法顺畅地处理高清视频时，可以在"收录设置"选项卡中进行操作（要启用收录功能，需要先安装Adobe Media Encoder软件）。

2.2.3　新建序列

Premiere中的大部分工作都在序列中完成，因此在制作短视频前，需要先新建序列。

1. 新建空白序列

空白序列即没有任何内容的序列。若需要自行在序列中添加内容，可以先新建一个空白序列。新建序列主要有以下3种方法。

- 通过按钮新建序列。在"项目"面板右下角单击"新建项"按钮，在弹出的快捷菜单中选择"序列"命令。
- 通过命令新建序列。选择"文件"/"新建"/"序列"命令。
- 通过"项目"面板新建序列。在"项目"面板空白处单击鼠标右键，在弹出的快捷菜单中选择"新建项目"/"序列"命令。

执行上述操作都可打开"新建序列"对话框，如图2-12所示。设置完参数后，单击 确定 按钮，即可成功创建序列。

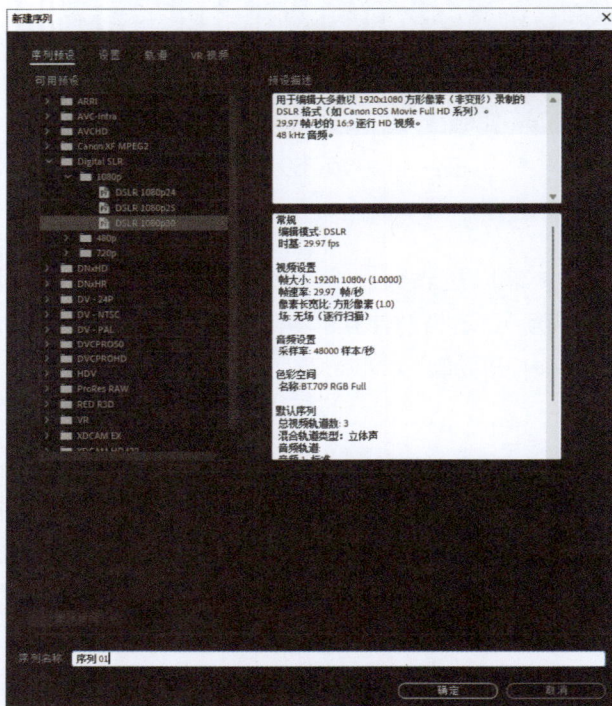

图2-12 "新建序列"对话框

（1）序列预设

"新建序列"对话框的"序列预设"选项卡中包含了Premiere预留的大量预设类型，这些预设类型大多根据摄像机的格式来命名。选择一种预设类型后，用户可在右侧的"预设描述"文本框中查看预设信息，从而根据需要选择合适的预设类型。

（2）设置

在"新建序列"对话框的"序列预设"选项卡中选择预设后，用户可在"设置"选项卡中调整预设设置，包括修改预设的编辑模式、帧速率、帧大小、像素长宽比等，然后单击 保存预设... 按钮，将其保存为新的预设。

（3）轨道

一个序列必须至少包含一条视频轨道和一条音频轨道，而且序列中的视频轨道和音频轨道可以共同并列于"时间轴"面板中。若是视频编辑很复杂，可能需要运用多条视频轨道和音频轨道来进行叠加或混合剪辑。在这种情况下，新建序列时还需要设置序列的轨道数。

其操作方法为：在"新建序列"对话框中单击"轨道"选项卡，在"视频"选项组的文本框中输入数值，可重新设置视频轨道数量；在"音频"选项组中单击███按钮可增加默认的音频轨道数量，勾选某音频轨道前的复选框，再单击███按钮将删除所选轨道，如图2-13所示。

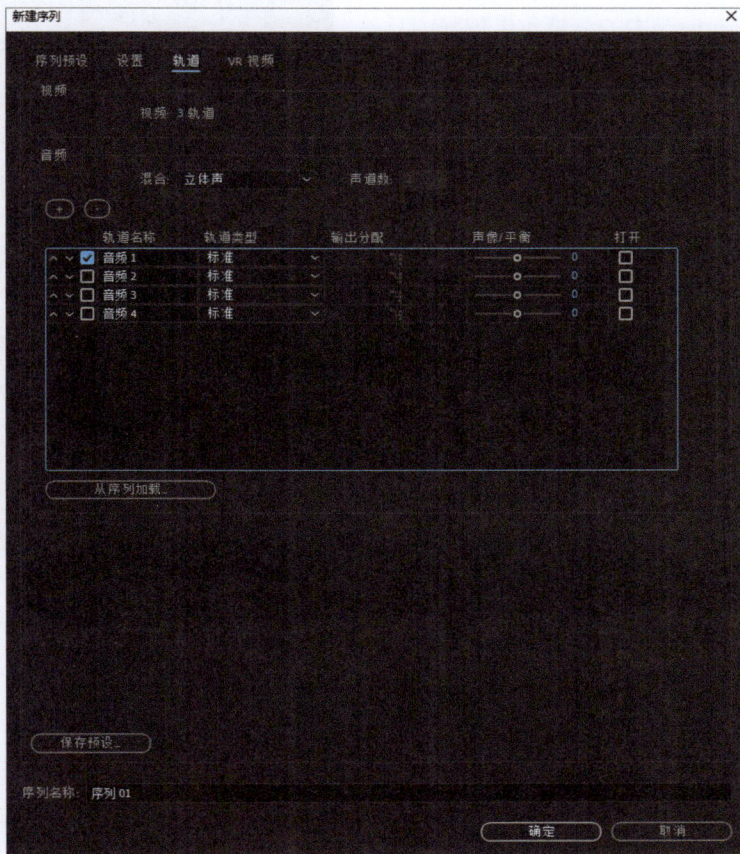

图2-13 "轨道"选项卡

（4）VR视频

在"新建序列"对话框的"VR视频"选项卡中，通过设置相应的VR（Virtual Reality，虚拟现实）参数，可模拟出360°全方位的场景。在视频片段中添加VR投影效果，可以在平面视频中创造出弯曲的透视效果，并且可以根据不同的场景创建出不同类型的VR内容。

2. 基于素材新建序列

将"项目"面板中的素材直接拖曳到"时间轴"面板中；或者在"项目"面板中选择素材，单击鼠标右键，在弹出的快捷菜单中选择"从剪辑新建序列"命令。这两种方法都可以基于所选素材创建一个与素材名称和大小都相同的新序列。

2.2.4 设置序列

新建序列后，如果对序列参数不满意，还可以选择"序列"/"序列设置"命令，打开"序列设置"对话框，在"常规"选项卡中设置常用参数，如图2-14所示。

- ●编辑模式。用于设置预览文件和播放的视频格式，取决于"序列预设"选项卡中所选的预设。
- ●时基。时基的全称为"时间基准"，用于决定Premiere的视频帧数。帧数越高，在Premiere中的渲染效果越好。
- ●帧大小。项目的帧大小是指画面以像素为单位的宽度和高度。第一个文本框中的数值代表画面的宽度，第二个文本框中的数值代表画面的高度。帧大小可用于设置指定播放序列时帧的尺寸（以像素为单位）。大多数情况下，项目的帧大小与源文件的帧大小保持一致。
- ●像素长宽比。用于设置像素长宽的比例。
- ●场。用于设置指定帧的场序，包括"无场（逐行扫描）""高场优先""低场优先"3个选项。

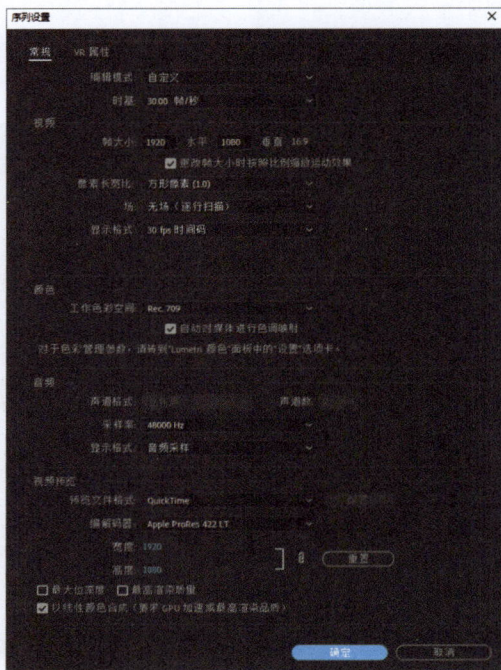

图2-14 "序列设置"对话框

- ●显示格式。用于设置多种时间码格式。其下拉列表中的各个选项与新建项目时"视频显示格式"选项组中的选项基本相同。需要注意的是，对"显示格式"选项进行更改并不会改变剪辑或序列的帧速率，只会改变其时间码的显示方式。
- ●工作色彩空间。用于设置视频的颜色范围，一般保持默认即可。

> **操作小贴士**
>
> 设置序列时需要注意，当时基为"29.97帧/秒"时，若选择显示格式为"29.97 fps 丢帧时间码"，序列文件中将会采用以","的形式显示时间码（如00,00,05,00）。若需要以"："的形式显示时间码（如00：00：05：00），则可选择显示格式为"29.97 fps 无丢帧时间码"。

2.3 素材的基本操作

在Premiere中进行短视频编辑时，经常会使用到很多不同类型的素材。因此，用户需要先学习素材的基本操作方法，以便在后续剪辑中灵活运用。

2.3.1　导入素材

在Premiere中进行短视频编辑时，首先需要将准备好的素材导入Premiere中，然后才能对素材进行编辑。因此，导入素材是使用Premiere编辑短视频时不可或缺的关键步骤。先打开"导入"对话框，再导入素材。

1. 打开"导入"对话框

在Premiere中新建项目后，在"项目"面板空白处单击鼠标右键，在打开的快捷菜单中选择"导入"命令，或在"项目"面板空白处双击，或选择"文件"/"导入"命令，或按【Ctrl+I】组合键，都可以打开"导入"对话框。

2. 导入素材

Premiere支持导入多种类型的素材，不同类型素材的导入方法有所区别。

● 导入常规素材。在"导入"对话框中选择需导入的素材，单击 打开(O) 按钮可导入常规素材。

● 导入文件夹素材。导入文件夹素材需要在"导入"对话框中选择文件夹素材后单击 导入文件夹 按钮。

● 导入图像序列素材。如果需要导入的图像素材很多，可以使用图像序列的方式导入。此时素材由多幅以序列排列的图像组成，其中每幅图像在视频中代表1帧。导入图像序列时，必须保证图像的名称是连续的序列，如"1、2、3"或"01、02、03"等。另外，选择一幅图像后，还需要在"导入"对话框中勾选"图像序列"复选框，如图2-15所示。

● 导入分层文件素材。如果需要导入分层文件素材（如PSD格式或AI格式的文件），需要指定导入的图层，或者选择将图层合并后再导入。其操作方法与导入常规素材的方法相同，只是单击 打开(O) 按钮后会打开"导入分层文件：××"对话框（××表示文件名称），如图2-16所示。在该对话框的"导入为"下拉列表中，若选择"合并所有图层"选项，则导入的素材全部合并为一个图层；若选择"合并的图层"选项，则可选择部分图层合并后导入；若选择"各个图层"选项，则可以单个图层的形式导入所选图层；若选择"序列"选项，则不仅可以导入单个图层，还能使所选图层以序列的形式导入。

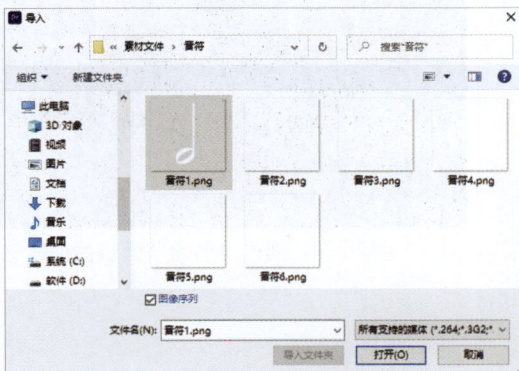

图2-15　导入图像序列素材

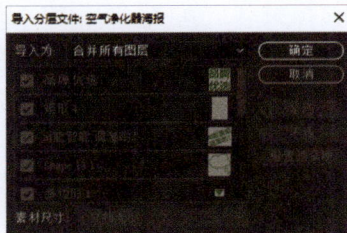

图2-16　导入分层文件素材

2.3.2 替换素材

如果项目中导入的素材不能满足制作需要，可以替换素材。替换素材可在"项目"面板、"源"面板或"节目"面板中操作。

1. 通过"项目"面板替换素材

在Premiere的"时间轴"面板中编辑素材后，如果需要使用另一个素材来替换该素材，可通过替换"项目"面板中的原始素材使其自动编辑替换，以保证项目的持续时间不变。其方法有以下3种。

- 拖曳替换。选择用于替换的素材，按住【Alt】键不放，然后将该素材从"项目"面板中拖曳到"时间轴"面板中需要替换的素材上。
- 在"时间轴"面板中选择命令替换。在"项目"面板中选择用于替换的素材，然后在"时间轴"面板中选择需要替换的素材，在素材上单击鼠标右键，在弹出的快捷菜单中选择"使用剪辑替换"/"从素材箱"命令，即可直接使用"项目"面板中的素材替换"时间轴"面板中的素材，且不改变素材属性。
- 在"项目"面板中选择命令替换。在"项目"面板中选择需要替换的素材，单击鼠标右键，在弹出的快捷菜单中选择"替换素材"命令，或选择"剪辑"/"替换素材"命令，都可以打开相应的对话框，在其中选择用于替换的素材，完成替换素材操作。

2. 通过"源"面板替换素材

通过"源"面板替换时间轴中的素材，可使素材从"源"面板中选择的帧处被替换。其操作方法为：在"源"面板中打开用于替换的素材，将当前时间指示器移动到起始替换的帧上，然后在"时间轴"面板中选择需要替换的素材，再选择"剪辑"/"替换为剪辑"/"从源监视器"/"匹配帧"命令；若不需要从帧处进行替换，可直接选择"剪辑"/"替换为剪辑"/"从源监视器"命令。

3. 通过"节目"面板替换素材

若需要将"时间轴"面板中的某一段素材替换成另一段素材，可通过"节目"面板快速替换素材。在"项目"面板中选择用于替换的素材，然后在"时间轴"面板中选择需要替换的素材，直接将用于替换的素材拖曳到"节目"面板中，此时会自动出现"替换"模块，如图2-17所示。使用这种方法也可以快速实现插入、覆盖、叠加等操作。

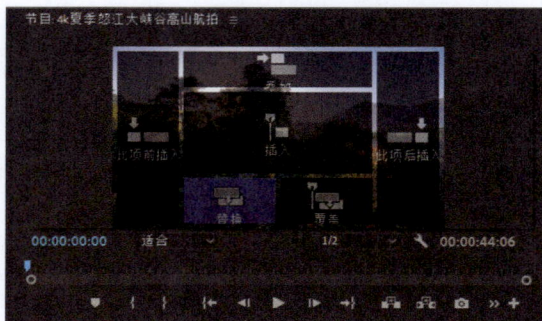

图2-17　通过"节目"面板替换素材

2.3.3 链接脱机素材

若项目的存储位置发生了改变、源文件名称被修改或源文件被删除，均会导致素材脱机。

在这种情况下，脱机素材在"项目"面板中显示的媒体信息为问号，如图2-18所示。脱机素材在最终输出作品时没有实际内容，若要将其输出，则需要先在"项目"面板中选择脱机素材，然后单击鼠标右键，在弹出的快捷菜单中选择"链接素材"命令，打开"链接媒体"对话框，在其中链接脱机素材，如图2-19所示。其操作方法为单击 [查找] 按钮，在打开的对话框中查找需重新链接的素材，然后单击 [确定] 按钮，使脱机素材重新链接为有效素材。

图2-18 显示脱机素材

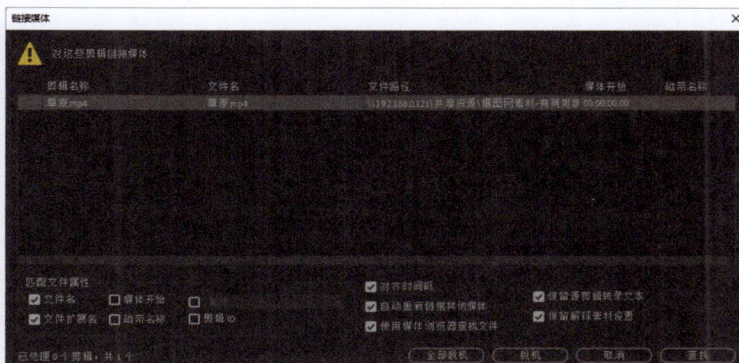

图2-19 链接脱机素材

2.3.4 分离和链接素材

在Premiere中编辑短视频时，时常会移动多个视频素材的位置，或对视频素材自带的音频素材进行单独操作，这就需要用到Premiere的分离和链接素材功能。

1. 分离素材

在编辑短视频时，若需更换某原声视频素材自带的音频，就要先将视频素材的音频、视频分离，然后进行单独操作。其操作方法为：在"时间轴"面板中选择原声视频素材，单击鼠标右键，选择"取消链接"命令，此时将分离该素材并选中视频部分。图2-20所示为素材分离前后的对比效果。需要注意的是：分离素材时执行对象不一定必须为原声视频素材，也可以是执行"链接"命令的素材。

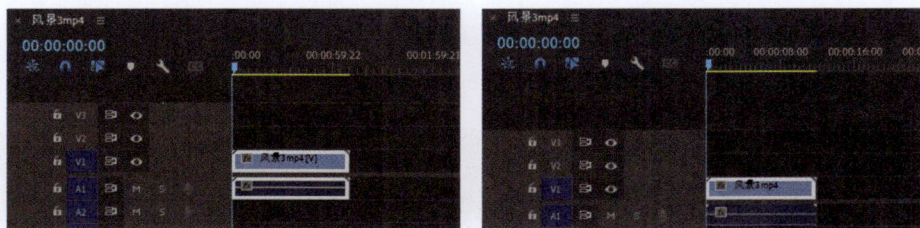

图2-20 素材分离前后的对比效果

2. 链接素材

在"时间轴"面板中移动不同轨道上的多个素材，或为多个素材同时添加相同特效时，可以先链接这些素材，然后移动或添加特效，从而提高工作效率。其操作方法为：选择需要链接的素材后，单击鼠标右键，在弹出的快捷菜单中选择"链接"命令。

2.3.5 编组和解组素材

在使用Premiere编辑短视频的过程中，如果需要对多个素材进行相同操作，可将这些素材编组为一个整体进行操作，以降低工作的重复性。用户还可通过选择编组后该组的任意素材，按【Delete】键删除该组的所有素材。

1. 编组素材

在"时间轴"面板中选择需要编组的多个素材，然后单击鼠标右键，在弹出的快捷菜单中选择"编组"命令，或选择"剪辑"/"编组"命令，均可对其进行编组操作。

2. 解组素材

取消编组的方法很简单，在需要解组的对象上单击鼠标右键，在弹出的快捷菜单选择"取消编组"命令；或选中需要解组的对象，选择"剪辑"/"取消编组"命令。

需要注意的是：链接素材只能链接不同轨道上的素材，不能链接相同轨道上的素材，并且可以统一为链接的素材添加特效；而编组素材既能链接不同轨道上的素材，也能链接相同轨道上的素材，但不能为编组的素材统一添加特效，需要先将其解组，然后为单独的素材添加特效，最后执行编组操作。

2.4 剪辑短视频

Premiere中的剪辑功能对短视频的编辑至关重要，用户在进行短视频剪辑时需要先添加素材至轨道，然后通过快速剪切短视频的方式来有效提升剪辑效果和效率。

2.4.1 添加素材至轨道

在"项目"面板中选中需要添加的素材，可将其直接拖曳至"时间轴"面板中的轨道上（图片和视频类素材拖曳至视频轨道上，音频素材拖曳至音频轨道上）。拖曳时，如果新添加的素材与轨道上原来的素材有重叠部分（在同一轨道上），则新添加的素材会直接覆盖重叠部分，如图2-21所示。如果在拖曳时按住【Ctrl】键不放，此时鼠标指针呈锯齿状，则新素材与原素材的重叠部分将不会被覆盖，新素材会直接插入原素材中，且原素材被插入位置的所有后续片段都会相应地向右移动，为新素材腾出空间，如图2-22所示。

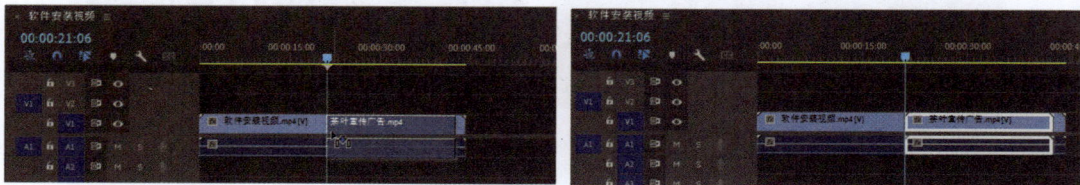

图2-21　覆盖重叠部分

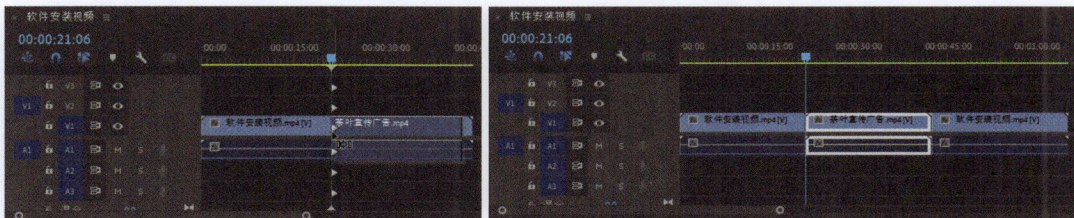

图2-22　插入且不覆盖重叠部分

2.4.2　快速剪切短视频

在工具栏中使用"选择工具" ▶️，在"时间轴"面板中选中要编辑素材的开头或结尾，待出现"修剪开头"图标▌或"修剪结尾"图标▌后按住鼠标左键拖曳即可快速剪切短视频，如图2-23所示。需要注意的是：剪切时不能超出素材的开头和结尾。

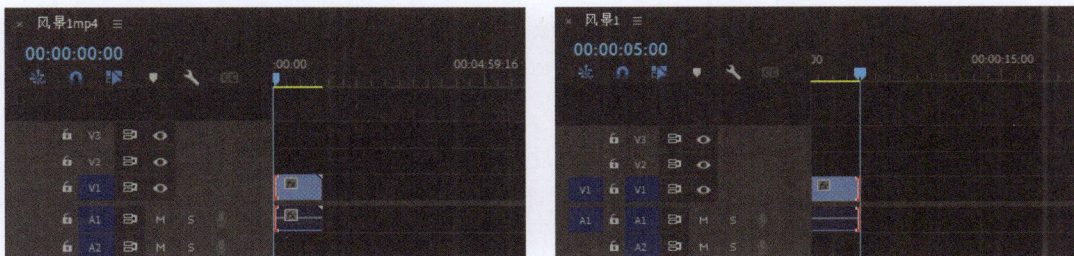

图2-23　快速剪切短视频

2.5　优化短视频内容

在Premiere中，针对剪辑后的短视频，还可以对其内容进行适当优化，如对短视频应用各种视频效果、对短视频画面进行调色处理，以及为短视频添加文字和音频，使其画面更加美观、更有创意，从而丰富短视频的内容。

2.5.1　应用和编辑视频效果

视频效果包括视频过渡效果（也称为视频转场或视频切换）和应用在视频中的特效。其中视频过渡效果是指两个视频图像素材之间的衔接方式，可以使转场过渡更加自然；视频特效是添加在短视频中的特殊效果，可以起到美化画面、增强视觉冲击力的作用。

1．应用和编辑视频过渡效果

Premiere提供了多种视频过渡效果，导入素材后，在"效果"面板中选择"视频过渡"文件夹中的视频过渡效果，将其拖曳至"时间轴"面板中素材的结尾或开头位置，即可添加该视频过渡效果。

（1）常见的视频过渡效果详解

默认情况下，Premiere将视频过渡效果统一保存在"效果"面板的"视频过渡"文件夹中，这些视频过渡效果被分成了8组，每组又包含各种不同的视频过渡效果，如图2-24所示。下面介绍常见的过渡效果组。

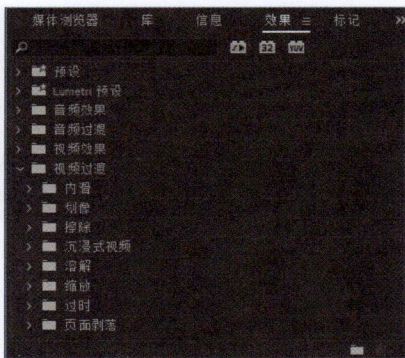

图2-24　"视频过渡"文件夹

- "内滑"过渡效果组。"内滑"过渡效果组中包含6种过渡效果，主要通过滑动的形式来切换场景。
- "划像"过渡效果组。"划像"过渡效果组中包含4种过渡效果，可将场景A从画面中心逐渐伸展到场景B。
- "擦除"过渡效果组。"擦除"过渡效果组中包含17种过渡效果，可以擦除场景A的部分内容来显示场景B，呈现擦拭过渡的画面效果。
- "沉浸式视频"过渡效果组。"沉浸式视频"过渡效果组中包含8种过渡效果，主要用于VR视频（指用专业的VR摄影功能将现场环境真实地记录下来，再通过计算机进行后期处理，所形成的可以实现三维空间展示功能的视频），也可用于普通视频素材，给观众带来意想不到的视觉效果。
- "溶解"过渡效果组。"溶解"过渡效果组中包含7种过渡效果，可实现场景A逐渐淡入而显现场景B的效果，从而很好地表现事物之间的缓慢过渡及变化。
- "缩放"过渡效果组。"缩放"过渡效果组中只有"交叉缩放"过渡效果。该效果会先将场景A放至最大，然后切换到最大化的场景B，最后缩放场景B到合适大小。
- "页面剥落"过渡效果组。"页面剥落"过渡效果组中包含"翻页"和"页面剥落"2种过渡效果，可将场景A以书页翻页的形式翻转至场景B。

（2）编辑视频过渡效果

应用视频过渡效果后，在"时间轴"面板中选中应用的视频过渡效果，可以通过面板或命令进行调整。

- 在"时间轴"面板中调整。在"时间轴"面板中选择需要调整的视频过渡效果，将鼠标指针放在视频过渡效果左侧，当鼠标指针变为▤形状时，向左拖曳可延长过渡时间，向右拖曳可缩短过渡时间；同理，将鼠标指针放在视频过渡效果的右侧，当鼠标指针变为▤形状时，向左拖曳可缩短过渡时间，向右拖曳可延长过渡时间。
- 在"效果控件"面板中调整。在"时间轴"面板中选择需要调整的视频过渡效果，然后在打开的"效果控件"面板的"持续时间"文本框中输入过渡效果的时间段，按【Enter】键；或者将鼠标指针放在"效果控件"面板右上角视频过渡效果的左侧或右侧，当鼠标指针变为▤或▤形状时，向左或向右拖曳，以延长或缩短持续时间，如图2-25所示。
- 通过命令调整。选中视频过渡效果后单击鼠标右键，在弹出的快捷菜单中选择"设置过渡持续时间"命令（或在"时间轴"面板中直接双击视频过渡效果），打开"设置过渡持续时间"对话框，在"持续时间"文本框中输入持续时间，如图2-26所示。

视频过渡效果

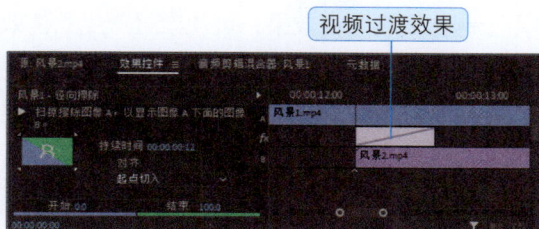

图2-25 在"效果控件"面板中调整视频过渡时间   图2-26 通过命令调整视频过渡时间

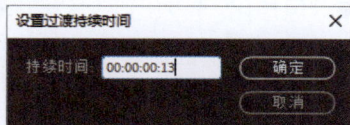

2. 应用和编辑视频特效

Premiere提供了多种视频特效,在"效果"面板中选择"视频效果"文件夹中的视频特效,将其拖曳到"时间轴"面板中的素材上加以应用;或者在"时间轴"面板中选中素材,在"效果"面板中选择需要的视频特效并双击,快速应用该视频特效。

(1)常见的视频特效详解

Premiere提供了上百种视频效果,这些视频效果分布在"效果"面板的"视频效果"文件夹的19个子文件夹中,如图2-27所示。由于视频效果较多,且篇幅有限,下面只对部分常见的特效组进行介绍。

- "变换"特效组。"变换"特效组中的各种效果可以实现对素材的翻转、羽化、裁剪等操作,其中包括5种效果。

- "扭曲"特效组。"扭曲"特效组主要通过对图像进行几何扭曲变形制作出各种画面变形效果,其中包括12种效果。

- "杂色与颗粒"特效组。"杂色与颗粒"特效组中只有"杂色"效果一种类型,可以制作出类似噪点的效果。

- "模糊与锐化"特效组。"模糊与锐化"特效组能对画面进行锐化和模糊处理,还能制作出动画效果,其中包括6种效果。

图2-27 "视频效果"文件夹

- "沉浸式视频"特效组。"沉浸式视频"特效组可以打造出虚拟现实的奇幻效果,常用于VR视频中,其中包括11种效果。

- "生成"特效组。"生成"特效组主要用于生成一些特殊效果,其中包括4种效果。

- "过时"特效组。"过时"特效组中包括Premiere早期版本的效果,主要为与早期版本创建的项目兼容,其中包括51种效果。

- "过渡"特效组。"过渡"特效组中的过渡效果与"视频过渡"中的过渡效果在画面表现上类似,都用于设置两个素材之间的过渡切换方式,但前者是在自身素材上进行过渡,需使用关键帧才能完成过渡操作,而后者是在前后两个素材间进行过渡,其中包括3种效果。

- "透视" 特效组。"透视"效果组主要用于制作三维透视效果，可使素材产生立体效果，具有空间感，其中包括2种效果。
- "风格化" 特效组。"风格化"效果组主要用于对素材进行美术处理，使素材更加美观、丰富，其中包括9种效果。

（2）编辑视频特效

为素材添加视频特效后，可以在"效果控件"面板中单击效果左侧的三角形按钮，展开效果参数设置界面，然后对参数进行设置。

2.5.2 调整视频色彩

要制作一个美观的短视频作品，调整画面的色彩十分重要。这里的"色彩"包括光线、颜色、细节等方面。通过调整视频色彩，不仅可以解决短视频画面中的色差、曝光不足、曝光过度、偏色等基本问题，还可进行特殊色彩调色，用色调烘托视频氛围。其主要通过"Lumetri颜色"面板进行调色，包含6个部分，如图2-28所示。每个部分都有各自侧重的调色功能，可以搭配使用，从而快速完成对短视频画面的调色。

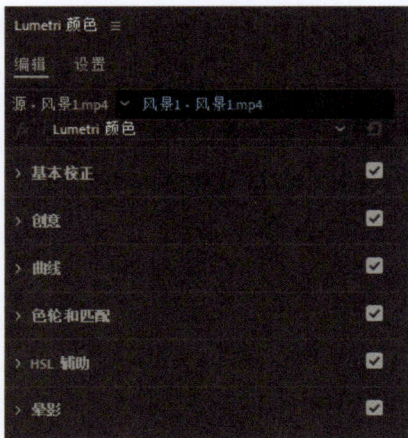

图2-28 "Lumetri颜色"面板

1. 基本校正

在对短视频画面进行调色前，首先应查看画面是否出现偏色、曝光过度、曝光不足等问题，然后针对这些问题对画面颜色进行基本校正。通过设置"基本校正"选项卡中的参数可以校正或还原画面颜色，修正其中过暗或过亮的区域，调整曝光与明暗对比等。

2. 创意

通过设置"创意"选项卡中的参数可以进一步调整画面的色调，获得所需颜色，从而制作出艺术效果，即进行风格化调色。

3. 曲线

通过设置"曲线"选项卡中的参数可以快速和精确地调整画面的色调范围，以获得更加自然的视觉效果。"Lumetri颜色"面板中的曲线主要有RGB曲线和色相饱和度曲线两种类型。

4. 色轮和匹配

通过设置"色轮和匹配"选项卡中的参数可以更加精确地对画面进行调色。

5. HSL辅助

通过设置"HSL辅助"选项卡中的参数可精确地调整画面特定部分的颜色，且不会影响画面中其他部分的颜色，因此适用于局部细节调色。如在对人物视频调色时，人物皮肤常因环境的变化而失真，此时就可使用"HSL辅助"选项只对人物皮肤进行调色，保证画面中其他部分的颜色不受影响。

6. 晕影

通过设置"晕影"选项卡中的参数可以调整画面边缘变亮或者变暗的程度，从而突出画面主体。

> **操作小贴士**
>
> 在Premiere中除了可以使用"Lumetri颜色"面板进行调色外，还可以运用"视频效果"文件夹的"颜色校正"特效组和"过时"特效组中的部分视频特效来调整视频色彩，如"RGB 曲线"视频特效、"三向颜色校正器"视频特效、"颜色平衡（HLS）"视频特效、"色彩"视频特效等。

2.5.3　添加并调整文字

文字是传达信息的重要载体，在短视频中必不可少。在Premiere中可以直接输入点文字（点文字以鼠标单击点为参照位置，不论文字数量多少，都不会自动换行，需要用户手动换行，比较适用于添加少量文字）和段落文字（段落文字以文字框范围为参照位置，每行文字会根据文字框大小自动换行，比较适用于添加大量文字），并通过"基本图形"面板对添加的文字进行调整，如调整文字的属性或者外观。

1. 添加文字

在Premiere中添加文字时，需要先在"时间轴"面板中打开序列，将时间指示器移动至要添加文字的帧，然后使用"文字工具" **T** 或"垂直文字工具" **iT** 在"节目"面板中添加点文字或段落文字。

（1）添加点文字

选择相应的文字工具后，在"节目"面板中单击任意位置，可直接输入点文字，如图2-29所示。完成后，按【Ctrl+Enter】组合键（也可直接切换到其他非文字工具）结束文字输入状态。需要注意的是：输入点文字时，按【Enter】键将换行。

（2）添加段落文字

选择相应的文字工具后，在"节目"面板中单击并拖曳鼠标形成一个文字框，在文字框中可输入段落文字，当一行排满后会自动跳转到下一行，如图2-30所示。完成后，使用和点文字相同的方法可结束文字输入状态。

结束段落文字的输入状态后，使用"选择工具" **▶** 拖曳文字框四周的锚点，可使文字在调整后的文字框内重新排列，如图2-31所示。

图2-29　输入点文字　　　　图2-30　输入段落文字　　　　图2-31　调整文字框

2. 调整文字属性

添加文字后，打开"基本图形"面板，在其中的"文本"选项组中可设置文字的格式，包括字体、文字大小、字距等，如图2-32所示。

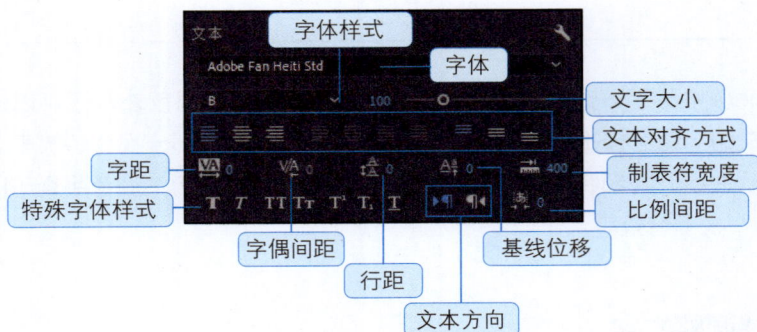

图2-32 "文本"选项组

- **字体样式**。用于设置字体的样式，如常规、斜体、粗体和细体。
- **文字大小**。拖曳滑块 可设置所需文字大小，也可直接输入文字大小的值，值越大，文字越大。
- **文本对齐方式**。从左到右依次为左对齐、居中对齐、右对齐、最后一行左对齐、最后一行居中对齐、对齐、最后一行右对齐、顶对齐文本、居中对齐文本垂直、底对齐文本。
- **字距**。可指定所选字符的间距。
- **字偶间距**。可以使用度量标准字偶间距或视觉字偶间距，来自动微调文字的间距。
- **行距**。用于设置文字的行间距。设置的值越大，行间距越大；设置的值越小，行间距越小。
- **基线位移**。用于设置文字的基线位移量。输入正数值字符往上移，输入负数值字符往下移。
- **制表符宽度**。指按一个【Tab】键所占宽度。
- **特殊字体样式**。从左向右依次为仿粗体、仿斜体、全部大写字母（用于将小写字母全部转化为大写字母）、小型大写字母（用于将小写字母转化为小型大写字母）、上标、下标、下画线。
- **文本方向**。用于设置段落文本从左到右或从右到左排列。
- **比例间距**。用于以百分比的方式设置两个字符的间距。

3. 调整文字外观

除了调整文字属性外，还可以在"基本图形"面板的"外观"选项组中调整文字外观属性，如文字填充颜色、描边颜色和宽度、背景、阴影、文字蒙版。其操作方法也较为简单，只需勾选相应外观属性前的复选框，然后调整相关参数即可。若单击"描边"或"阴影"选项后的 按钮，还可为文字添加多个描边或阴影（添加后单击 按钮可将其移除），如图2-33所示。

另外，单击"外观"选项组右侧的"图形属性"按钮 ，将打开"图形属性"对话框，在其中可以设置描边样式和背景样式，如图2-34所示。

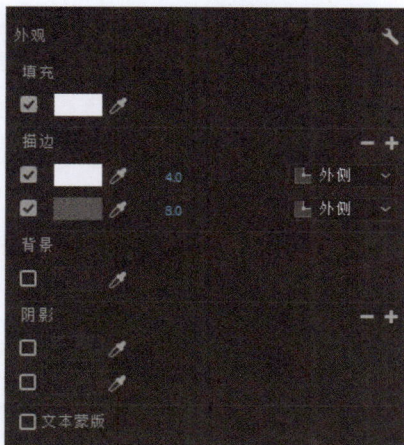

图2-33　添加多个描边或阴影

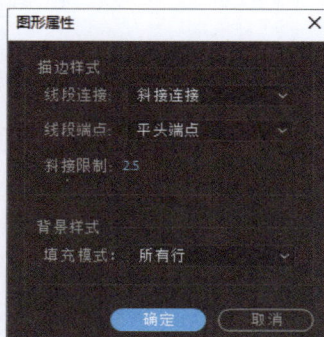

图2-34　"图形属性"对话框

2.5.4　添加并调整音频

在短视频中添加音频是提升短视频吸引力、增强观众体验的重要手段，其操作方法和添加视频素材的操作方法一致。添加音频后，用户还可以对音频进行调整，比如在"效果"面板中，为音频添加"音频过渡"和"音频效果"文件夹中的音频过渡效果和音频特效，使音频更符合短视频需求，其操作方法与添加视频过渡效果和视频特效的操作方法类似。除此之外，用户还可以在"时间轴"面板和"效果控件"面板中对音频的音量进行调整。

- 在"时间轴"面板中调整音量。添加音频后，在"时间轴"面板中放大音频轨道，单击音频轨道上的"显示关键帧"按钮 ，在弹出的快捷菜单中选择"轨道关键帧"/"音量"命令，轨道上将会出现一条白线，使用"选择工具" 向上拖曳白线可升高音量，向下拖曳白线可降低音量，如图2-35所示。
- 在"效果控件"面板中调整音量。在"时间轴"面板中选择音频后，在"效果控件"面板中展开"音频"效果属性的"音量"选项组，可通过设置"级别"参数值来调整所选音频的音量，如图2-36所示。

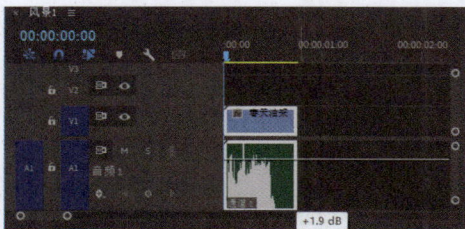

图2-35　在"时间轴"面板中调整音量

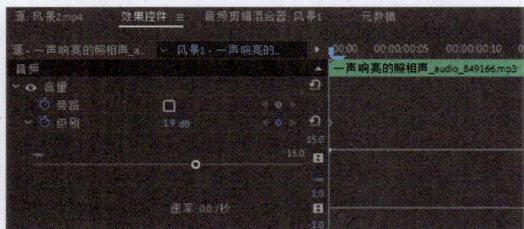

图2-36　在"效果控件"面板中调整音量

2.6　导出短视频与打包工程文件

在Premiere中对短视频进行剪辑、调色、添加特效、添加文字等操作后，还需要将这些效果固定合成，这个过程即视频渲染。完成视频渲染后，若需要在其他平台上查看视频，就必须将其导出，并保存为方便观看的格式。后期如果要对短视频中的部分素材进行修改，还需要将素材打包在工程文件夹中，以免在修改过程中丢失部分信息。

2.6.1 渲染与导出短视频

在渲染文件时，可根据自身需要选择不同的渲染方式以提高渲染速度，渲染完成后便可导出文件。

1. 选择渲染方式

选择"序列"菜单，在其中可以看到两种渲染命令，如图2-37所示。每一种渲染命令代表了不同的渲染方式，可达到不同的渲染效果。在渲染视频时，可根据需要进行合理选择。

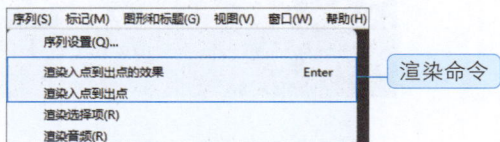

图2-37 选择渲染方式

- 渲染入点到出点的效果。只渲染入点和出点之间的视频轨道上添加了效果的视频片段，适用于添加效果导致视频变卡顿的情况。
- 渲染入点到出点。渲染入点到出点之间的完整视频片段。

2. 导出文件

选择"文件"/"导出"/"媒体"命令，或按【Ctrl+M】组合键，或在界面切换栏中单击"导出"选项卡，都将进入"导出"界面，在该界面中可以设置文件的基本信息，包括文件名、位置、格式等，如图2-38所示。设置完成后，单击 导出 按钮可导出文件。

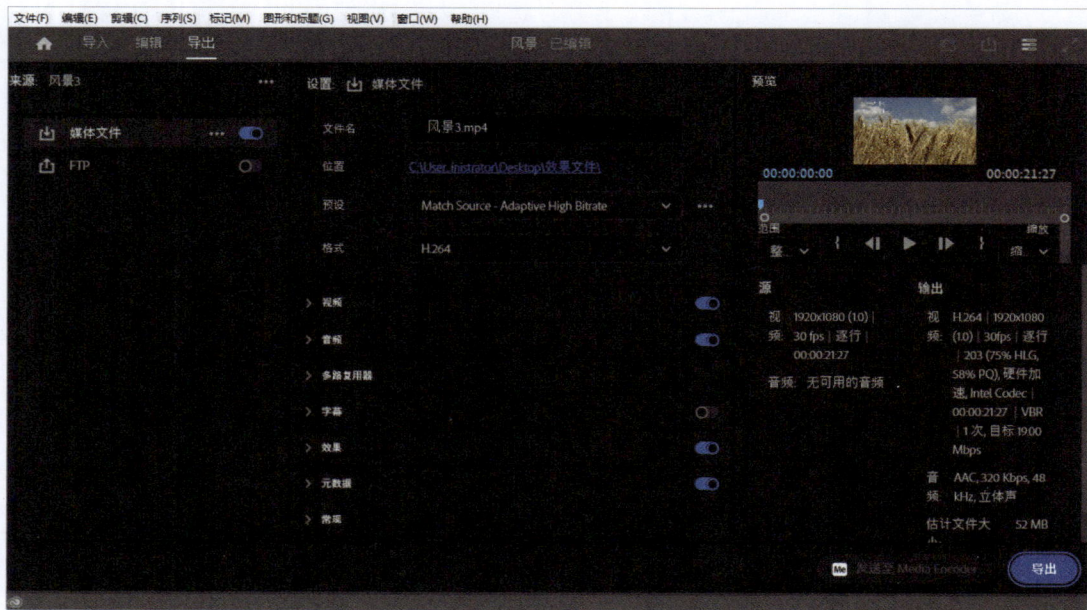

图2-38 "导出"界面

2.6.2 打包工程文件

在编辑视频时，一般都会用到视频、音频、图片等多种素材，如果不小心删除了计算机中的源素材，那么在后期修改项目时，就可能会发生缺少素材的情况。因此导出视频后，可以将项目中所有的素材放到一个文件夹中，也就是将项目打包为工程文件。

在打包工程文件前需要先保存项目，然后选择"时间轴"面板，再选择"文件"/"项目管理"命令，打开"项目管理器"对话框，如图2-39所示。在"项目管理器"对话框的"序列"选项组中选择需要打包的序列，在"目标路径"选项组中单击 浏览 按钮，在打开的对话框中选择文件的保存路径并输入文件名，如图2-40所示。按【Enter】键确认后，返回"项目管理器"对话框单击 确定 按钮，便完成工程文件的打包。

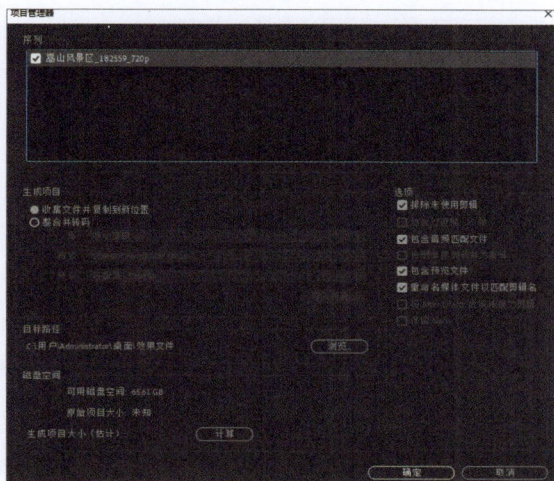

图2-39　"项目管理器"对话框　　　　　　图2-40　选择工程文件的保存路径

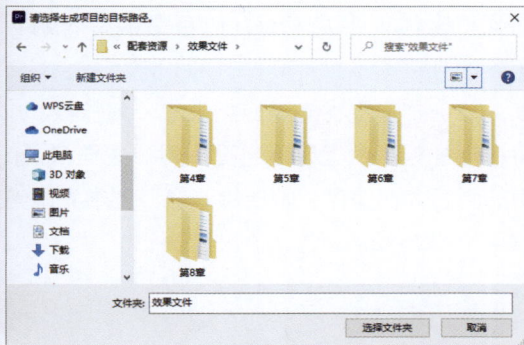

2.7　课后练习

1．填空题

（1）"监视器"面板的作用是在创建作品时进行预览，包括＿＿＿＿面板和＿＿＿＿面板两个面板。

（2）＿＿＿＿工具和＿＿＿＿工具，可以从当前位置开始，批量向前（后）选择多个素材。

（3）在"时间轴"面板中用于进行＿＿＿＿＿编辑的轨道默认有3个，其名称为V1、V2、V3。

（4）按＿＿＿＿＿＿组合键，将打开"导出设置"对话框，在打开的对话框中可以设置文件的基本信息。

2．选择题

（1）【单选】按（　）组合键可进入"导入"界面。

A．【Ctrl+N】　　　　B．【Ctrl+O】　　　　C．【Ctrl+S】　　　　D．【Ctrl+I】

（2）【单选】（　　）用于决定Premiere的视频帧数，帧数越高，在Premiere中的渲染效果越好。

A．时基　　　　　　B．帧大小　　　　　　C．场　　　　　　D．像素长宽比

（3）【单选】导入素材需先按（　　）键进入"导入"界面，再进行素材导入操作。

A．【Ctrl+E】　　　B．【Ctrl+N】　　　C．【Ctrl+Alt+N】　　　D．【Ctrl+I】

（4）【单选】通过（　　）过渡效果组中的过渡效果可将场景A以书页翻页的形式翻转至场景B。

A．"缩放"　　　　　B．"内滑"　　　　　C．"划像"　　　　　D．"页面剥落"

（5）【多选】下面属于"生成"特效组中的视频特效的有（　　）。

A．"四色渐变"　　　B．"渐变"　　　　　C．"闪电"　　　　　D．"高斯模糊"

3．操作题

（1）某牛奶品牌需制作一个品牌宣传短片，要求在短片中使用提供的牛奶视频素材和品牌Logo素材，并且通过文本和装饰素材来体现牛奶卖点，以吸引消费者购买牛奶。参考效果如图2-41所示。

（2）某博主在旅游时拍摄了一段旅游Vlog，想要将该Vlog发布在短视频平台上以吸引更多用户关注自己的账号，但是发现拍摄的画面存在偏色、暗淡等问题，要求先调整画面的亮度、对比度等，提升画面美观性。参考效果如图2-42所示。

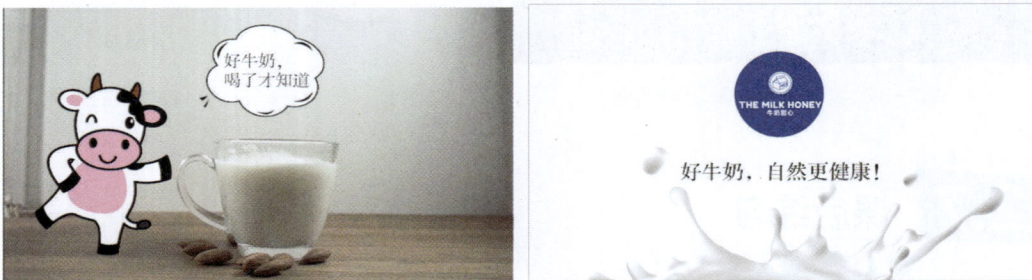

图2-41　参考效果

图2-42　调整前后的参考效果

Pr

第 **3** 章

宣传短片制作

在现代商业社会中，越来越多的企业、组织、个人等开始注重宣传短片的制作，借此塑造形象、提高竞争力。而一个富有创意的宣传短片可以通过简练的视觉语言，将复杂的信息浓缩为易于理解的精彩片段，实现信息的高效传递和情感的深层链接，从而快速吸引受众。

学习目标

▶ **知识目标**

◎ 了解宣传短片的类型。
◎ 熟悉不同类型宣传短片的制作要点。

▶ **技能目标**

◎ 掌握剃刀工具的使用方法，以及设置入点和出点的方法。
◎ 掌握插入视频素材、音频素材的方法。
◎ 能够根据需要，制作不同类型的宣传短片。

▶ **素养目标**

◎ 通过对优秀宣传短片的欣赏与了解，提升自身审美素养。
◎ 学会充分理解目标受众的需求和期望。

学习引导

STEP 1　相关知识学习　　　　建议学时：＿＿1＿＿学时

课前预习	1. 扫码了解宣传短片的基础知识和发展历程 2. 上网搜索与欣赏宣传短片的案例
课堂讲解	1. 宣传短片制作的行业知识 2. 使用剃刀工具剪辑素材、调整视频素材的播放速度、添加文本、设置入点和出点、创建子剪辑、导入音频素材等基本操作技能
重点难点	1. 学习重点：宣传短片的类型、宣传短片的制作要点 2. 学习难点：添加音频素材标记，使音频与视频卡点匹配

课前预习

电子书

STEP 2　案例实践操作　　　　建议学时：＿＿3＿＿学时

实战案例	1. 制作新品发布宣传短片 2. 制作旅游宣传短片 3. 制作城市形象宣传短片	操作要点	1. 剃刀工具、调整视频播放速度、调整音频音量 2. 入点与出点、子剪辑、添加标记 3. 插入与提取素材、"颜色遮罩"素材

案例欣赏

STEP 3　技能巩固与提升　　　　建议学时：＿＿2＿＿学时

拓展训练	1. 制作企业形象宣传短片 2. 制作夏季防暑宣传短片
AI 辅助设计	1. 使用 TreeMind 树图梳理视频剪辑思路 2. 使用 Kimi Chat 编写视频文案
课后练习	通过填空题、选择题巩固理论知识，通过操作题提高制作宣传短片的能力

3.1　行业知识：宣传短片制作基础

宣传短片是一种视觉媒介，通常具有吸引力强、信息传达迅速的特点，能够在短时间内抓住受众的注意力，并传达信息。制作宣传短片不仅要明确其类型，还要遵循一定的制作要点，把握好宣传的主题和视觉表现特征。

3.1.1　宣传短片的类型

宣传短片不仅是信息传递的媒介，更是情感共鸣与文化价值传递的载体。从激昂振奋的企业宣传短片，到温馨细腻的产品宣传短片；从引人入胜的旅游宣传短片，到启迪思考的公益宣传短片……每一种宣传短片都以其独特的视角和叙事手法，传递着深刻的情感与丰富的信息。

1. 文化宣传类

文化宣传类短片是一种用于展示和传播特定文化或传统民俗的宣传作品。为了使受众易于理解信息，该类型的短片多采用清晰的叙事结构来表达文化的思想精髓，还通过高质量的图像和精心设计的视觉元素，展现文化所蕴含的美学理念，增加受众对文化的认同感和交流感。图3-1所示为成都大运会的宣传短片截图，其中融合了川剧元素，在会馆中表演了不少川剧经典动作，表现了大运会所倡导的年轻、有活力的体育精神，以及成都特有的川蜀文化。

图3-1　文化宣传短片

2. 形象宣传类

形象宣传类短片是一种塑造和提升企业、组织或产品等形象的宣传作品，主要分为以下5个类型。

- ●企业宣传。企业宣传短片用于展示企业形象与企业文化等，通过讲述企业的起源与发展历程，让受众对企业有初步的了解，或通过植入企业的产品与服务，突出其特点、优势，方便吸引潜在客户。图3-2所示为某企业的宣传短片，通过展示企业产品的发源地和生产酿造流程，搭配清新舒适的画面风格，凸显了企业产品的原生态和生产线的智能化。

图3-2　企业宣传短片

● **品牌宣传**。品牌宣传短片用于企业向市场传递品牌信息的策略。短片的内容主要通过叙述的方式向受众传达有关品牌的精神或价值观念。品牌宣传不仅要让受众了解该品牌，还要获得受众长久的信任和认可。图3-3所示为某公司通过宣传主人与猫咪的日常生活，利用恬静悠然的画面展现了简单、自然的品牌基调，获得爱宠人士对该品牌的青睐。

图3-3　品牌宣传短片

● **城市宣传**。城市宣传短片用于展示和塑造城市形象。短片通过展示城市的文化历史、地标建筑、自然景观等，推广城市所蕴含的价值，不仅可以吸引受众前来游览体验，还可以吸引国内外商业从事者慕名投资，以提高城市的知名度和影响力。图3-4所示为广西柳城县城市宣传短片，通过展现柳城的传统建筑与现代建筑，表现其既保留了传统风貌又展现了都市活力的双重魅力。

图3-4　城市宣传短片

● **旅游宣传**。旅游宣传短片用于展示旅游景点风貌。短片通过展示旅游景点的自然景观、文化遗产、地方民俗等，吸引游客来旅游。图3-5所示为重庆酉阳的旅游宣传短片，通过3个主人公在当地的不同体验，侧面展现酉阳的古镇、梯田等人文、自然景观，以及面具阳戏、摆手舞等人文习俗。

● **产品宣传**。产品宣传短片用于展示产品信息。短片的内容主要展示产品的外形和独特的性能优势，精准满足受众的消费需求，从而提高产品的转化率。图3-6所示为某公司研发的一款会议降噪耳机，短片通过在不同场景下展示产品功能的细节，并搭配简短的文案，清晰地展示了耳机的外形与功能，从而引起受众的兴趣并前去消费。

图3-5　旅游宣传短片

图3-6　产品宣传短片

3．影视宣传类

影视宣传类短片是以预告片的形式推广新上映的电影、电视剧、纪录片等影视作品的宣传作品，是制作方用以吸引受众，激发他们对影视作品的观看欲望，提高影视作品的播放率和票房收入的重要手段。

4．公益宣传类

公益宣传类短片是政府机构或非政府组织宣传公益性社会问题的常用手段。短片的内容主要为需关注的社会现象或社会群体，通过细腻的叙事讲解等形式，与受众建立情感联系，激发受众的共鸣，从而扩大宣传范围。图3-7所示为某社会公益组织制作的垃圾分类宣传短片，通过展示组织人员对塑料瓶盖的收集并制作为装饰品的过程，传播塑料垃圾对环境的影响，以及呼吁人们保护环境的核心内容。

图3-7　公益宣传短片

5．教育宣传类

教育宣传类短片是学校或教学机构用于组织或推广教学环境、教育理念、教学成果等多个方面内容的宣传作品。短片通过推广学校教育方式与教学产品等，满足家长对学生的教育需求，吸引生源，提高就学率。图3-8所示为某学校的招生宣传短片，通过展示学校环境、教学方式、课后活动等多个部分来展现该学院的风采。

图3-8　教育宣传短片

3.1.2　宣传短片的制作要点

宣传短片不仅是一种高效的传播手段，更是进行品牌塑造、产品推广、形象展示、文化传播等的关键工具。无论什么类型的宣传短片，在制作时都需要遵循一些制作要点。

● **明确宣传目标**。在制作宣传短片前，需要明确宣传短片的类型和宣传对象，同时也要深入了解目标受众的喜好、需求和行为习惯，以便制作出更符合他们口味的短片。

● **构思宣传创意**。在制作宣传短片前，要构思宣传短片的深度理念，如品牌故事、历史文化、产品功能等，将其提炼为宣传创意点，同时利用具有创意的表现手法，引起受众的好奇心，提高受众对理念的识别度。图3-9所示为某洗发水宣传短片，以平衡为出发创意点，剖析产品的天然配方，展现了产品回归自然的理念。

图3-9　某洗发水宣传短片

● **注重画面信息**。在制作宣传短片时，应确保画面中符号、标志、图形与宣传主体相关联，视觉整体效果与宣传对象气质相符合，同时具有视觉冲击力。图3-10所示为某睫毛膏宣传短片，通过分屏动态画面、图形装饰等进一步生动地展示了该产品的外观细节和功能优势，帮助受众充分了解产品的卖点。

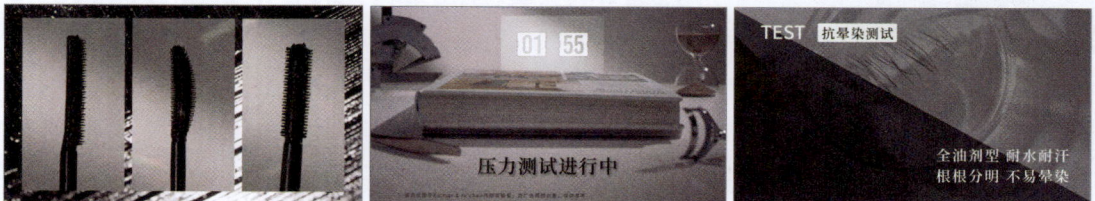

图3-10　某睫毛膏宣传短片

● **传递情感理念**。深挖宣传对象背后的精神内涵和价值理念，在其中融入情感元素，以触动受众的心灵，增加受众对宣传对象的认同感和归属感。

- 添加分享互动与反馈渠道。在宣传短片中可以设置多种互动方式，引导受众参与，拉近与受众的距离，如在内容中添加联系方式、公众号二维码或问卷调查等，通过多个渠道来提高受众的参与度，使受众进一步了解宣传对象。
- 添加合适的背景音乐。在为短片添加背景音乐时，要注意所选取的背景音乐的内容、氛围应与宣传短片类型相匹配。例如，快节奏的背景音乐适合产品类等宣传短片，更能吸引受众的注意力，激发受众的下单欲望；而柔和的背景音乐则更适合安静或情感性的文化类、公益类等宣传短片，以带动受众的情绪，引发受众的思考。添加后还需要处理背景音乐的音量，在短片开头与结尾多采用淡入与淡出的效果，以免音量过大或过小影响受众的听觉体验。

3.2　实战案例：制作新品发布宣传短片

案例背景

百伊里是一家专门做宠物食品和用品的公司，以原生态、高质量的产品赢得了众多爱宠人士的青睐。该公司研发了一款全新的零食猫条，为了促进猫条的销售，需要制作一个新品发布宣传短片，并发布在各短视频平台上进行宣传，具体制作要求如下。

（1）画面中需体现猫条的配方含量与功能作用，迎合爱宠人士的消费需求。

（2）风格偏欢快可爱，视觉色彩偏暖色调。

（3）添加轻快的背景音乐，增强宣传短片的感染力。

（4）短片分辨率为720像素×960像素，时长在24s左右，帧速率为29.97帧/秒，输出MP4格式的视频。

设计思路

（1）剪辑思路。由于该片为产品宣传类短片，需要突出产品"猫条"宠物零食，则要剪切掉不重要的部分，使视频播放时间符合要求。

（2）添加文案。在添加文案时可选择偏手写风格的字体，与猫咪的可爱形象贴合。采用白色和粉色作为字体填充颜色，使内容更加简洁醒目；采用土黄色和棕色作为字体边框颜色，既能突出填充色，又能起到强调文案的作用。

（3）添加装饰。为了丰富视频画面，并体现产品的使用群体，可考虑添加一些猫咪或与当前文案相关的装饰素材，如猫爪、猫头等图案。

视频预览

（4）添加背景音乐。加入并处理欢快的背景音乐，给受众增添愉悦的浏览氛围。

新品发布宣传短片

本案例的参考效果如图3-11所示。

图 3-11　新品发布宣传短片参考效果

设计大讲堂

　　在制作宣传短片时，文案颜色的选择应与产品本身相结合，能突出产品的特点。例如，对于食品类短视频，文案颜色可以使用温暖的色调来刺激受众的视觉；对于科技产品类短视频，则可以使用黑色、灰色等颜色来传达产品的专业性和稳定性。

操作要点

　　（1）使用"剃刀工具"▧剪辑视频素材。
　　（2）选择"速度/持续时间"命令设置播放速度。
　　（3）在"节目"面板中创建点文本并设置文本样式。
　　（4）在"效果控件"面板中调整音量。

操作要点详解

电子书

3.2.1　导入视频素材

　　在制作宣传短片前，首先需将拍摄好的"猫条.mp4"素材导入Premiere中，然后才可以对素材进行编辑与制作。具体操作如下。

　　（1）启动Premiere进入主页界面，单击 新建项目 按钮，进入"导入"界面，在左上角设置项目名为"新品发布宣传短片"，在右侧的下拉列表中设置项目的存储位置，单击 创建 按钮。

微课视频

导入视频素材

　　（2）在"项目"面板空白处双击，打开"导入"对话框，选择"猫条.mp4"素材，如图3-12所示。单击 打开(O) 按钮，导入后的效果如图3-13所示。

　　（3）在"项目"面板右下角单击"新建项"按钮▧，在弹出的快捷菜单中选择"序列"命令，打开"新建序列"对话框，在"序列预设"选项卡的"序列名称"文本框中输入文字"猫条新品"，单击 确定 按钮，新建序列。

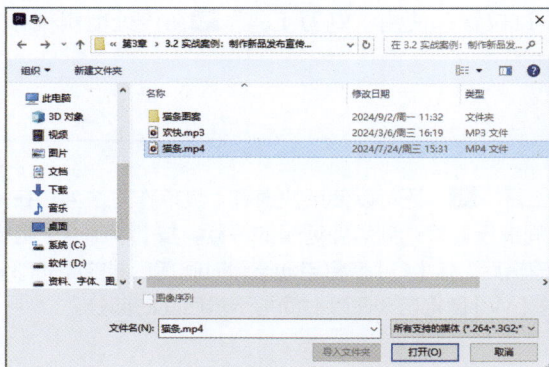

图3-12　选择视频素材

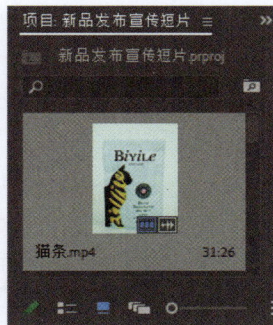

图3-13　导入后的效果

3.2.2 剪辑素材并调整播放速度

微课视频

剪辑素材并调整播
放速度

　　将视频素材导入"项目"面板后，需要将其拖曳到"时间轴"面板中，再利用剃刀工具进行剪辑，保留需要的素材部分。用户可以通过调整播放速度解决部分画面节奏缓慢的问题。具体操作如下。

　　（1）选中"项目"面板中的"猫条.mp4"素材，按住鼠标左键不放，将其拖曳到"时间轴"面板中的"V1"视频轨道上。

　　（2）拖曳时间指示器至00:00:29:16位置，在工具栏中选择"剃刀工具" ，在时间指示器所在的素材位置处单击，如图3-14所示。

　　（3）拖曳时间指示器至00:00:03:18位置，继续使用"剃刀工具" 在该处剪辑视频，如图3-15所示。

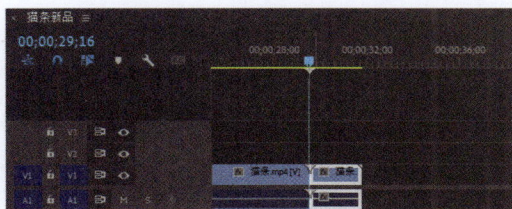

图3-14　使用剃刀工具剪辑（1）

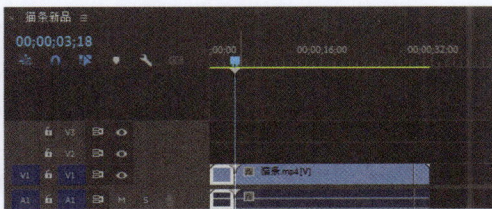

图3-15　使用剃刀工具剪辑（2）

　　（4）选择"选择工具" ，按住【Shift】键单击选中第1段和第3段素材，效果如图3-16所示。再按【Delete】键删除所选素材，拖曳保留后的素材至00:00:00:00位置，效果如图3-17所示。

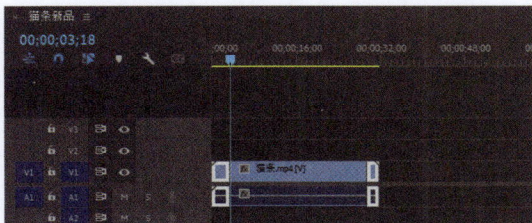

图3-16　选中两段素材效果

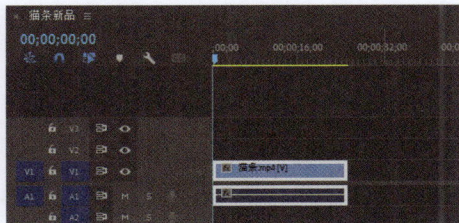

图3-17　删除并拖曳素材后的效果

（5）拖曳时间指示器至00:00:11:11位置，使用"剃刀工具" 在该处剪辑视频，使用相同的方法在00:00:16:20位置剪辑视频。

操作小贴士

剪辑素材时，除了可以使用"剃刀工具" ，还可以使用快捷键。其操作方法为：在"时间轴"面板中选择需要剪辑的素材，将时间指示器移动到需要剪辑的位置，按【Ctrl+K】组合键可实现与"剃刀工具" 相同的效果。在剪辑后，按【Q】键将自动删除时间指示器前面的部分，后面的部分也将自动与前面的部分拼接；按【W】键将自动删除时间指示器后面的部分。

（6）选择"选择工具" ，将鼠标指针移动到"时间轴"面板的第2段素材上，单击鼠标右键，在弹出的快捷菜单中选择"速度/持续时间"命令，打开"剪辑速度/持续时间"对话框，在"速度"文本框中输入"130"，如图3-18所示。

（7）单击 确定 按钮，第2段素材便缩短了播放时长，且加快了播放速度。图3-19所示为调整素材播放速度前后的对比效果，最后拖曳第3段素材与第2段素材结尾处相连接。

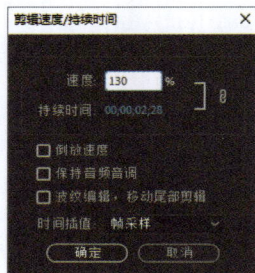

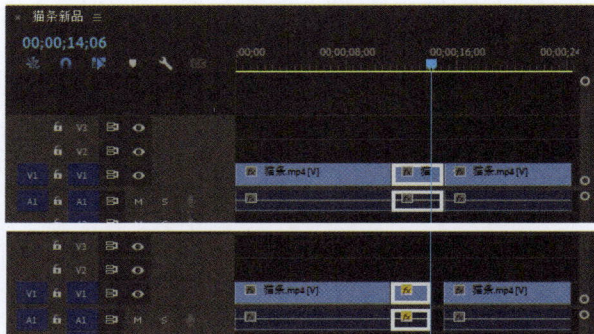

图3-18　设置"速度"参数　　　　图3-19　调整第2段素材播放速度前后的对比效果

3.2.3 添加宣传文案

处理好素材的保留内容后，还需要为该短片添加标题和配方、功能等解说文案加以说明。具体操作如下。

（1）将时间指示器拖曳至00:00:00:00位置，选择"文字工具" ，单击"节目"面板中的任意位置，输入文字"新品猫条"，再按【Enter】键。

（2）选中"节目"面板中的所有文字，选择"窗口"/"基本图形"命令，打开"基本图形"面板，在该面板的"文本"选项组中分别设置字体为"方正经黑简体"、文字大小为"200"、对齐方式为"左对齐"、行距为"-30"、填充为"#FFFFFF"（白色）、描边为"#A27D27"、描边宽度为"5"、背景为"#D1A7A7"、不透明度为"80%"、大小为"12.4"、角半径为"25"，如图3-20所示。

（3）选择"选择工具" ，调整文案在"节目"面板中的位置，效果如图3-21所示。在"时间轴"面板中拖曳时间指示器至00:00:02:00位置，使用"剃刀工具" 将文案素材分成2个片段，删除第2个素材片段。

（4）拖曳时间指示器至00:00:03:14位置，选择"文本工具" T ，在"节目"面板中输入文字"美味盛宴 猫咪挚爱""内含丰富鲜虾、三文鱼、金枪鱼"，分别设置文字大小为"180"和"130"、填充为"#FFFFFF"（白色）、描边为"#767162"，并调整文案在"节目"面板中的位置，效果如图3-22所示。在"时间轴"面板中拖曳时间指示器至00:00:08:05位置，使用"剃刀工具" ◥ 将文案素材分成2个片段，删除第2个素材片段。

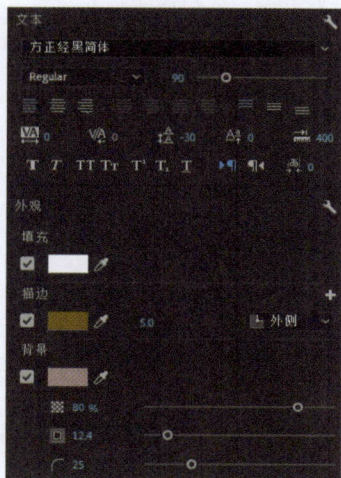

图3-20　在"基本图形"面板中设置参数　　图3-21　调整文案位置　　图3-22　添加文案（1）

（5）拖曳时间指示器至00:00:09:03位置，输入文字"口感绵密 质地丝滑"，设置文字大小为"180"，并调整文案在"节目"面板中的位置。在"时间轴"面板中拖曳时间指示器至00:00:10:29位置，使用"剃刀工具" ◥ 剪辑文案素材，删除第2个素材片段，效果如图3-23所示。

（6）拖曳时间指示器至00:00:11:21位置，输入文字"滋养肠胃 活力满满"，设置文字大小为"180"、行距为"-10"，并调整文案在"节目"面板中的位置。在"时间轴"面板中拖曳时间指示器至00:00:14:08位置，使用"剃刀工具" ◥ 剪辑文案素材，删除第2个素材片段，效果如图3-24所示。

（7）拖曳时间指示器至00:00:14:21位置，输入文字"零食代餐 美味可口"，并调整文案在"节目"面板中的位置。在"时间轴"面板中拖曳时间指示器至00:00:18:18位置，使用"剃刀工具" ◥ 剪辑文案素材，删除第2个素材片段，效果如图3-25所示。

（8）拖曳时间指示器至00:00:20:00位置，输入文字"新品猫条上市啦！""热线电话0284xxxx"，设置文字大小为"180"、填充为"#FFBBBB"、描边为"#656156"，并调整文案在"节目"面板中的位置。在"时间轴"面板中拖曳时间指示器至00:00:23:15位置，使用"剃刀工具" ◥ 剪辑文案素材，删除第2个素材片段，效果如图3-26所示。

图3-23　添加文案（2）　　图3-24　添加文案（3）　　图3-25　添加文案（4）　　图3-26　添加文案（5）

3.2.4 添加装饰素材

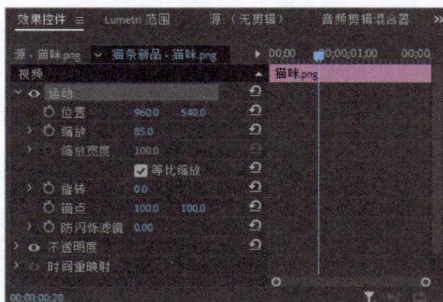

在新品发布短视频中，添加一些装饰素材，如文本相关元素或猫咪相关元素的图案，可以丰富画面，从而使受众更直观地了解产品的使用对象。具体操作如下。

（1）在"项目"面板中导入"猫条图案"文件夹中的所有素材，并选中"猫咪.png"素材，将其拖曳至"时间轴"面板的V3轨道上。

（2）打开"效果控件"面板，双击"节目"面板中的"猫咪.png"素材图案，在该面板"运动"选项组的"缩放"文本框中输入"85"，可调整图案大小，如图3-27所示。在"节目"面板中调整图案的位置，效果如图3-28所示。拖曳时间指示器至00:00:01:29位置，使用"剃刀工具" 剪辑猫咪图案素材，删除第2个素材片段。

（3）拖曳"时间轴"面板中的时间指示器至00:00:05:01位置，选中"项目"面板中的"海鲜.png"素材并拖曳至时间指示器的位置。双击"节目"面板中的"海鲜.png"素材图案，调整图案大小和位置，效果如图3-29所示。拖曳时间指示器至00:00:08:04位置，使用"剃刀工具" 剪辑海鲜图案素材，删除第2个素材片段。

微课视频

添加装饰素材

图3-27　调整图案大小　　　　　图3-28　添加图案素材（1）　图3-29　添加图案素材（2）

（4）从"项目"面板中分别选中"水滴.png""猫爪.png""猫脸.png""电话.png"素材图案，并分别拖曳到"时间轴"面板中的V3轨道上剩余文案素材的位置，再调整图案大小和位置，使用"剃刀工具" 剪辑图案素材，使其与文案时长一致。

3.2.5　添加背景音乐

添加背景音乐可营造氛围，但背景音乐的音量过大时，需要调整"效果控件"面板中的"级别"参数值使音量减小。具体操作如下。

（1）在"项目"面板中导入"欢快.mp3"音频素材，将其拖曳至"时间轴"面板中的A1音频轨道，如图3-30所示。

（2）拖曳时间指示器至00：00：23：09位置，使用"剃刀工具" ◆ 剪辑音频素材，删除第2个素材片段。

（3）选中音频素材，打开"效果控件"面板，展开"音量"选项组，在"级别"文本框中输入"-10"，如图3-31所示。按【Enter】键确认调整。

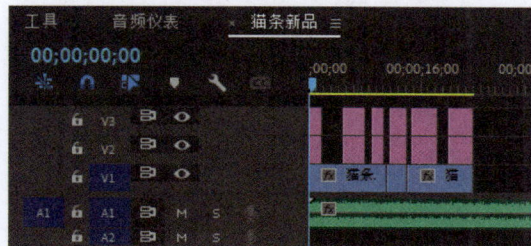

图3-30　拖曳背景音乐至A1音频轨道　　　　图3-31　调整音频音量

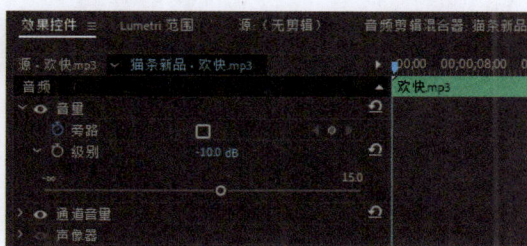

（4）最后按【Ctrl+S】组合键保存项目，再选择"导出"选项卡，进入导出界面，在"格式"下拉菜单中选择"H.264"格式，单击 导出 按钮导出该短片。

3.3　实战案例：制作旅游宣传短片

🖼 案例背景

"走天下"旅行社为了宣传川西路线的热门景点，计划制作一个川西旅游宣传短片，吸引更多的游客前去观光。该宣传短片的具体制作要求如下。

（1）重点介绍九寨沟、若尔盖九曲黄河、稻城亚丁、甘孜墨石公园、四姑娘山双桥沟5个景点。

（2）风格简洁大气，文本亮眼，能引起游客的兴趣。

（3）添加一段舒适轻快的背景音乐，增强宣传片的观赏性和感染力。

（4）短片分辨率为1920像素×1080像素，时长在25s左右，帧速率为29.97帧/秒，输出MP4格式的视频。

💡 设计思路

（1）剪辑思路。该片为旅游宣传短片，主要展示川西5个热门景点的优美风光，短片通过标记来剪辑这些景点的视频素材，每个视频素材持续时间为5s左右。

（2）添加文本。在短片中添加景点名称文本，采用具有笔锋的书法字体，风格简洁大气。本案例的参考效果如图3-32所示。

图3-32　旅游宣传短片参考效果

操作要点

操作要点详解

（1）通过设置入点与出点剪辑素材。
（2）创建子剪辑来处理较复杂的素材。
（3）利用标记剪辑视频并制作音频过渡效果。
（4）制作景点宣传文案。

电子书

3.3.1　设置入点与出点

微课视频

　　由于视频素材的持续时间较长，因此需要根据画面内容进行选取，可利用入点和出点功能来选取每个视频素材中的精彩片段。具体操作如下。

（1）新建名称为"旅游宣传短片"项目，将"川西热门景区"文件夹中的所有视频素材导入"项目"面板中。

设置入点与出点

（2）按【Ctrl+N】组合键打开"新建序列"对话框，在其中设置序列名称为"川西景点"，单击"设置"选项卡，设置时基为"29.97帧/秒"、帧大小为"1920×1080"，单击 确定 按钮。

（3）在"项目"面板中双击"九寨沟.mp4"素材，在"源"面板中打开该素材并将时间指示器移动到00:00:04:00位置，单击"标记入点"按钮 将当前时间点标记为入点，如图3-33所示。

（4）在"源"面板中将时间指示器移动到00:00:14:00位置，单击"标记出点"按钮 将当前时间点标记为出点，在"源"面板右侧可以看到入点和出点之间的时长为00:00:10:01，这一段素材即选取的素材片段，如图3-34所示。

图3-33 标记入点

图3-34 标记出点

（5）将"九寨沟.mp4"素材从"源"面板中拖曳到"时间轴"面板中的00:00:00:00位置，则完成"九寨沟.mp4"素材的选取。

（6）在"项目"面板中双击"若尔盖.mp4"素材，便在"源"面板中打开该素材，接着在00:00:37:00位置标记入点，在00:00:47:00位置标记出点。

（7）在"节目"面板中单击"转入出点"![按钮]按钮，"时间轴"面板中的时间指示器自动跳转到"九寨沟.mp4"素材的出点位置，再将"若尔盖.mp4"素材从"源"面板中拖曳到该位置。

（8）在"项目"面板中选中"稻城亚丁.mp4"素材，并将其拖曳到"时间轴"面板中的00:00:20:02位置。将鼠标指针移至"稻城亚丁.mp4"素材结尾处，当出现"修剪出点"图标![图标]时，向左拖曳素材至00:00:30:28位置，如图3-35所示。

（9）在"项目"面板中双击"墨石公园.mp4"素材，在"源"面板中的00:00:19:21位置标记入点，在00:00:25:00位置标记出点，再将其拖曳到"稻城亚丁.mp4"素材的出点位置，如图3-36所示。

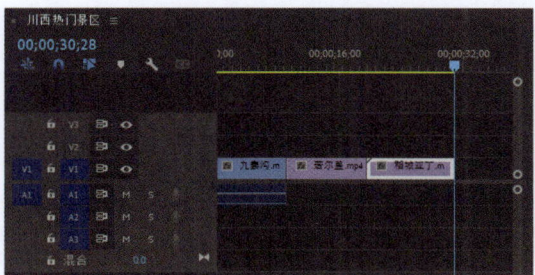

图3-35 设置出点

图3-36 拖入素材

3.3.2 创建子剪辑

由于"双桥沟.mp4"素材持续时间较长、内容比较复杂，可以选取该素材部分需要的内容创建子剪辑。具体操作如下。

（1）在"项目"面板中双击"双桥沟.mp4"素材，便在"源"面板中打开该素材，接着在00:00:07:17位置标记入点，在00:00:17:16位置标记出点。

微课视频

创建子剪辑

（2）在"源"面板中单击鼠标右键，在弹出的快捷菜单中选择"制作子剪辑"命令，打开"制作子剪辑"对话框，在"名称"文本框中输入文字"双桥沟.mp4子剪辑001"，如图3-37所示。单击 确定 按钮后，该子剪辑在"项目"面板中的效果如图3-38所示。

图3-37　设置子剪辑名称

图3-38　子剪辑在"项目"面板中的效果

（3）在"项目"面板中选中"双桥沟.mp4子剪辑001"子剪辑素材，并拖曳到"时间轴"面板中"墨石公园.mp4"素材的出点位置。

3.3.3　添加标记

完成视频素材的添加后，需添加标记，按照所添加的标记继续剪辑视频，使短片更有节奏感。具体操作如下。

（1）在"时间轴"面板中，将时间指示器拖曳到00：00：05：00位置，再单击"添加标记"按钮 ，添加后的效果如图3-39所示。

（2）继续每隔5s在"时间轴"面板中添加标记，最后一个标记位置如图3-40所示。

微课视频

添加标记

图3-39　添加标记（1）

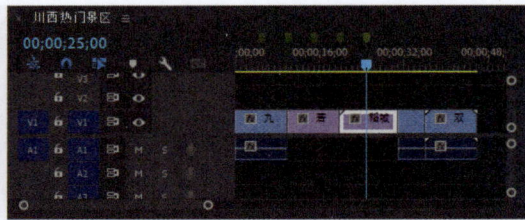

图3-40　添加标记（2）

（3）将鼠标指针移至"九寨沟.mp4"素材结尾处，当出现"修剪出点"图标 时，向左拖曳素材到第1个标记的位置，完成效果如图3-41所示。

（4）按照步骤（3）的方法，依次拖曳"若尔盖.mp4""稻城亚丁.mp4""甘孜墨石公园.mp4""双桥沟.mp4子剪辑001"的出点到标记位置，以完成视频素材剪辑，再将各个素材粘连起来，效果如图3-42所示。

（5）导入音频素材，将"背景音乐.mp4"音频素材拖曳到"时间轴"面板中的A1轨道上，使用"剃刀工具" 在00：00：01：01位置剪辑开头部分音频素材，删除第1个音频素材片段，如图3-43所示。

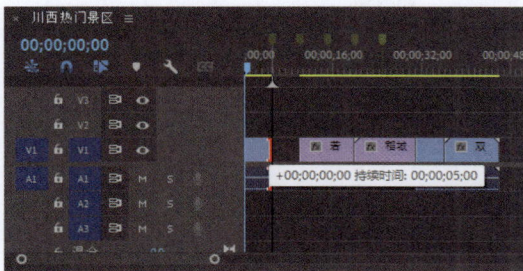

图3-41　设置出点（1）

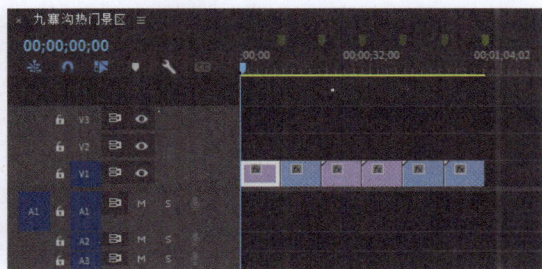

图3-42　素材剪辑后的效果

（6）选中音频素材并将其拖曳至00:00:00:00位置，向左拖曳音频素材的出点使之与视频素材出点的位置一致，如图3-44所示。

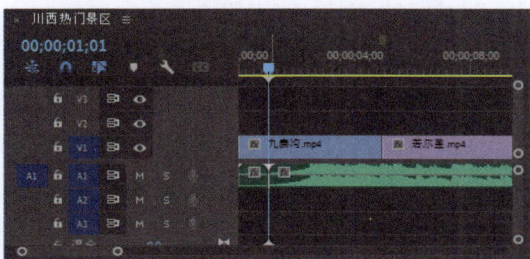

图3-43　剪辑开头部分音频素材

图3-44　设置出点（2）

（7）选中音频素材，打开"效果控件"面板，展开"音量"选项组，在"级别"文本框中输入"-10"，再按【Enter】键减小音频音量。

（8）在"效果"面板中展开"音频过渡"文件夹，选择"交叉淡化"文件夹中的"恒定功率"音频过渡效果，如图3-45所示。将其添加至音频素材的入点和出点位置，则可以制作出音频素材淡入淡出的效果，如图3-46所示。

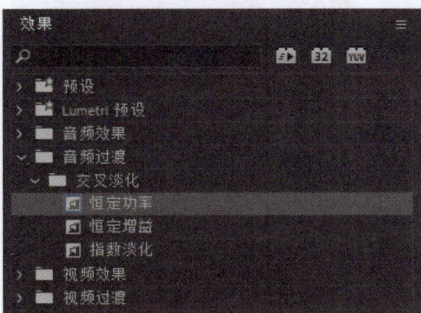

图3-45　选择音频过渡效果

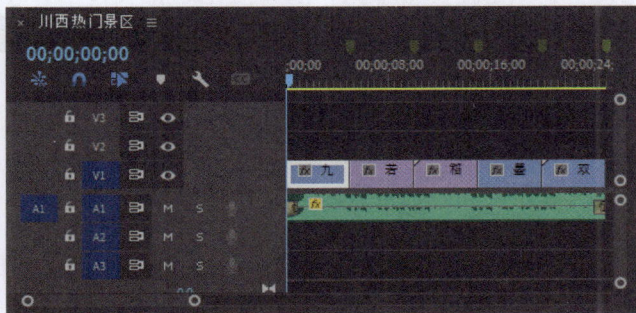

图3-46　制作音频淡入淡出效果

3.3.4　添加景点宣传文案

完成视频素材剪辑和音频素材添加后，还需添加标题文案和景点介绍文案，并且两种文案字体需有一定的区别，以便受众浏览。具体操作如下。

微课视频

添加景点宣传
文案

（1）在"九寨沟.mp4"素材的入点处，选择"文本工具" T ，单击"节目"面板中任意一处，输入文字"美在川西"，再按【Enter】键换行，继续输入英文文字"Welcome to western Sichuan"。

（2）选中"节目"面板中的所有文字，在"基本图形"面板"文本"选项组中设置字体为"方正字迹-兰才兴行书 简"、文字大小分别为"200""70"、对齐方式为"居中对齐"、填充为"#FFFFFF"、阴影颜色为"#3F3F3F"、不透明度为"75%"、距离为"30.0"、大小为"10.0"、模糊为"40"，如图3-47所示。使用"选择工具" ▶ 调整文案在"节目"面板中的位置。

（3）在"时间轴"面板中向左拖曳标题文案素材的出点，使持续时间仅为3s，如图3-48所示。

（4）导入"笔触.png"素材，并将素材拖曳到"时间轴"面板中的V3轨道上，调整图案素材的大小与位置，并设置出点位置与文案素材出点位置相一致，效果如图3-49所示。

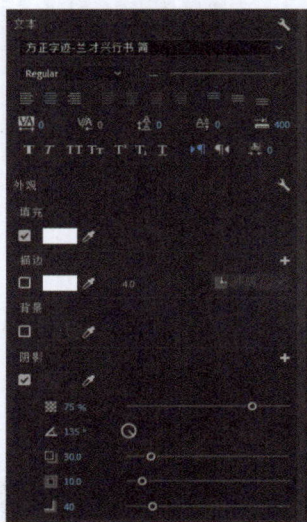

图3-47　设置字体等参数（1）　　　　图3-48　设置出点　　　　图3-49　标题效果

（5）继续在剩下素材的入点处依次输入文字"若尔盖 九曲黄河""稻城 亚丁""甘孜 墨石公园""四姑娘山 双桥沟"，设置文字大小分别为"180""100"、对齐方式为"左对齐"、填充分别为"#FFFFFF""#F3CC15"，调整文案在"节目"面板中的位置，如图3-50所示。

（6）导入"旅游.png"素材，并将素材拖曳到"时间轴"面板中的V3轨道上，调整图案素材的大小与位置，并设置出点位置与"若尔盖 九曲黄河"文案素材出点位置相一致，效果如图3-51所示。

（7）选中"旅游.png"素材，按住【Alt】键，向右拖曳并复制图案素材至每个素材的入点位置，再调整该素材的大小、位置和出点。

（8）在"效果"面板中展开"视频过渡"文件夹，选择"溶解"文件夹中的"黑场过渡"视频过渡效果，将其拖曳到最后一个视频素材的出点处，再选择"文本工具" T ，输入文字

"感谢观看"，调整该文案素材的位置，并设置文案素材的出点位置为最后一个视频素材的出点位置。

（9）保存项目并导出视频。

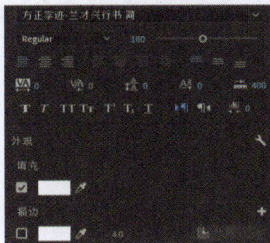

图3-50　设置字体等参数（2）

图3-51　文案效果

3.4　实战案例：制作城市形象宣传短片

案例背景

以成都这座城市为例，制作一个城市形象宣传短片，让更多的人能够了解成都。该宣传短片的具体制作要求如下。

（1）在内容上重点介绍该城市的风貌与特色美食。

（2）风格为现代都市风，与该城市的氛围环境相契合。

（3）添加合适的文案与背景音乐。

（4）短片分辨率为1920像素×1080像素，时长在1min左右，帧速率为29.97帧/秒，输出为MP4格式的视频。

设计思路

（1）剪辑思路。由于该片为城市形象宣传短片，内容需更多地展示城市风貌，剪辑手法相对精简。

（2）添加文案。选用偏方正粗字体，具有简约大气的效果，且易于识别。

本案例的参考效果如图3-52所示。

视频预览

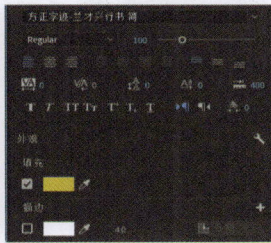

城市形象宣传短片

图3-52　城市形象宣传短片参考效果

图3-52　城市形象宣传短片参考效果（续）

操作要点

（1）利用插入功能快速将素材添加至"时间轴"面板中。

（2）利用提取功能快速完成素材剪辑。

（3）创建Premiere自带素材以丰富画面内容。

操作要点详解

电子书

3.4.1 通过"源"面板插入素材

制作城市形象宣传短片，需将"软件园.mp4"素材拖曳到"时间轴"面板中，利用入点和出点进行剪辑，再利用插入功能将"源"面板中打开的素材自动插入"时间轴"面板中，然后按照相同的方法处理其他素材。具体操作如下。

微课视频

通过"源"面板
插入素材

（1）新建名为"城市形象宣传"的项目，并将"城市宣传"文件夹中的视频素材文件全部导入"项目"面板中。按【Ctrl+N】组合键打开"新建序列"对话框，在"新建序列"对话框中设置序列名称为"成都特色"，单击"设置"选项卡，设置编辑模式为"自定义"、帧大小为"1920×1080"，单击 确定 按钮。

（2）在"项目"面板中选中"软件园.mp4"素材，将其拖曳到"时间轴"面板的00:00:00:00位置，此时出现"剪辑不匹配警告"对话框，单击 保持现有设置 按钮。

（3）在"项目"面板中双击"桂溪公园.mp4"素材，便在"源"面板中打开该素材，在00:01:09:09位置，单击"标记入点"按钮 ，如图3-53所示。

（4）在"源"面板中的00:01:23:03位置，单击"标记出点"按钮 ，在"源"面板右侧可以看到入点和出点之间的时长为00:00:13:20，如图3-54所示。

图3-53　标记入点

图3-54　标记出点

（5）将"时间轴"面板中的时间指示器拖曳到00:00:15:03位置，单击"源"面板下方的"插入"按钮，如图3-55所示。将该素材片段插入"时间轴"面板中，效果如图3-56所示。

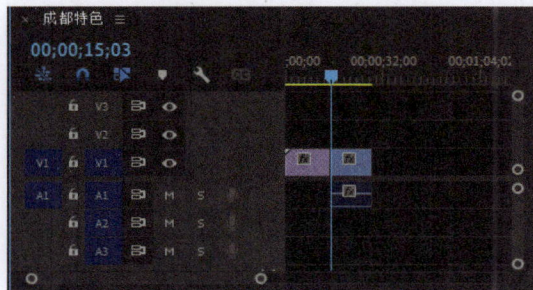

图3-55　插入素材　　　　　　　　图3-56　插入素材后的效果

（6）在"项目"面板中双击"火锅.mp4"素材，按照与步骤（3）相同的方法在"源"面板中的00:10:56:31位置标记入点，在00:11:10:35位置标记出点。

（7）在"节目"面板中单击"转到出点"按钮，此时时间指示器跳到"桂溪公园.mp4"素材的出点位置，再单击"源"面板下方的"插入"按钮，将该素材片段插入"时间轴"面板中。

操作小贴士

在已创建的序列中添加视频素材时，若弹出"剪辑不匹配警告"对话框，则表示该素材与序列不匹配。此时，可以在"剪辑不匹配警告"对话框中单击 更改序列设置 按钮，把序列自动设置成素材大小；若不知道素材大小，可以单击 保持现有设置 按钮，直接按照序列参数来更改素材参数。

3.4.2 在"节目"面板中提取素材

在"节目"面板中利用提取功能可保留需要的素材片段。具体操作如下。

微课视频

（1）将时间指示器移动到"火锅.mp4"素材的出点位置，双击"项目"面板中的"夜景.mp4"素材，便在"源"面板中打开该素材，单击"插入"按钮将该素材片段插入"时间轴"面板中。

在"节目"面板中提取素材

（2）在"节目"面板中的00:00:44:00位置，单击"标记入点"按钮，在00:00:48:00位置，单击"标记出点"按钮，效果如图3-57所示。

（3）在"节目"面板中单击"提取"按钮，删去标记入点到出点之间的片段，剩余片段会自动向前移动，以补上删除片段的空缺，效果如图3-58所示。

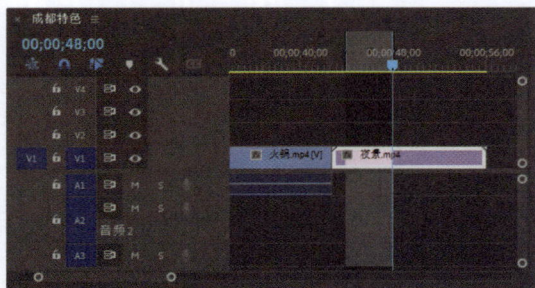

图3-57　"节目"面板中标记的素材片段　　　　图3-58　提取素材后的效果

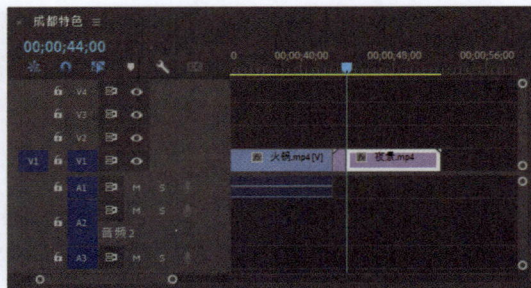

3.4.3　添加"颜色遮罩"素材

在该城市形象宣传短片片头添加"颜色遮罩"素材，片尾添加"黑场过渡"视频过渡效果，同时在视频中添加文案与背景音乐使视频更完整。具体操作如下。

微课视频

添加"颜色遮罩"素材

（1）在"项目"面板中单击"新建项"按钮，在弹出的快捷菜单中选择"颜色遮罩"命令，打开"新建颜色遮罩"对话框，如图3-59所示。单击 按钮，打开"拾色器"对话框，设置颜色为"#FFFFFF"，如图3-60所示。单击 按钮，打开"选择名称"对话框，设置名称为"颜色遮罩"，如图3-61所示。然后单击 按钮。

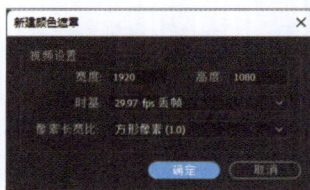

图3-59　打开"新建颜色遮罩"对话框　　　图3-60　设置颜色　　　图3-61　设置名称

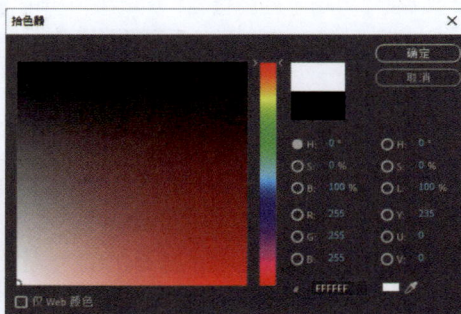

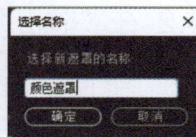

（2）在"项目"面板中选中"颜色遮罩"素材，并将其拖曳到"时间轴"面板中的V2轨道上，再向左拖曳到出点位置，使其持续时间为3s，如图3-62所示。

（3）在"时间轴"面板中选中"颜色遮罩"素材，打开"效果控件"面板，在"不透明度"文本框中输入"10"，如图3-63所示。按【Enter】键，效果如图3-64所示。

（4）打开"效果"面板，展开"视频过渡"文件夹，选择"擦除"文件夹中的"划出"视频过渡效果，如图3-65所示。将其拖曳到"颜色遮罩"素材的出点位置，设置后的效果如图3-66所示。

（5）选择"溶解"文件夹中的"黑场过渡"视频过渡效果，并将其拖曳到"夜景.mp4"素材的出点位置，设置后的效果如图3-67所示。

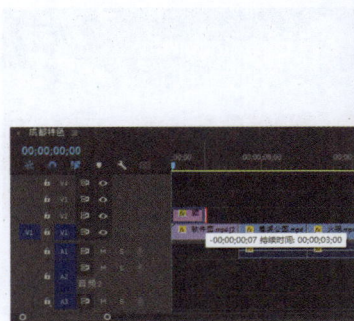

图3-62　设置"颜色遮罩"素材出点　图3-63　设置"不透明度"　图3-64　设置后的效果（1）

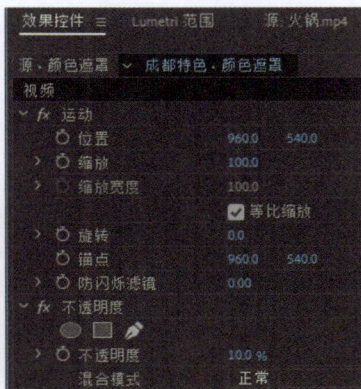

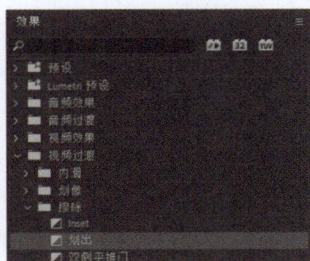

图3-65　选择视频过渡效果　图3-66　设置后的效果（2）　图3-67　设置后的效果（3）

（6）在"项目"面板中导入"舒适.mp3"音频素材，并将其拖入"时间轴"面板中，拖曳素材的出点使之与最后一个视频素材的出点相一致。

（7）选中音频素材，打开"效果控件"面板，展开"音量"选项组，在"级别"文本框中输入"5"，再按【Enter】键确认调整音频音量的操作。

（8）在"效果"面板中展开"音频过渡"文件夹，选择"交叉淡化"文件夹中的"恒定功率"音频过渡效果两次，分别拖曳到A1轨道上素材的两端，制作出音频素材淡入淡出效果。

（9）将时间指示器移动至00：00：00：00位置，使用"文本工具" T 输入文字"天府之国——成都""Welcome to Chengdu"，设置字体为"方正正大黑简体"、文字大小分别为"160""60"、对齐方式为"右对齐"、填充为"#161515"，如图3-68所示。然后调整文案素材的持续时间为3s。

（10）导入"旅游.png"素材，将其拖曳到"时间轴"面板中的V4轨道上，调整该素材的大小和位置，并调整持续时间为3s，标题效果如图3-69所示。

（11）使用"文本工具" T 在00：00：03：01位置输入文字"软件园 科技企业孵化基地"，设置字体为"方正苏新诗艺标简体"、文字大小分别为"140""80"、对齐方式为"左对齐"、填充为"#FFFFFF"，调整文案素材的出点至"软件园.mp4"素材的出点处，再使用"选择工具" ▶调整文案在"节目"面板中的位置，效果如图3-70所示。

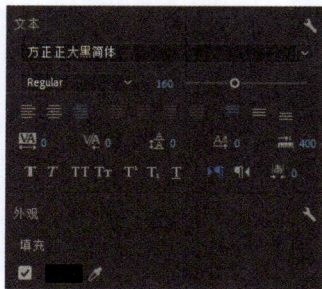

图3-68 设置字体等参数　　　　图3-69 标题效果　　　　图3-70 文案效果

（12）选中该文案，并按住【Alt】键不放将其向右拖曳至剩下的视频素材的入点处，再分别将文字修改为"桂溪公园 高新区天府绿道""火锅 特色美食""IFS 城市夜景"，按照与步骤（11）相同的方法设置文本样式，调整文案素材的持续时间为3s，再调整文案在"节目"面板中的位置。

（13）使用"文本工具" T 在00:00:26:00位置输入文字"成都一座来了就不想离开的城市……"，设置字体为"方正字迹-漫趣手写体 简"、文字大小为"90"、对齐方式为"左对齐"，填充为白色，设置完成后保存项目并导出视频。

3.5 拓展训练

实训 1　制作企业形象宣传短片

实训要求

（1）某企业计划制作一个企业形象宣传短片，以扩大企业知名度。

（2）短片分辨率为1920像素×1080像素，时长在30s左右，帧速率为29.97帧/秒。

（3）宣传片场景切换自然、流畅，视频节奏恰当。

（4）添加有关企业信息的文案，以便受众了解。

操作思路

（1）新建项目名称为"企业形象宣传短片"的文件，再导入所有素材，创建序列，在制作宣传片正片时可以通过多种方式来剪辑视频、处理素材，并调整部分视频片段的播放速度，控制视频时长在30s。

（2）添加特效素材作为片头背景，然后添加片头文字，选择的字体风格应与企业形象相契合。

视频预览

企业形象宣传短片

（3）在片尾添加"黑场过渡"视频过渡效果，使画面逐渐淡出，制造缓缓谢幕的效果。

（4）在短片中间添加符合视频内容的文案，然后添加合适的背景音乐，增强短片氛围。

具体制作过程如图3-71所示。

①剪辑视频并调整播放速度　　　　②添加片头背景和文字　　　　③制作片尾效果

④添加文案

图3-71　企业形象宣传短片制作过程

实训 2　制作夏季防暑宣传短片

实训要求

（1）某社区中心需要制作一个夏季防暑宣传短片，科普防暑的方法，提高大家的防暑意识。

（2）短片分辨率为1920像素×1080像素，时长在25s左右，帧速率为29.97帧/秒。

（3）短片风格简单清新，符合夏季主题。

操作思路

（1）导入所有素材，依次在"源"面板中选取各个素材中需要的片段，然后拖入"时间轴"面板中，完成视频素材的剪辑。

（2）在"时间轴"面板中，以10s位置为起点添加标记，再每隔4s添加标记，按照标记位置调整部分素材的出点或入点。

（3）添加文案素材、图案素材，设置亮眼的字体，以便受众浏览；添加音频素材并制作音频淡入淡出的效果，增添夏日氛围感。

具体制作过程如图3-72所示。

视频预览

夏季防暑宣传短片

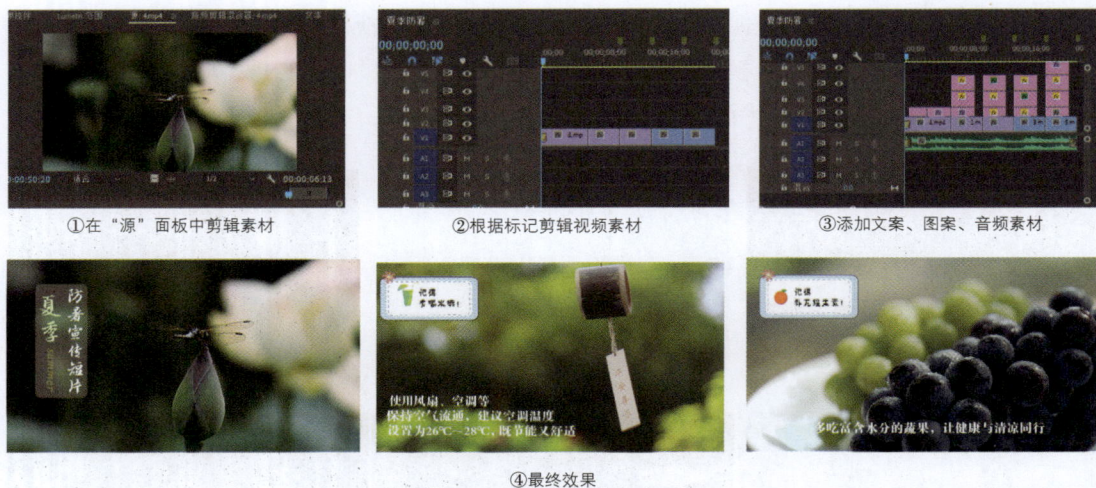

①在"源"面板中剪辑素材　　②根据标记剪辑视频素材　　③添加文案、图案、音频素材

④最终效果

图3-72　夏季防暑宣传短片制作过程

3.6 AI辅助设计

TreeMind　梳理视频剪辑思路

TreeMind是一款基于人工智能技术的在线思维导图工具，它通过先进的AI算法，为用户提供一个高效、直观的思考和组织信息的平台。用户可以利用TreeMind来创建、编辑和分享各种思维导图。例如，在制作短视频时，用户可输入具体需求，从而得到一份短视频制作大纲，获得更多的灵感和帮助，大大提高工作与学习效率。其常见的功能如下。

● AI一句话生成导图。TreeMind能够通过用户的简单描述，快速生成思维导图。这项功能在很大程度上简化了导图的创建过程，即使是初学者也能迅速上手。

● 多人协作。TreeMind支持多人同时在线编辑同一张思维导图，这使团队协作变得更加方便和高效，尤其适用于远程工作和学习的场景。

● 互动演示与评审。TreeMind的互动演示功能允许用户在演示思维导图时，邀请同事或合作伙伴进行评审，并通过喝彩、评论、投票等方式进行互动，提高演示的互动性和评审效率。

● 实时保存与多格式导出。TreeMind制作的内容可以实时保存，跨平台文件同步，确保用户的数据安全，并且支持各类图片、PDF和Word等格式文件导出，满足不同场景下的需求。

在TreeMind的帮助下，短视频创作者可以获得宣传短片片头、内容主体、片尾部分的制作思路，以及画面音效、情节、人物的设计要点提示。此外，TreeMind不仅仅局限于思维导图的制作，还具备文案总结和AI对话功能，可以分别进行文字创作和百科解答。

使用方式：提问

提问方式：告知需求（帮我制定一份xxxx工作总结/教案/脚本/执行方案/思维导图）

示例1：帮我制定一份森林防火宣传片制作细节的思维导图。

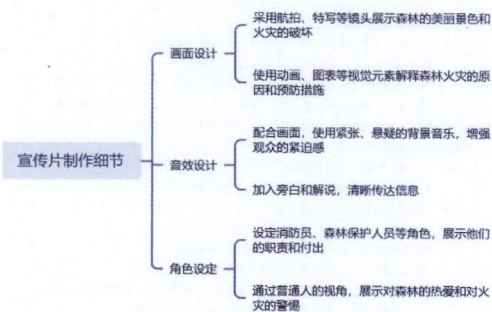

示例2：帮我制定一份森林防火宣传片内容策划的思维导图。

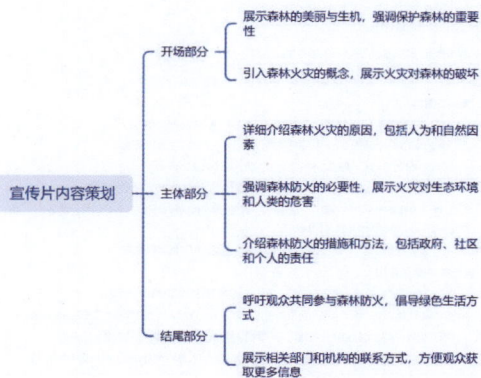

DeepSeek　编写视频文案

DeepSeek是杭州深度求索人工智能基础技术研究有限公司倾力打造的一款前沿人工智能模型，核心优势在于其高效率、高性能的AI能力，能够满足多种应用场景的需求，其常见的功能如下。

- 智能对话与问题解答。DeepSeek会运用其知识库解答用户提出的各种问题，涵盖众多领域，对常识、科学、文化、历史等各方面问题都能给出准确且详细的回答，并提供权威信息来源。
- 文档处理与分析。DeepSeek支持上传多种格式的文档（包括PDF、DOC、XLSX、PPT、TXT等）和图片，提取其中的关键信息和内容，为用户提供更全面的解读，并进行总结和分析。
- 辅助创作。DeepSeek能准确理解用户意图，生成小说、文案、新闻稿、剧本、诗歌等各类文本，且风格多样，还支持多语言创作，满足不同用户需求。同时还能对用户输入的文本进行润色、改写、总结等操作，提升文本质量与可读性，使表达更流畅自然、逻辑更清晰，避免重复与冗余。
- 编程助手。DeepSeek可以根据用户需求生成高质量代码片段，覆盖多种编程语言，助力开发者快速完成编程任务，提高开发效率。另外，当遇到编程难题时，DeepSeek还能分析用户提供的代码，找出潜在问题并提出修改建议，帮助开发者优化代码性能、修复漏洞，提升代码质量和稳定性。

通过使用DeepSeek智能对话功能，短视频创作者可以获得一些关键点思路的提示，以及适用于不同角度的具体文案。短视频创作者可在此基础上对关键词进一步筛选和整合，此外还可以查找相关宣传案例做参考。

拓展训练

请参考上述提问方式，为某学校提供一个招生宣传短片创作梗概，重点介绍学校的环境、发展历史、教学管理、教学设备、校园活动、荣誉成就等，利用AI工具获取短片的制作思路和短片内容的具体文案，提升对AI工具的应用能力。

3.7 课后练习

1. 填空题

（1）_____类宣传短片是一种用于展示和传播特定文化或传统民俗的宣传作品。

（2）_____类宣传短片是一种塑造和提升企业、组织或产品等角色形象的宣传作品。

（3）DeepSeek的_____功能可以帮助用户生成小说、文案、新闻稿、剧本、诗歌等各类文本。

（4）向DeepSeek提问，寻求宣传短片设计思路时，可采用_____＋_____＋_____的提问结构。

2．选择题

（1）【单选】（　　）类宣传短片通过展示城市的文化历史、地标建筑、自然景观等，来构建和推广城市所蕴含的价值。

A．旅游　　　　　　B．城市　　　　　　C．品牌　　　　　　D．文化

（2）【单选】在"时间轴"面板中选择需要剪辑的素材，将时间指示器移动到需要剪辑的位置，按（　　）键可实现与"剃刀工具" 相同的效果。

A．【Ctrl＋K】　　　B．【Alt＋Shift】　　　C．【Ctrl】　　　D．【Shift】

（3）【单选】添加背景音乐，需要调整"效果控件"面板中的（　　）参数值使音量减小。

A．"级别"　　　　　B．"旁路"　　　　　C．"左侧"　　　　　D．"右侧"

（4）【多选】TreeMind具有（　　）的功能。

A．AI思维导图　　　B．多人协作　　　C．互动演示与评审　　　D．编程助手

3．操作题

（1）某冷饮店商家需要制作一个"柠檬水"新品展示短片，发布在微信朋友圈，要求在视频中展现产品名称，并且通过文案体现产品卖点，以吸引消费者购买产品。制作时需导入装饰素材和背景音乐使短片内容更丰富，参考效果如图3-73所示。

视频预览

"柠檬水"新品展示短片

图3-73　"柠檬水"新品展示短片参考效果

（2）某城市宣传部门需要制作一个文明城市宣传短片，用于在公共场所展示，要求短片内容与居民城市生活息息相关，并符合文明城市这一主题。制作时需添加装饰素材与背景音乐，使短片更具感染力，参考效果如图3-74所示。

视频预览

文明城市宣传短片

图3-74　文明城市宣传短片参考效果

（3）漓江风光以其"山青、水秀、洞奇、石美"而著称，是中国山水画的真实写照。某旅行社计划制作一个关于该景点的旅游宣传短片，以吸引更多的游客前去参观，现需要用TreeMind制作该短片的策划思路，再按照给定的思路用DeepSeek来编写视频文案部分。

电商短视频制作

随着移动互联网的快速发展，"电商＋短视频"成为新的商业模式。由此，各种不同类型的电商短视频顺势诞生，为电子商务市场的发展注入了新的活力。精心制作的电商短视频不仅可以为消费者提供更加生动有趣的购物体验，同时也可为商家提供一个更高效、便捷的营销渠道。

学习目标

▶ 知识目标

◎ 了解电商短视频的常见类型和尺寸要求。
◎ 掌握不同电商短视频的制作要点。

▶ 技能目标

◎ 能够从专业的角度，使用 Premiere 制作出不同类型的电商短视频。
◎ 能够借助 AI 工具生成制作电商短视频所需要的素材。

▶ 素养目标

◎ 通过电商短视频的制作，提升内容策划与创意构思能力。
◎ 灵活运用各种操作，提高短视频编辑与制作的专业性和创新性。

学习引导

STEP 1　相关知识学习　　　　　　　　　建议学时：___1___学时

课前预习	1. 扫码了解电商短视频的发展历程和优势，建立对电商短视频的基本认识 2. 通过网络搜索电商短视频相关的制作案例，提升对电商短视频的赏析能力
课堂讲解	1. 电商短视频的常见类型 2. 电商短视频的制作要点 3. 电商短视频的尺寸要求
重点难点	1. 学习重点：开箱短视频、种草短视频、测评短视频的制作要点 2. 学习难点：开箱短视频、种草短视频、测评短视频的制作方法

课前预习

电子书

STEP 2　案例实践操作　　　　　　　　　建议学时：___3___学时

实战案例	1. 制作零食开箱短视频 2. 制作家居用品种草短视频 3. 制作口红测评短视频
操作要点	1. "内滑"过渡效果组、"嵌套"命令、视频的运动属性 2. "扭曲""模糊与锐化"特效组、自动重构序列 3. 关键帧、关键帧插值、"源文本"属性

案例欣赏

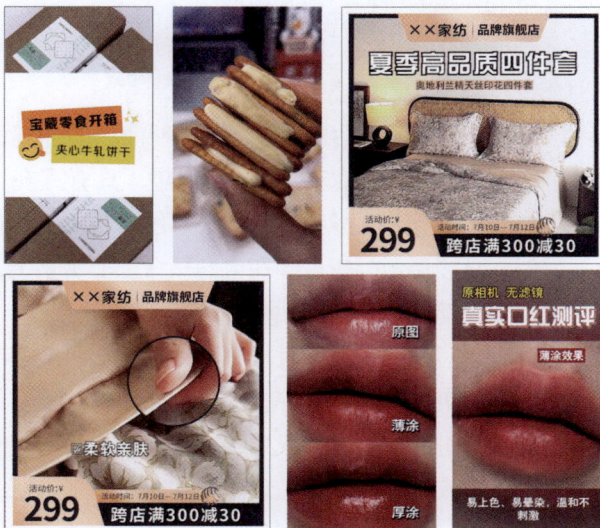

STEP ③ 技能巩固与提升　　　　　　　　　　　　　　建议学时：___3___ 学时

拓展训练	1. 制作坚果展示短视频 2. 制作小电锅种草短视频
AI 辅助 设计	1. 使用图可丽：抠取商品素材 2. 使用美图设计室：更换商品背景
课后练习	通过填空题、选择题和操作题巩固理论知识，提升设计能力与实操能力

4.1　行业知识：电商短视频制作基础

如今，电商行业蓬勃发展，电商短视频作为一种新兴的营销手段，具有较强的宣传性和吸引力。制作电商短视频的关键在于精准定位短视频类型，同时熟练掌握并应用其核心制作要点，以确保制作出的短视频内容既吸引消费者又能实现产品高效转化。

4.1.1　电商短视频的常见类型

随着移动互联网的飞速发展，电商短视频以其直观、生动、高效的特点，以及多样化的类型，在短视频领域绽放出独特的光彩，不仅丰富了消费者的购物体验，也为商家提供了广阔的销售空间。电商短视频的常见类型主要有以下几种。

1．种草短视频

"种草"，网络流行语，本义指播种草种子或栽植草这种植物的幼苗，后泛指"把一样事物分享推荐给另一个人，让另一个人喜欢这样的事物"的行为。种草短视频，顾名思义就是指通过短视频的形式，向观众展示并推荐各种商品或服务体验，从而"种下"观众对这些推荐内容的向往之情，以激发其购买欲望或兴趣的一种短视频类型。

由于种草短视频的内容经常与推荐商品相关，因此种草短视频也可以作为一种常见的电商短视频类型。从内容来看，种草短视频的类型主要有以下几种。

● 直接展示类。该类短视频会直接在短视频中详细展示各种商品的外观、功能、材质、质量、使用方法等，让观众全面了解该商品的特点和优势，具有直观、易懂的特点。图4-1所示的牛奶短视频中，直观明了地展示了牛奶的外包装和主要特点，并通过文字突出商品的主要卖点。另外，直接展示类短视频在电商平台上非常常见，如淘宝平台上的主图短视频、详情页短视频等都是该类型的短视频。

● 体验分享类。该类短视频可以是短视频创作者直接分享对这些商品的使用经验、观点和感受，如服装搭配、美妆教程、美食制作教程等，以便观众更好地了解该商品，并对其推荐的商品产生更高的信任度，进而产生喜欢或购买的冲动，最终对观众的购买决策产生影响。该类短视频也可以不直接展示商品，而通过传递有价值的信息，间接引导观众关注相关商品，如推荐必读书单、健康饮食建议、旅行攻略分享等。图4-2所示的美食制作短视频中，虽然并没有直接介绍相关商品，但通过演示"炸小鱼"操作，可以向观众传递该美食制作过程中使用的重要商品——炸粉。

图4-1　牛奶短视频

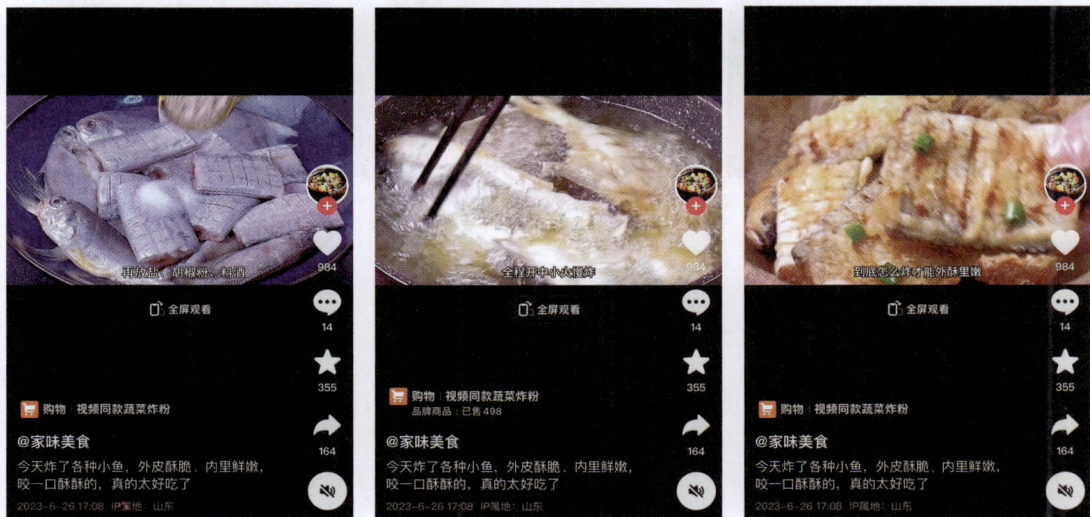

图4-2　美食制作短视频

● **剧情引导类**。该类短视频主要是利用学习、工作和生活中的实际场景制造剧情冲突，再适时植入商品，引导观众产生消费行为。这种类型的短视频相当于植入式广告，如果植入自然，剧情能引发观众产生共鸣，就具有很强的"带货"潜力。例如，两个女生在游玩后，其中女生A妆容持久，而女生B妆容花掉，于是女生B询问对方使用的定妆商品，从而引出推荐商品。

2. 开箱短视频

开箱短视频是一种当下非常流行的电商短视频类型，主要围绕创作者新购买的商品展开，即创作者通过短视频的方式展示从打开包装到初步使用的全过程，让观众直观了解商品的真实情况，包括外观、包装、细节和使用效果等，非常具有代入感，如图4-3所示。开箱短视频不仅能够满足观众的好奇心，还能激发其购买欲望。另外，观众也可以通过评论的方式与视频发布者互动，提出疑问或分享看法，这样更有利于商品售出。

图4-3 开箱短视频

3. 测评短视频

测评短视频通过对商品进行详细测试、对比和评价，为观众提供真实、客观、全面的商品信息，帮助观众了解商品的性能、优缺点，以及与其他同类商品的差异，从而做出更明智的购买决策。例如在电商短视频中分享对新款口红的试色和使用感受，如图4-4所示。

图4-4 口红测评短视频

设计大讲堂

制作测评短视频时要客观、公正地评价商品，不能"踩一捧一"，故意抹黑竞争对手，散布竞争对手劣势；也不能违反商业道德和诚实信用原则，夸大其词或误导观众，以测评之名行营销之实。例如，使用不实内容或故意配合商家进行虚假宣传，包括瞒报价格、夸大功效、虚构使用条件等。这样不仅会误导、欺骗观众，也会破坏互联网公平竞争的市场原则。

4. 直播预热短视频

直播预热短视频主要通过短视频的形式提前告知观众直播的时间、内容和亮点，从而吸引观众的兴趣，并引导他们及时观看直播，提高直播间的曝光度和人气。这类短视频通常包含以下两种类型。

● **直接预告类**。该类短视频直接以短视频的形式告知观众直播的时间、主题和嘉宾，以及直播中的福利活动，如优惠券、折扣、赠品等信息，以吸引观众提前关注。这类视频通常简洁明了，适合在直播前较短的时间内发布，以便观众能够迅速了解直播内容并做好收看准备，如图4-5所示。

图4-5　直播预告短视频

● **互动引导类**。该类短视频会在短视频中设置互动环节，如提问、抽奖等，鼓励观众参与并关注直播间。这不仅可以增加观众的参与感，还能提前了解观众对直播内容的关注点。

4.1.2　电商短视频的制作要点

为确保电商短视频能够真正适用于大多数消费者，并有效提高商品销量，电商短视频需要遵循一些基本的制作要点。

● **明确商品定位**。深入了解商品的特点、功能、优势以及目标市场，在短视频中准确传达商品的核心价值，精准定位商品的使用场景。图4-6所示的动感单车短视频中，从其使用场景出发，明确展示出动感单车的外观和重要卖点。

● **抓住目标消费者痛点**。深入了解目标消费者的具体需求和痛点，并根据需求选择合适的视频类型，规划具体的视频内容，从而更有效地吸引目标消费者。

● **内容真实且实用**。对于商品的性能、规格等相关信息，尽量提供准确的数据支持，且要保证准确度、真实性和实用性，能够解决目标消费者的实际问题或满足他们的好奇心。图4-7所示的卤料包短视频中，详细讲解了该商品的使用方法。

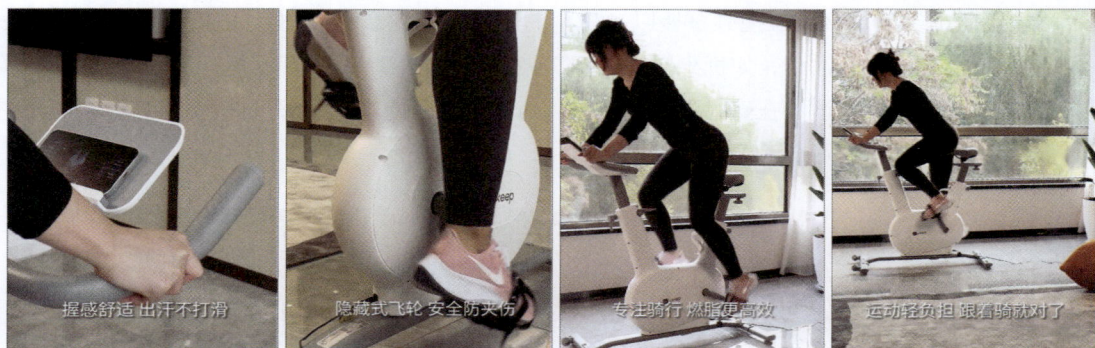

图4-6 动感单车短视频

图4-7 卤料包短视频

4.1.3 电商短视频的尺寸要求

电商短视频的尺寸要求因发布平台和展示位置的不同而有所差异。常见的电商短视频尺寸要求如下。

1. 短视频平台

在短视频平台上，电商短视频的尺寸要求与其他类型的短视频尺寸要求基本相同，比例要求通常为3∶4或9∶16的竖屏，以适应观众基于手机屏幕的观看习惯。另外，短视频的高度和宽度通常都不低于800像素，且上传格式为MP4。

2. 电商平台

在电商平台上（这里以淘宝平台为例），电商短视频由于展示位置的不同而有所差异，主要分为主图视频、首页视频和商品详情页视频，其尺寸要求也有一些细微的差异。

（1）主图视频尺寸要求

主图视频是一种通过视频的形式来展示商品的手段，通常以动态、直观的方式补充和丰富商品主图所展示的内容。在商品购买页中，主图视频通常被放置在第一张主图之前（见图4-8），以便让消费者在浏览商品时能够更全面地了解商品的外观、功能和使用效果等信息，从而达到提升消费者的购买欲望、促进销售的目的。

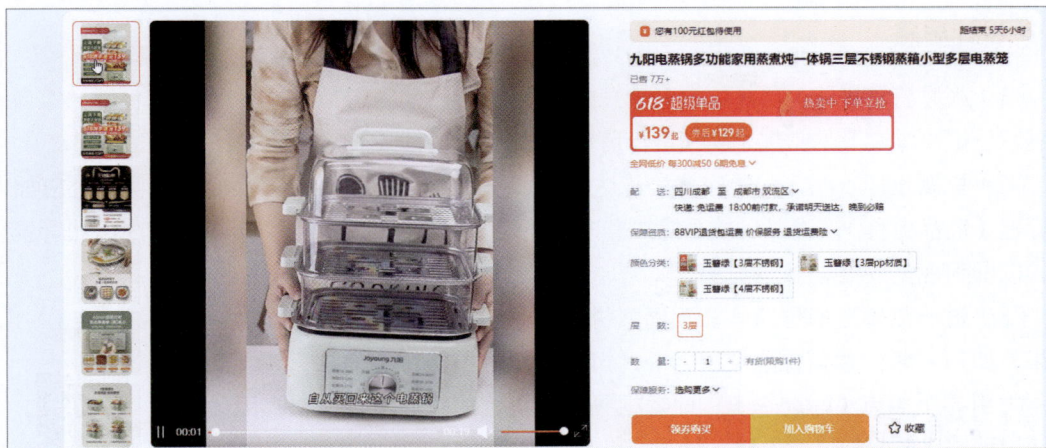

图4-8　主图视频

- 主图视频大小。不超过300MB。
- 主图视频尺寸。建议分辨率大于1280像素×720像素（又称720P，采用这种分辨率的视频为高清视频），比例可为1∶1、16∶9或3∶4。

（2）首页视频和商品详情页视频尺寸要求

首页视频和商品详情页视频，主要以视频形式在首页和商品详情页中补充展示商品所属的品牌特色或商品优势，或展示商品在实际使用中的效果，增强消费者对商品的了解和好感度。

- 主图视频大小。不超过300MB。
- 主图视频尺寸。分辨率建议尽量为1280像素×720像素，比例为16∶9或4∶3。

4.2　实战案例：制作零食开箱短视频

案例背景

随着零食市场竞争日益激烈，某专注于创新零食研发与销售的品牌决定利用短视频平台这一渠道，精心策划并制作一系列零食开箱短视频，来提升品牌知名度，以及吸引目标消费群体。现需要以品牌的热卖商品——夹心牛轧饼干为主要内容，制作一个零食开箱短视频。该品牌对短视频的制作要求如下。

（1）短视频时长在10s以内，分辨率为1080像素×1920像素，版式为竖屏，格式为MP4。

（2）短视频风格活泼自然、生动有趣，贴合年轻消费者的需求。

（3）短视频节奏合理，确保整体流畅连贯。

（4）重点展示关键信息，如零食外包装和内包装、零食外观、零食口感等。

（5）适当运用视频过渡效果，增强视频的趣味性和观赏性。

设计思路

（1）视频剪辑思路。剪辑零食开箱短视频时可以按照"查看外包装—查看内包装—零食外观展示—试吃零食"的常规思路来进行剪辑并排序视频，删除不必要的视频片段。

（2）标题设计思路。标题应直接传达短视频的核心内容，即"零食开箱"，同时还应加入副标题（商品名称），让观众一看就知道该短视频的主题。另外，还可以在标题中添加背景装饰，以增强视觉效果。

（3）过渡效果选择思路。在不同素材之间添加适合当前内容的视频过渡效果，如短视频标题需重点突出，因此可以采用推拉类过渡效果，将观众的注意力引导至焦点（标题）上；而短视频中间内容的整体节奏较快，因此可以使用动感比较强的过渡效果，给观众带来视觉上的冲击。

本案例的参考效果如图4-9所示。

视频预览

零食开箱短视频

图4-9　零食开箱短视频参考效果

操作要点

操作要点详解

电子书

（1）使用"内滑"过渡效果组中的过渡效果丰富短视频内容。
（2）通过调整素材的运动属性，使其位置和大小符合需求。
（3）使用"嵌套"命令制作短视频标题。

4.2.1　剪辑零食开箱短视频

微课视频

剪辑零食开箱短视频

查看品牌提供的零食视频素材，发现视频拍摄顺序比较混乱，可以采用在"源"面板中设置入点和出点的方式来进行剪辑。具体操作如下。

（1）打开Premiere 2024，新建名称为"零食开箱短视频"的项目，将提供的素材全部导入"项目"面板中，然后双击"零食开箱.mp4"视频素材，将其在"源"面板中打开。

（2）在"源"面板中设置入点为00:00:01:22，出点为00:00:04:01，如图4-10所示。然后将"源"面板中选取的视频片段拖曳到"时间轴"面板中。

（3）按【End】键将"时间轴"面板中的时间指示器转到视频末尾，在"源"面板中设置入点为00:00:09:20，单击"源"面板中的"插入"按钮🔳。

（4）继续将"源"面板中"00:00:04:04～00:00:05:14""00:00:00:00～00:00:01:19""00:00:07:22～00:00:09:17""00:00:05:16～00:00:06:23"之间的视频片段依次插入"时间轴"面板中。

（5）将视频素材全部插入完成后，效果如图4-11所示。

图4-10　设置入点和出点　　　　　　　　　　图4-11　插入素材后的效果

4.2.2　应用视频过渡效果

完成剪辑操作后，可以在视频片段之间添加视频过渡效果使其过渡更加流畅、自然，并增强视觉表现力。具体操作如下。

微课视频

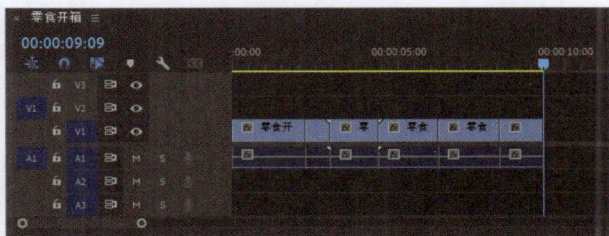

应用视频过渡效果

（1）打开"效果"面板，依次展开"视频过渡""内滑"文件夹，选择"Split"视频过渡效果，将其拖曳至V1轨道上的起始位置，使短视频在开始播放时出现一种滑动的视频过渡效果，如图4-12所示。

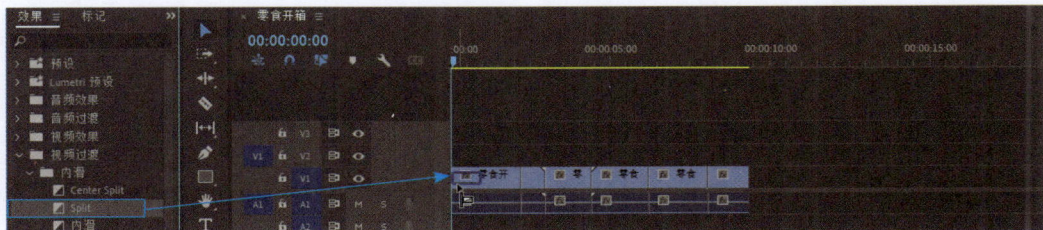

图4-12　添加"Split"视频过渡效果

（2）在"时间轴"面板中选择添加的"Split"视频过渡效果，如图4-13所示。打开"效果控件"面板，设置持续时间为00:00:01:10，在"Split"选项组中勾选"反向"复选框、选择方向为"垂直"，如图4-14所示。

（3）在"内滑"文件夹中选择"急摇"视频过渡效果，单击鼠标右键，在弹出的快捷菜单中选择"将所选过渡设置为默认过渡"命令，将该过渡效果设置为默认的视频过渡效果。

（4）在"时间轴"面板中选择V1轨道上除第一段视频外的其余所有视频，按【Ctrl+D】组合键为这些视频添加Premiere默认的视频过渡效果，如图4-15所示。

（5）在"时间轴"面板中选择V1轨道上最后一段视频末尾的过渡效果并删除，选择第四段视频开始时的过渡效果，在"效果控件"面板中选择对齐方式为"中心切入"，如图4-16所示。然后修改添加的3个"急摇"过渡效果持续时间均为00:00:00:15。

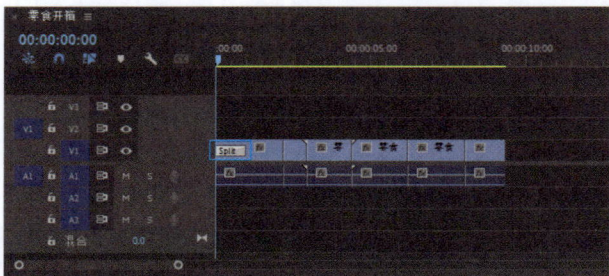

图4-13　选择视频过渡效果

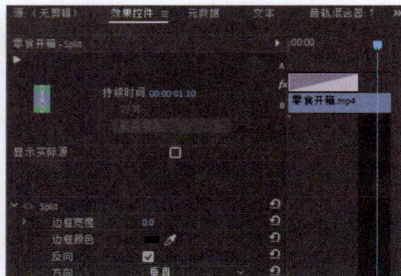

图4-14　编辑视频过渡效果

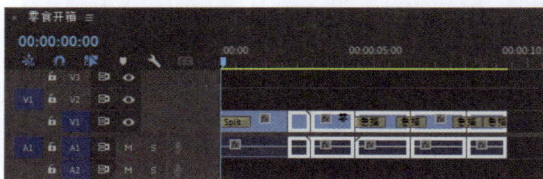

图4-15　添加默认视频过渡效果

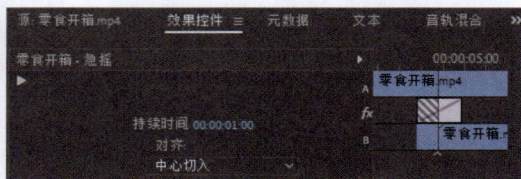

图4-16　选择默认视频过渡效果的对齐方式

4.2.3　制作短视频标题

在短视频片头需要添加标题文字"宝藏零食开箱 夹心牛轧饼干"，注意调整文字至合适大小，并丰富标题文字的视觉效果。具体操作如下。

（1）取消V1轨道上所有视频素材的音视频链接，然后删除视频素材自带的原始音频。

（2）全选V1轨道上的素材并将其向上移动到V2轨道上，然后新建一个颜色为"#FFFFFF"的颜色遮罩素材，接着拖曳到V1轨道上，如图4-17所示。

（3）将"文字底纹.ai"素材从"项目"面板中拖曳到V3轨道上，在"节目"面板中观察到该素材比较小，需要适当调整该素材的大小。在轨道上选择该素材，打开"效果控件"面板，调整缩放为"220"，如图4-18所示。

（4）在V3轨道上选择文字底纹素材，单击鼠标右键，在弹出的快捷菜单中选择"嵌套"命令，打开"嵌套序列名称"对话框，在"名称"文本框中输入名称为"文字"，单击 确定 按钮，如图4-19所示。

微课视频

制作短视频标题

图4-17　添加颜色遮罩素材

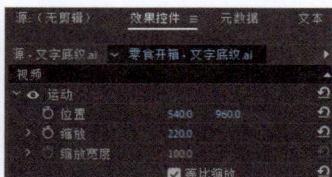

图4-18　调整素材大小

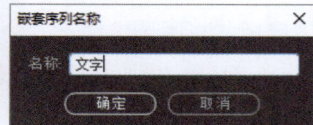

图4-19　嵌套素材

操作小贴士

　　除了素材可以进行嵌套外，序列文件也可以进行嵌套，其操作方法与素材的嵌套方法一致。需要注意的是：在使用Premiere编辑与制作短视频过程中，应尽量少进行嵌套操作，因为渲染时会优先对嵌套层做预处理，易降低整体渲染效率，造成设备卡顿。

　　（5）双击打开V3轨道上的"文字"序列，将"文字底纹.ai"素材拖曳到V1轨道上，选择"文字工具" T ，在"节目"面板中单击定位文本输入点，然后输入"宝藏零食开箱"文字，在"基本图形"面板的"文本"选项组中设置字体为"方正正大黑简体"、文字大小为"100"、字距为"80"、填充为"#000000"，如图4-20所示。

　　（6）选择V2轨道上的文字，打开"效果控件"面板，调整位置和缩放参数，调整时可在"节目"面板中查看效果，如图4-21所示。

　　（7）继续输入"夹心牛轧饼干"文字，在"基本图形"面板中修改该文字的字体为"方正正准黑简体"、文字大小为"85"，效果如图4-22所示。

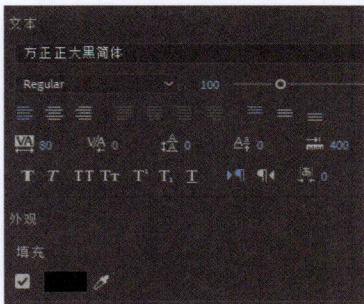

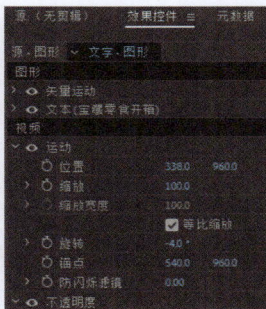

| 图4-20　编辑文字 | 图4-21　调整文字的位置和缩放参数 | 图4-22　查看效果 |

　　（8）调整轨道上的素材出点，使其全部一致，返回"零食开箱"序列，调整"文字"序列的出点为00:00:01:10，使文字在"Split"视频过渡效果结束后消失。然后在"文字"序列入点处添加"推"视频过渡效果，并设置该过渡效果的持续时间为00:00:00:10。

4.2.4 添加背景音乐和音效

微课视频

　　在短视频中添加活泼、轻快的背景音乐，以及品尝零食时发出清脆"咔嚓"声的音效，不仅可以营造出愉悦、轻松的氛围，还能增强零食开箱短视频的趣味性和吸引力，从而让观众更加直观地感受到零食的诱人之处。具体操作如下。

添加背景音乐和音效

　　（1）在"项目"面板中选择"背景音乐.mp3"音频，将其拖曳到A1轨道上，然后选择轨道上的该音频，将时间指示器移动到V2轨道上视频结束位置（00:00:09:09），按【Ctrl+K】组合键剪切音频，删除剪切后的后半段音频，如图4-23所示。

　　（2）打开"效果"面板，依次展开"音频过渡""交叉淡化"文件夹，选择"指数淡化"音频过渡效果，将其拖曳至A1轨道上音频结束位置，使音频播放将要结束时有一种淡出效果。

　　（3）将时间指示器移动到00:00:08:15位置，将"项目"面板中的"吃东西音效.mp3"音频拖曳到A2轨道上时间指示器位置，并调整该音频的出点与V2轨道上视频素材的出点一致，如图4-24所示。

图4-23　添加并剪切音频

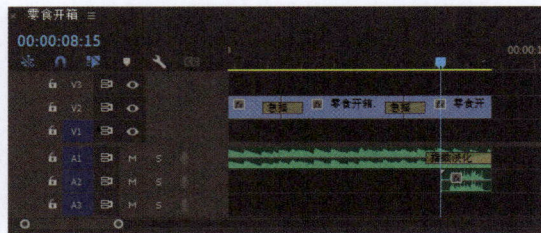

图4-24　调整音频出点

（4）按【Ctrl+S】组合键保存项目，并导出MP4格式的视频文件。

4.3　实战案例：制作家居用品种草短视频

案例背景

某家纺品牌旗舰店准备为热销商品——奥地利兰精天丝印花四件套制作一个种草短视频，并将其应用于淘宝平台上作为主图视频，以提升商品转化率。具体制作要求如下。

（1）短视频比例为1∶1，具体分辨率不限，时长在20s以内，格式为MP4。

（2）在短视频中添加与主图风格一致的边框（素材已提供），以激发消费者的购买欲望。

（3）重点展示四件套的独特卖点，如天丝面料、精美印花、柔软亲肤等。

设计思路

（1）画面调整思路。利用"锐化"视频特效使视频画面变得更加清晰，提升视频的观赏性和吸引力。

（2）字体选择思路。标题文字尽量选择易于接受、清晰易读的字体，如黑体、汉仪综艺体简。另外，主标题与副标题的字体类型、文字大小和外观应有所区别，让整个标题的层次感更强。

（3）卖点制作思路。在短视频中添加介绍四件套卖点的文案，制作文案时，可制作一些特效来强化卖点展示效果，如放大展示商品局部的效果。

本案例的参考效果如图4-25所示。

视频预览

家居用品种草
短视频

操作要点

（1）使用"自动重构序列"功能快速转换视频版式。

（2）使用"扭曲""模糊与锐化"效果组中的效果丰富短视频内容。

操作要点详解

电子书

图4-25　家居用品种草短视频参考效果

4.3.1　转换短视频比例

　　为了满足比例要求，可使用"自动重构序列"功能将竖版的视频转换为方形比例的。具体操作如下。

　　（1）打开Premiere 2024，新建名称为"四件套种草短视频"项目，将提供的素材全部导入"项目"面板中，然后将"四件套视频.mp4"视频素材拖曳到"时间轴"面板中，以创建同名新序列。

　　（2）选择"项目"面板中的"四件套视频"序列，然后选择"序列"/"自动重构序列"命令，打开"自动重构序列"对话框，设置目标长宽比为"正方形1∶1"，单击 创建 按钮，如图4-26所示。

　　（3）此时会自动新建并打开一个名称为"四件套视频－（1×1）"的新序列，转换视频比例前后的对比效果如图4-27所示。

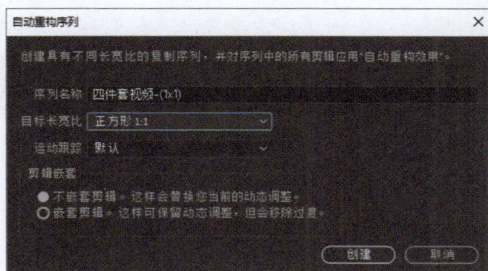

图4-26　自动重构序列

图4-27　转换视频比例前后的对比效果

4.3.2　提高画面清晰度与丰富视频画面

　　观察短视频，发现部分画面有些模糊，不够清晰。此时可为短视频添加"锐化"视频特效，并编辑相应参数，提高画面清晰度，然后添加"背景.png"素材丰富画面。具体操作如下。

（1）打开"效果"面板，依次展开"视频效果""模糊与锐化"文件夹，选择"锐化"视频特效，将其拖曳至V1轨道上的视频素材中，在"效果控件"面板中展开"锐化"选项组，设置锐化量为"26"，如图4-28所示。锐化前后的对比效果如图4-29所示。

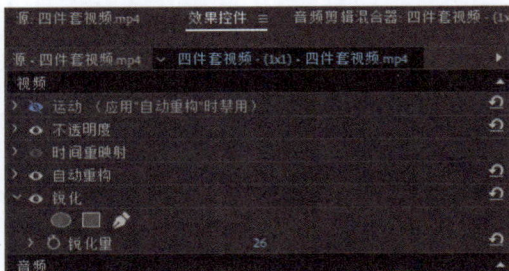

图4-28　调整视频特效

图4-29　锐化前后的对比效果

（2）为了防止后续误操作，可以将"项目"面板中的"四件套视频"序列删除。将"项目"面板中的"背景.png"素材拖曳到V2轨道上，选择该素材，在"效果控件"面板中展开"运动"选项组，调整缩放为"136"，使背景素材大小符合视频大小，在"节目"面板中查看效果如图4-30所示。

（3）在"时间轴"面板中选择V2轨道上的背景素材，调整使其出点与整个视频的出点一致，如图4-31所示。

图4-30　调整背景素材大小后的效果

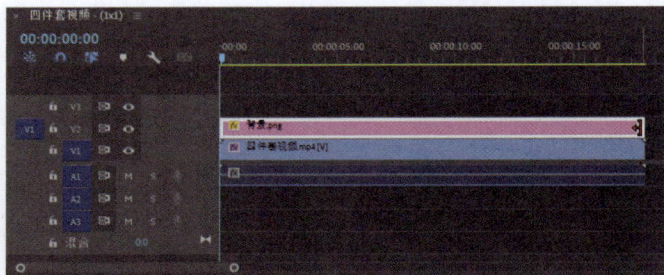

图4-31　调整背景素材的出点

4.3.3　添加家居用品卖点文案和装饰

在短视频中添加与四件套相关的卖点文案和装饰，注意文案内容要与当前画面相符。具体操作如下。

（1）将时间指示器移动到视频开头，选择"文字工具"⊤，在"节目"面板中单击定位文本输入点，然后输入"夏季高品质四件套"文字，在"基本图形"面板的"文本"选项组中设置字体为"汉仪综艺体简"、文字大小为"100"、填充为"#FFFFFF"、字距为"75"，在"外观"选项组中勾选"描

微课视频

添加家居用品卖点文案和装饰

边"复选框，设置描边颜色为"#000000"、描边宽度为"6"，如图4-32所示。

（2）在"节目"面板中调整文字位置，效果如图4-33所示。单击轨道空白处，不选中轨道上的文字，继续输入"奥地利兰精天丝印花四件套"文字，修改字体为"黑体"、文字大小为"40"、填充为"#000000"，勾选"背景"复选框，设置背景颜色为"#F9BD95"，如图4-34所示。

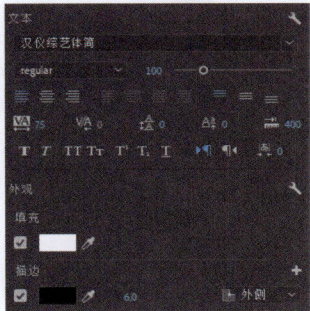

图4-32　编辑文字　　　　图4-33　调整文字位置　　　　图4-34　修改文字属性

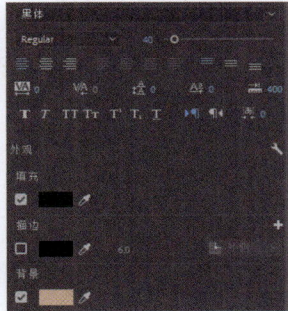

（3）在"节目"面板中调整步骤（2）输入文字的位置，继续将V3、V4轨道上文字素材的出点均调整为00:00:02:21，并在出点处均添加"交叉溶解"视频过渡效果。

（4）新建一个调整图层，将时间指示器移动到00:00:03:20位置，将"项目"面板中的调整图层素材拖曳到V3轨道上的时间指示器位置。

（5）打开"效果"面板，依次展开"视频效果""扭曲"文件夹，选择"放大"视频特效，将其拖曳至V3轨道上的调整图层中，在"效果控件"面板中展开"放大"选项组，调整其中的参数，如图4-35所示。同步观察"节目"面板中的画面，如图4-36所示。

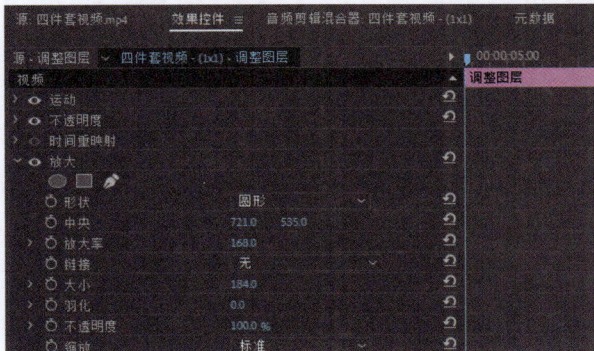

图4-35　编辑"放大"视频特效　　　　图4-36　观察"节目"面板中的画面

（6）在工具栏中选择"椭圆工具"，按住【Shift】键不放，在"节目"面板中绘制圆形，然后在"基本图形"面板中取消勾选"填充"复选框，勾选"描边"复选框，并设置描边颜色为"#2F2E32"，如图4-37所示。

（7）按住【Shift】键不放，在"节目"面板中拖曳圆形的定界框，调整其大小、位置与"放大"特效的圆形大致相同，调整后的效果如图4-38所示。

（8）选择"文字工具"，在圆形左侧输入卖点文字，设置字体为"汉仪大黑简"、文字大小为"62"、填充为"#FFFFFF"，并为文字添加颜色为"#000000"、宽度为"3"的描边，查看卖点文字效果如图4-39所示。

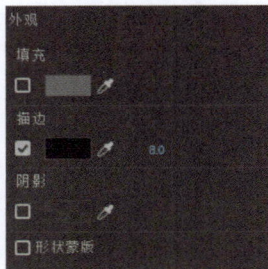

图4-37　绘制并编辑圆形　图4-38　调整圆形大小与位置后的效果　图4-39　查看卖点文字效果

（9）选择V3轨道上的调整图层、V4轨道上的圆形、V5轨道上的内容，将出点统一调整为00:00:07:14。保持选中状态，将时间指示器移动到00:00:08:23位置，按住【Alt】键不放，将所选素材水平向右移动复制至时间指示器位置，如图4-40所示。

（10）选择复制的调整图层，在"效果控件"面板的"放大"选项组中修改"中央"选项参数，调整放大位置，然后调整复制图形和文字的位置，以及修改复制文字的内容，如图4-41所示。

（11）使用相同的方法，在00:00:13:21位置复制调整图层、图形和卖点文字，并调整相应位置和内容，效果如图4-42所示。

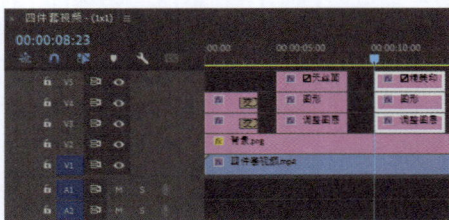

图4-40　复制素材　　　图4-41　修改复制内容（1）图4-42　修改复制内容（2）

（12）将"背景音乐.mp3"音频素材拖曳到A1轨道上，调整音频素材以及V1轨道和V2轨道上素材的出点均为00:00:17:15。最后保存项目，并导出格式为MP4的视频文件。

4.4　实战案例：制作口红测评短视频

📋 案例背景

　　某美妆博主准备在小红书平台上发布一个口红测评短视频，为观众提供有价值的参考信息。具体制作要求如下。

（1）短视频时长在30s左右，分辨率为1080像素×1920像素，版式为竖屏，格式为MP4。

（2）展示口红的重要卖点，比如颜色、质地等。

（3）添加恰当的背景音乐，增强短视频氛围。

💡 **设计思路**

（1）内容规划思路。在片头重点展示博主使用该口红试色的效果，让观众第一时间看到口红带来的色彩变化，激发他们继续观看短视频的兴趣，然后继续在短视频中展示博主试色的全过程。

（2）背景设计思路。放大并模糊部分画面，使其不影响试色的内容展示。

（3）色彩设计思路。选用红色和白色装饰文字，红色与视频画面中的红色协调，白色会让文字显得更清楚；选择醒目突出的黄色作为其他要点文字颜色。另外，通过为部分文字添加描边、背景、阴影等效果来突出重点信息。

本案例的参考效果如图4-43所示。

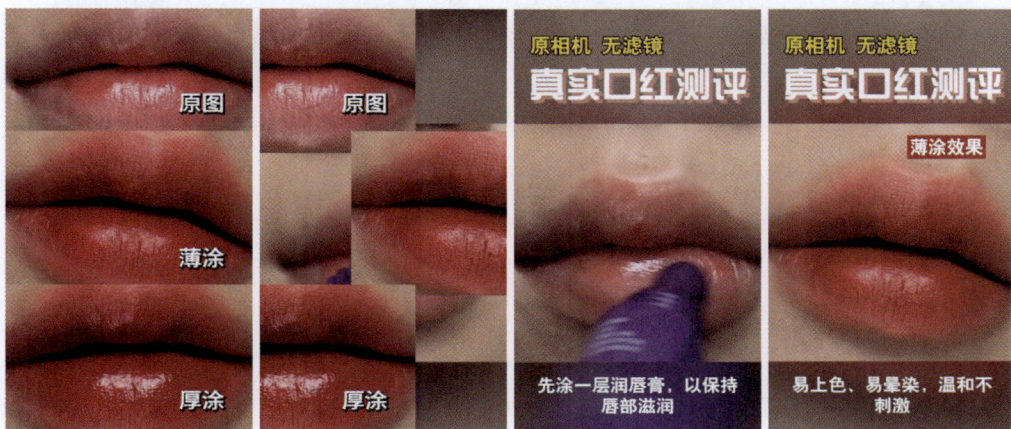

视频预览

口红测评短视频

图4-43　口红测评短视频参考效果

🖱 **操作要点**

（1）利用关键帧制作图像的动态效果。
（2）利用关键帧插值精确控制图像的运动变化状态。
（3）使用"源文本"属性制作文字逐句变化的动画效果。

操作要点详解

电子书

4.4.1 制作短视频片头

将视频素材中需要重点展示的图像画面导入"项目"面板中，然后制作效果对比图，并添加文字进行说明，最后利用关键帧为对比图制作动画效果。具体操作如下。

微课视频

制作短视频片头

（1）打开Premiere 2024，新建名称为"口红测评短视频"的项目，将需要的视频、音频素材全部导入"项目"面板中。

（2）按【Ctrl+N】组合键，打开"新建序列"对话框，选择"设置"选项卡，设置时基为"25帧/秒"（尽量与视频素材的帧速率一致）、帧大小为"1080×1920"，单击 确定 按钮。

（3）将"项目"面板中的视频素材拖曳到"时间轴"面板中的V1轨道，在弹出的提示框中单击 保持现有设置 按钮。

（4）在"项目"面板中双击视频素材以在"源"面板中打开该素材，并将鼠标指针移动到00:00:09:06（还未涂抹口红时）位置，单击"导出帧"按钮，如图4-44所示。

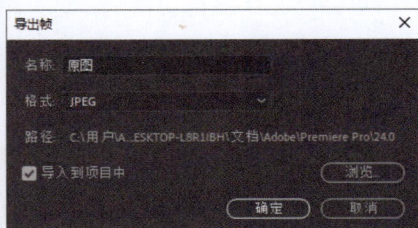

（5）打开"导出帧"对话框，输入名称为"原图"，在"格式"下拉列表框中选择"JPEG"选项，勾选"导入到项目中"复选框，单击 确定 按钮，如图4-45所示。

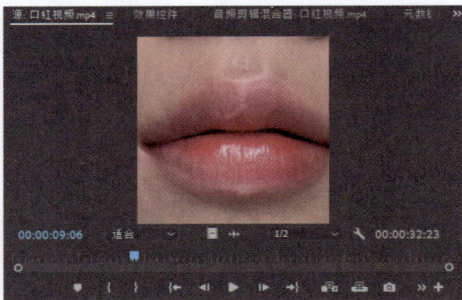

图4-44　单击"导出帧"按钮　　　　图4-45　打开"导出帧"对话框

（6）将"项目"面板中的"原图.jpg"素材拖曳到V2轨道上时间指示器位置。继续在"源"面板中导出00:00:24:22位置帧的图像，并设置名称为"薄涂"，然后拖曳到V3轨道上；在"源"面板中导出00:00:31:03位置帧的图像，并设置名称为"厚涂"，然后拖曳到V4轨道上（拖曳到V3轨道上方空白处会自动新建一个V4轨道），如图4-46所示。

（7）为了便于接下来的操作，可以隐藏除V2轨道外其余所有视频轨道。选择V2轨道上的图像素材，在"效果控件"面板中调整位置属性参数，使其置于画面顶部，如图4-47所示。

（8）打开"效果"面板，依次展开"视频效果""变换"文件夹，双击应用"裁剪"视频特效，在"效果控件"面板中展开"裁剪"选项组，调整其中的"底部"参数为"13%"，如图4-48所示。

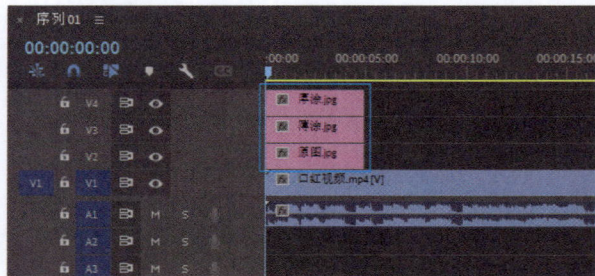

图4-46　添加图像素材　　图4-47　调整位置属性　图4-48　编辑视频特效

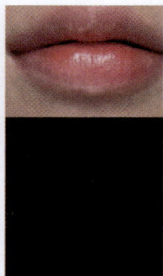

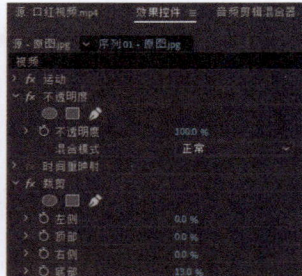

（9）重新显示隐藏的视频轨道，分别调整V3、V4轨道上图像素材的位置属性参数，以及对这两个素材分别应用"裁剪"视频特效，并在"效果控件"面板的"裁剪"选项组中，分别调整"顶部""底部"的参数（V3轨道的为20.11、V4轨道的为29.0），在"节目"面板中查看图像效果如图4-49所示。

（10）对V2、V3、V4轨道上的图像素材分别进行嵌套，嵌套名称与素材名称一致。双击打开"原图"嵌套序列，选择"文字工具"，在画面中输入"原图"文字，在"基本图形"

面板中设置字体为"方正韵动中黑简体"、文字大小为"100"、填充为"#FFFFFF",在"外观"选项组中勾选"阴影"复选框,并设置参数如图4-50所示。在"节目"面板中调整文字位置,效果如图4-51所示。

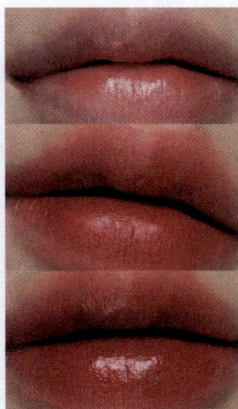

图4-49 查看图像效果   图4-50 调整文字属性   图4-51 调整文字位置效果

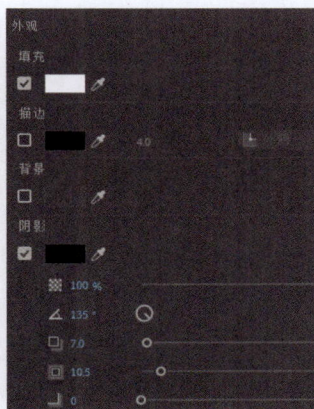

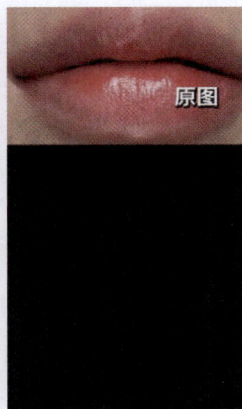

　　(11)选择V3轨道上的文字素材,按【Ctrl+C】组合键复制。返回"序列01"序列,双击打开"薄涂"嵌套序列,将"薄涂.jpg"图像素材从V3轨道移动到V2轨道上,按【Ctrl+V】组合键粘贴文字,按住【Shift】键不放,将文字垂直向下移动,并修改文字内容,效果如图4-52所示。

　　(12)继续在"序列01"序列中双击打开"厚涂"嵌套序列,将"厚涂.jpg"图像素材从V4轨道移动到V2轨道上,粘贴文字后修改文字为"厚涂",最后调整文字位置。

　　(13)选择"原图"序列,在"效果控件"面板中"位置"选项左侧单击"切换动画"按钮◎添加关键帧,然后在"时间轴"面板中将时间指示器移动到00:00:02:23位置,再修改位置属性参数(使"原图"序列向左移出"节目"面板),此时会新增一个关键帧,如图4-53所示。

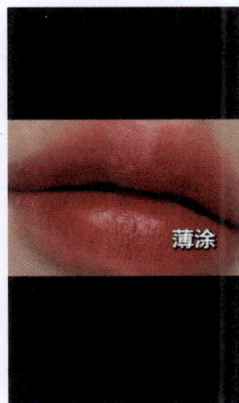

图4-52 修改文字内容效果

操作小贴士

　　当"效果控件"面板中的某个属性包含多个关键帧时,可通过该属性栏右侧 ◀◎▶ 按钮组中的"跳转到上一关键帧"按钮◀和"跳转到下一关键帧"按钮▶查看这些关键帧的位置和参数。若要选择某种属性中的全部关键帧,可直接在"效果控件"面板中双击该属性名称。

　　(14)将时间指示器移动到00:00:00:00位置,选择"薄涂"序列,使用相同的方法创建两个位置关键帧,使"薄涂"序列在相同位置(00:00:02:23)向右移出"节目"面板。

　　(15)选择"原图"序列,在"效果控件"面板右侧的时间线位置按住鼠标左键并拖曳出一个框选范围,选中其中的两个位置属性关键帧(当关键帧显示为蓝色时,表示该关键帧已被选中),按【Ctrl+C】组合键复制关键帧,然后将时间指示器移动到视频最开始位置,选择

"厚涂"嵌套序列，选中"效果控件"面板，按【Ctrl+V】组合键粘贴关键帧。选中粘贴的关键帧，展开"位置"选项组，在关键帧下方的速率图表中拖曳控制点和控制线（见图4-54），使图像呈现出慢—快—慢的运动状态，再使用相同的方法调整其他的关键帧插值。

（16）将V2、V3、V4轨道上的嵌套序列再次嵌套，嵌套名称为"片头"。

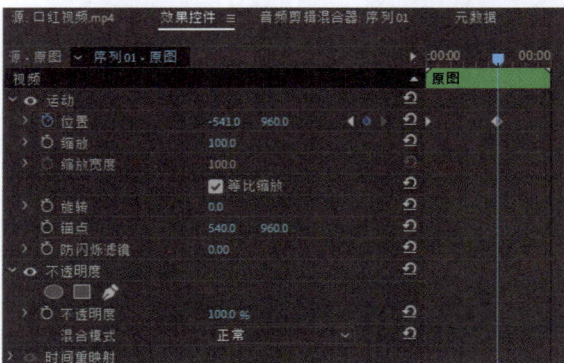

图4-53　激活和添加关键帧

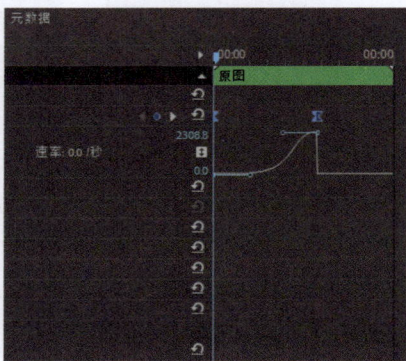

图4-54　调整关键帧插值

4.4.2 制作模糊的视频背景

复制添加的视频素材作为短视频背景，然后放大短视频背景，并添加"高斯模糊"特效，通过调整参数模糊视频背景。具体操作如下。

（1）在"序列01"中将V2轨道上的"片头"序列拖曳到V3轨道，选择V1轨道上的素材，单击鼠标右键，在弹出的快捷菜单中选择"取消链接"命令。继续选择V1轨道上的视频素材，按住【Alt】键不放，将其向上复制到V2轨道上。

（2）打开"效果"面板，依次展开"视频效果""模糊与锐化"文件夹，选择"高斯模糊"视频特效，将该特效拖曳到V1轨道上的视频素材上。在"效果控件"面板中调整V1轨道上的视频素材的缩放为"180"、不透明度为"70%"、模糊度为"100"，如图4-55所示。

（3）将时间指示器移动到00:00:05:00位置，在"节目"面板中查看效果，如图4-56所示。

（4）选择V2轨道上的视频素材，调整该素材的位置，效果如图4-57所示。

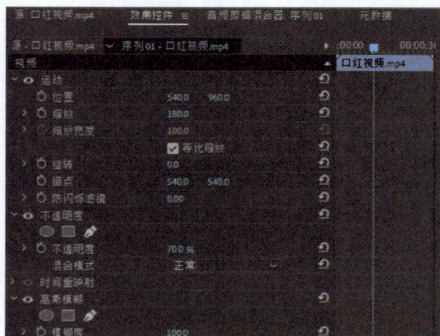

图4-55　调整参数

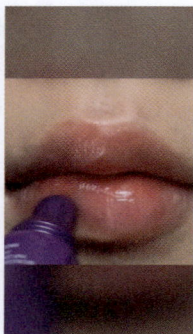

图4-56　查看效果

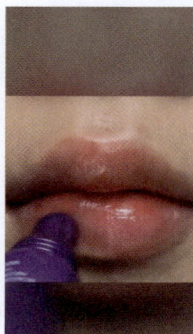

图4-57　调整素材位置后的效果

4.4.3　添加标题文字

在短视频画面上方需要添加主标题文字"真实口红测评"，以及副标题文字"原相机 无滤镜"，注意调整两个标题文字的层级关系。具体操作如下。

微课视频

添加标题文字

（1）选择"文字工具" **T**，在画面上方输入"真实口红测评"主标题文字，在"基本图形"面板中设置字体为"汉仪综艺体简"、文字大小为"160"、填充为"#FFFFFF"，在"外观"选项组中勾选"阴影"复选框，并设置阴影颜色为"#CE8680"，其余参数如图4-58所示。

（2）继续在主标题文字上方输入"原相机 无滤镜"文字，修改字体为"汉仪大黑简"、文字大小为"90"，设置填充为"#FFD311"。勾选"描边"复选框，设置描边宽度为"5"，取消勾选"阴影"复选框。在"节目"面板中调整主标题文字的位置，效果如图4-59所示。

（3）将时间指示器移动到00:00:03:03位置，在"时间轴"面板中调整V3轨道上文字的入点到时间指示器位置，出点与整个视频的出点一致，如图4-60所示。

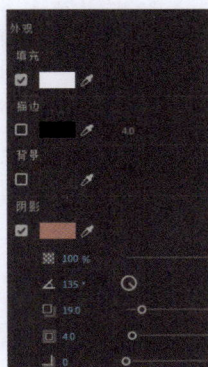

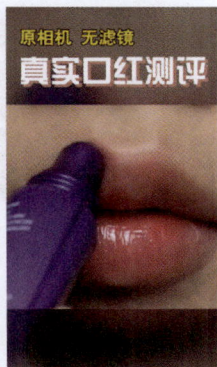

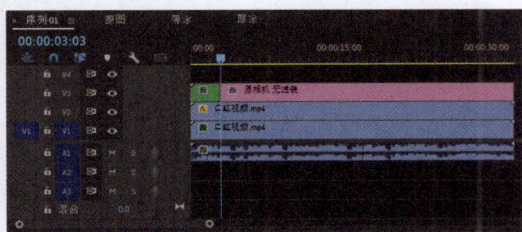

图4-58　设置文字外观属性　图4-59　输入与调整文字　　　图4-60　调整文字入点和出点

4.4.4　添加片中文字和背景音乐

在短视频中添加文字以解说视频画面，可让观众更容易理解；添加合适的背景音乐，可丰富短视频内容。具体操作如下。

微课视频

添加片中文字和背景音乐

（1）保持时间指示器位置不变，选择"文字工具" **T**，在画面下方绘制文本框，然后输入"先涂一层润唇膏，以保持唇部滋润"文字，在"基本图形"面板中设置字体为"汉仪大黑简"、文字大小为"80"，单击"居中对齐"按钮使文字居中对齐，再设置文字填充为"#FFFFFF"，并取消勾选其他复选框，效果如图4-61所示。

（2）选择V4轨道中的文字素材，在"效果控件"面板中展开"文本（先涂一层润唇膏，以保持唇部滋润）"选项组，在"源文本"选项左侧单击"切换动画"按钮激活并添加关键帧，如图4-62所示。

（3）将时间指示器移动到00:00:05:03位置，在"节目"面板中修改文字内容，如图4-63所示。此时"效果控件"面板中的"源文本"选项右侧会自动创建关键帧。

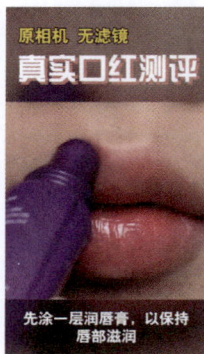

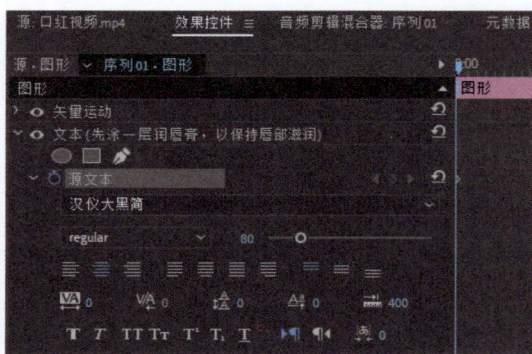

图4-61　文字效果　　　　图4-62　激活并添加关键帧　　　　图4-63　修改文字内容

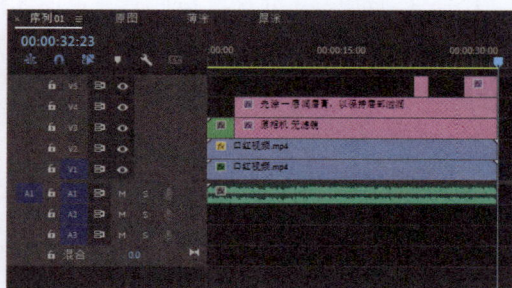

（4）使用相同的方法依次在00:00:09:11、00:00:12:20、00:00:15:15、00:00:18:00位置修改文字内容，效果如图4-64所示。

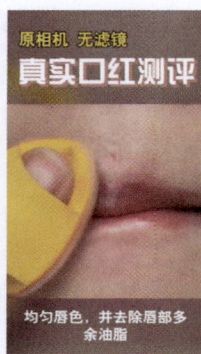

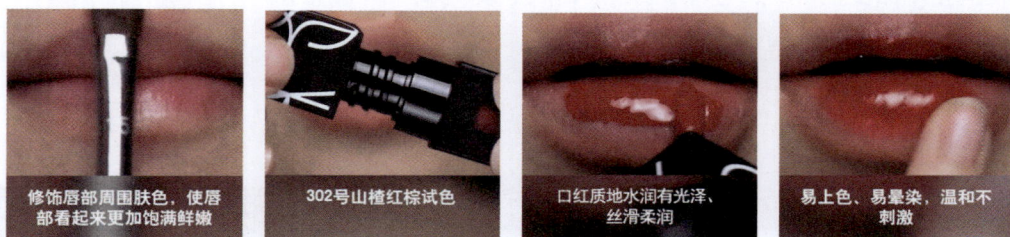

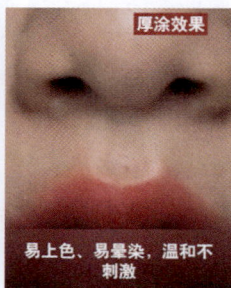

图4-64　在不同时间点修改文字内容

（5）调整V4轨道上文字的出点与整个视频的出点一致。在00:00:23:12位置输入文字"薄涂效果"，在"基本图形"面板中设置文字大小为"80"、填充为"#FFFFFF"、背景为"#BD2629"，文字外观属性如图4-65所示。

（6）调整V5轨道上文字的出点为00:00:25:01。将时间指示器移动到00:00:29:04位置，按住【Alt】键不放，选择V5轨道上的文字并向右拖曳复制到时间指示器位置，修改文字内容为"厚涂效果"，如图4-66所示。最后调整复制文字的出点与整个视频的出点一致。

（7）删除A1轨道上的原始音频，将"背景音乐.mp3"音频素材拖曳到A1轨道上，调整音频素材的出点与整个视频的出点一致，如图4-67所示。最后保存项目，并导出格式为MP4的视频文件。

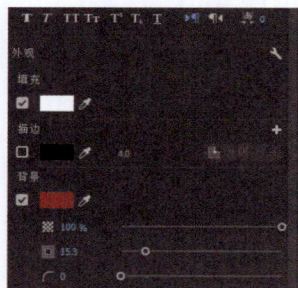

图4-65　设置文字外观属性　　图4-66　修改文字内容　　　　图4-67　调整音频出点

4.5 拓展训练

实训 1　制作坚果展示短视频

实训要求

（1）为"好食光"零食品牌制作坚果展示短视频，要求在视频中展现品牌名称，并且要通过文案体现商品卖点，以吸引消费者购买商品。

（2）分辨率为1280像素×720像素，时长为15s，版式为横屏，格式为MP4。

（3）为视频添加合适的装饰素材，丰富画面效果。

操作思路

（1）剪辑坚果视频素材，将短视频的时长控制在15s以内，然后在第2、3个短视频片段开头分别添加"交叉缩放""圆划像"视频过渡效果。

（2）为第1个短视频片段添加"高斯模糊"视频特效，并利用"模糊度"关键帧制作从模糊到清晰的变化效果。

（3）在视频开头输入标题文字，并绘制部分文字底纹作为装饰。再利用"不透明度"关键帧制作标题文字出现后逐渐消失（变透明）的变化效果。

（4）绘制白色矩形，通过"效果控件"面板中的"锚点"属性将矩形锚点调整至矩形中心，然后利用"缩放"关键帧制作出矩形从小到大的变化效果，当矩形完全放大后输入坚果的卖点文案，并利用"位置"关键帧制作文案从下往上移动的变化效果，最后复制矩形和相关文案，并进行相应修改。

视频预览

坚果展示短视频

（5）添加并编辑背景音乐，预览最终效果，无误后保存项目，并导出MP4格式的视频文件。

具体制作过程如图4-68所示。

①添加视频过渡效果　　　　　　　②添加并编辑"高斯模糊"视频特效

③添加标题文字并绘制装饰

图4-68　坚果展示短视频制作过程

④添加不同的文案

图4-68　坚果展示短视频制作过程（续）

实训2　制作小电锅种草短视频

视频预览

小电锅种草短视频

实训要求

（1）为某家电品牌制作小电锅种草短视频，要求在视频中展现视频主题——租房必备小家电，并围绕小电锅的核心卖点（多功能性）进行重点介绍。

（2）分辨率为1080像素×1920像素，时长为15s，版式为竖屏，MP4格式。

（3）加入合适的背景音乐、字幕和视频过渡效果，提升视频的整体质量。

操作思路

（1）剪切并调整视频片段，让视频的播放顺序更合理。在视频开头输入主题文字，调整文字为不同的颜色，并为文字添加阴影和描边效果。

（2）在视频中根据画面效果，依次添加不同的卖点文案，激发观众的购买欲望。

（3）在卖点文案出现时添加"交叉溶解"视频过渡效果；在主题文字出现时添加"交叉溶解"视频过渡效果；在视频结尾时添加"黑场过渡"视频过渡效果。添加并编辑背景音乐，以丰富视频效果。

（4）预览最终效果，无误后保存项目，并导出MP4格式的视频文件。

具体制作过程如图4-69所示。

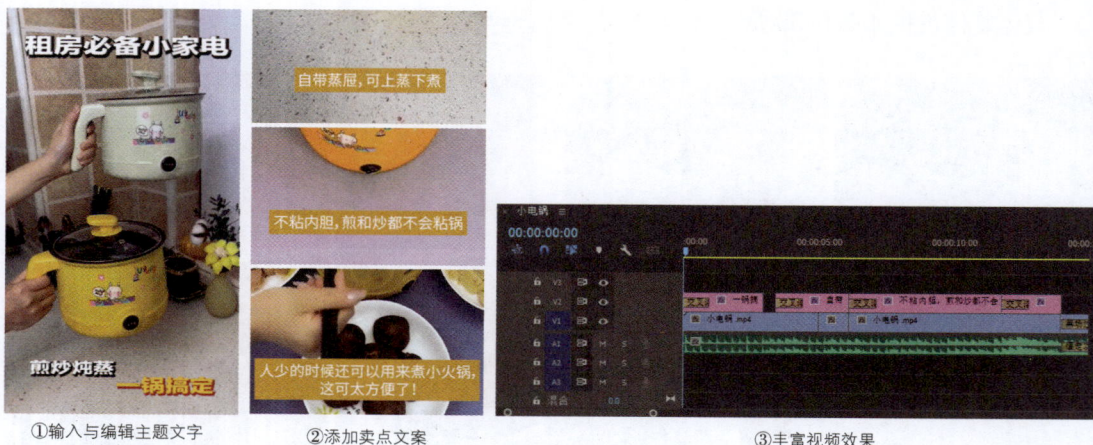

①输入与编辑主题文字　　②添加卖点文案　　③丰富视频效果

图4-69　小电锅种草短视频制作过程

4.6 AI辅助设计

图可丽 **抠取商品素材**

图可丽是一个集抠图、图像修复、视频动漫化、风格迁移等多个功能于一体的AI图像处理工具，可有针对性地满足不同用户的需求。在制作电商短视频时，短视频创作者可以根据其内容需求利用图可丽对商品素材或其他图像素材进行编辑，比如去除商品素材中的背景来抠取商品，以便更好地将这些素材运用在商品短视频中。

使用方式：一键抠图

使用方式：选择抠图功能 → 上传图片 → 查看抠图效果 → 下载图片

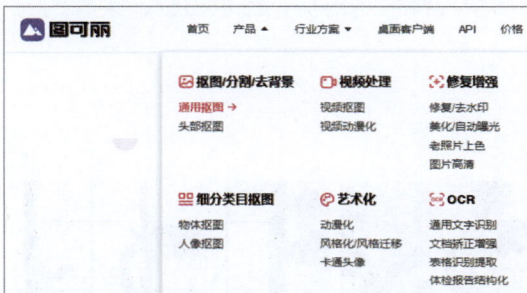

①选择抠图功能

②上传图片

③查看抠图效果

④下载图片的效果

通过图可丽，短视频创作者可以获得符合制作要求的商品素材。另外，短视频创作者还可在此基础上利用图可丽去除图像素材中的瑕疵、缺陷、痕迹和被遮挡部分，以及一键调整商品图像的色调、亮度、对比度，使商品图像更加美观，更符合设计需求。

美图设计室 更换商品背景

美图设计室是美图公司围绕"AI平面设计"与"AI电商设计"两大板块推出的智能设计服务平台，在AI抠图、修图方面可操作性较强、效果较好，有针对性地满足了不同用户的需求。在电商短视频制作领域，短视频创作者不仅可以利用美图设计室来对商品图像进行修饰美化处理，还可以利用美图设计室的"AI商品图"功能，通过"文生图"或"图生图"的方式自动更换商品图像中的背景。

使用方式：文生图

使用方式：输入关键词+上传主体对象图

关键词描述方式：场景+元素/光影+风格/氛围/画质

示例参数：模式为商品图>"自定义"模式

关键词描述：放在白色的台面上，室内场景，背景是厨房，绿色植物，柔和的光影，干净简约

生成尺寸：1：1

示例效果：

主体对象

使用方式：图生图

使用方式：上传参考图片

示例参数：模式为商品图>"复刻"模式

参考图：

生成尺寸：1：1

场景相似度：0.7～1.0

示例效果：

通过使用美图设计室的"AI商品图"功能，短视频创作者可以得到各种不同背景的商品图像素材，而将这些图像素材运用在电商短视频中，可以得到更优质的视觉效果。

☞ 拓展训练

请使用美图设计室上传一张商品图像，尝试生成不同背景的图像，提升对AI辅助工具的应用能力。

4.7 课后练习

1. 填空题

（1）_____类短视频主要是分享创作者自己对这些商品的使用经验、观点和感受，如服装搭配、美妆教程等。

（2）_____类短视频直接以短视频的形式告知观众直播的时间、主题和嘉宾，以及直播中的福利活动，如优惠券、折扣、赠品等信息，以吸引观众提前关注。

（3）使用Premiere中的_____功能可以快速转换视频版式。

（4）美图设计室是美图公司围绕_____与_____两大板块推出的智能设计服务平台。

2. 选择题

（1）【单选】在电商平台上（这里以淘宝平台为例），主图视频大小尽量不超过（　　）。

A. 300MB　　　　B. 400MB　　　　C. 500MB　　　　D. 600MB

（2）【单选】按（　　）键，可以为视频添加Premiere默认的视频过渡效果。

A.【Ctrl＋Shift】　　B.【Alt＋Shift】　　C.【Alt＋Ctrl】　　D.【Ctrl＋D】

（3）【多选】在短视频平台上，电商短视频的尺寸要求与其他类型的短视频尺寸要求基本相同，比例要求通常为（　　），以适应观众基于手机屏幕的观看习惯。

A. 3∶4　　　　　B. 4∶3　　　　　C. 9∶16　　　　D. 16∶9

（4）【多选】下列关于Premiere关键帧的描述中，说法正确的有（   ）。

A. 若要选择某种属性中的全部关键帧，可直接在"效果控件"面板中双击该属性名称

B. 当关键帧显示为蓝色时，表示该关键帧已被选中

C. 选中关键帧后，按【Ctrl+C】组合键可以复制关键帧，按【Ctrl+V】组合键可以粘贴关键帧

D. 在"效果控件"面板中直接拖曳关键帧的位置可以调整关键帧插值

3. 操作题

（1）制作一个瓜子种草短视频，要求时长在10s左右，需要对视频素材进行剪辑，并调整部分视频片段的速度，以及添加文案和视频过渡效果，参考效果如图4-70所示。

视频预览

瓜子种草短视频

图4-70　瓜子种草短视频参考效果

视频预览

手套种草短视频

（2）制作一个手套种草短视频，要求视频时长在15s左右，重点突出商品主体——手套，并添加卖点文案和背景音乐，参考效果如图4-71所示。

图4-71　手套种草短视频参考效果

（3）使用"图可丽"对运动鞋进行抠图处理，然后使用"美图设计室"将抠取后的运动鞋图像置于不同场景中。要求添加背景后图像的风格尽量统一，能够运用在"运动鞋展示"商品短视频中。

自媒体短视频制作

第 章

自媒体是当今数字时代的一种新型媒体形式，它为短视频创作者提供了一个广泛传播观点和内容的空间。随着移动互联网的快速发展，人们能够随时随地拍摄、编辑和分享视频，自媒体短视频便以传播速度快、互动性强、内容多样化的特点，成为自媒体领域广受欢迎的内容形式。

学习目标

▶ **知识目标**

◎ 了解自媒体短视频的常见类型。
◎ 掌握自媒体短视频的制作要点。

▶ **技能目标**

◎ 能够使用 Premiere 制作不同类型的自媒体短视频。
◎ 能够借助 AI 工具用文字生成语音，并处理生成的语音。

▶ **素养目标**

◎ 具备高度的社会责任感，确保自媒体短视频的内容积极向上。
◎ 不忘初心，坚持深度挖掘与理性思考，致力于成为有思想、有深度的短视频创作者。

学习引导

STEP 1 相关知识学习   建议学时：___1___学时

课前预习	1. 扫码了解自媒体，以及自媒体短视频的特点 2. 上网搜索并欣赏自媒体短视频的案例
课堂讲解	1. 自媒体短视频的常见类型 2. 自媒体短视频的制作要点
重点难点	1. 学习重点：搞笑、科普、教育等类型的自媒体短视频的制作要点 2. 学习难点：如何使自媒体短视频更具吸引力

课前预习

电子书

STEP 2 案例实践操作   建议学时：___3___学时

| 实战案例 | 1. 制作萌宠搞笑短视频
2. 制作美食烹饪短视频
3. 制作非遗文化科普短视频 | 操作要点 | 1. "重影" "弯曲" 视频效果、调整图层、手动添加字幕
2. "溶解" 视频过渡效果组、语音自动转字幕、视频预设效果
3. 图形动画、动态图形模板 |

案例欣赏

STEP ③ 技能巩固与提升　　　　　　建议学时：＿3＿学时

拓展训练	1. 制作"大雪"节气科普短视频 2. 制作博物馆解说短视频
AI 辅助设计	1. 借助讯飞智作用文字生成语音 2. 使用喜马拉雅云剪辑处理语音音频
课后练习	通过填空题、选择题巩固自媒体短视频制作的行业知识，通过操作题提高对自媒体短视频制作的基本应用能力

5.1 行业知识：自媒体短视频的制作基础

在自媒体中，短视频被广泛认为是最具吸引力和流行性的内容创作方式之一。但短视频创作者要想在这个竞争激烈的领域脱颖而出，除了需要充分了解自媒体短视频的类型，还要掌握一些关键的制作要点。

5.1.1 自媒体短视频的常见类型

自媒体短视频的类型丰富多样，每种类型都有其独特的魅力和特点。从内容的角度，可以将自媒体短视频划分为以下6种类型。

1. 教育短视频

当下，教育短视频凭借其独特的优势为观众带来全新的教育体验，逐渐形成一种历史性的教育化现象，为教育内容的传播和分享提供了更加便捷和高效的途径。在教育短视频中，短视频的内容以各种知识的教授为主题，以生动、有趣且生活化的叙事手法，转化、呈现教育内容，分享学习经验和知识点，或者传授某种技能或教程，为观众提供学习资源和指导；视频内容主要包括文学、地理、生物、物理、化学、科技、艺术，以及其他日常实用知识（如分享外语学习经验和口语技巧、美妆经验和技巧、母婴育儿知识）等。图5-1所示为某自媒体博主分享的手机运镜技巧短视频，教授观众如何一镜到底拍摄古风建筑。

设计大讲堂

教育短视频是当今时代有社交属性的短视频与教育融合应用的产物，其目的在于引导观众在愉快观看视频的过程中潜移默化地掌握知识、学习技能、积累思维经验等。为确保教育短视频能够有效传递知识、激发学习兴趣并促进高质量的社会化学习，首要原则是确保短视频内容的准确无误，视频中的专业知识须经严格审核，为观众提供权威、可靠的学习资源，避免误导观众。

图5-1　教育短视频

2. 科普短视频

　　科普短视频是以传播科学知识、解释科学现象为主要目的的媒介形式，以其简短、生动、直观的特点，成为普及科学知识、提高公众科学素养的重要途径。科普短视频主要由一些具有专业背景的科普博主和团队，利用自己的专业知识和经验精心制作。科普短视频不仅能够帮助公众树立正确的科学观念，提高科学素养，增强对伪科学和谣言的辨别能力，也能够促进科技创新和社会进步，为社会发展提供有力支撑，在知识传播和科普工作中发挥着越来越重要的作用。另外，科普短视频涉及的内容非常广泛，包括自然科学、社会科学、技术科学等多个领域，能够满足不同观众的兴趣和需求。图5-2所示为豇豆病害防治短视频，清晰地展示了豇豆病害现象和防治方法，将科学知识传递给观众。

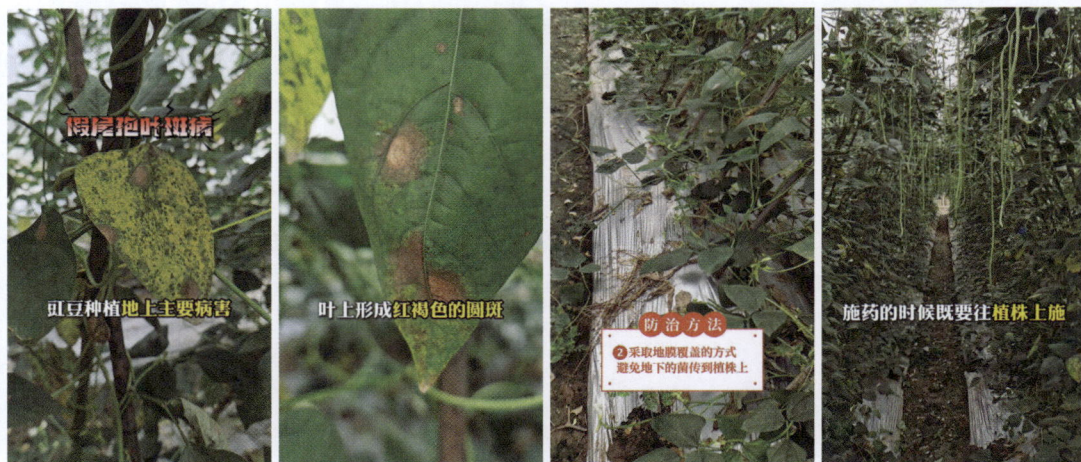

图5-2　科普短视频

3. 娱乐短视频

　　娱乐短视频是指以娱乐为主要目的，通过短视频形式将娱乐信息呈现给观众的自媒体内容。这类视频的内容以各种轻松、愉悦的故事和段子（泛指一段能引人发笑的故事或妙语）为主，通过各种表现形式给观众带来欢笑，让观众在短时间内获得娱乐体验。娱乐短视频题材广泛，包括但不限于搞笑、才艺展示、生活日常、旅行分享、萌娃萌宠等多个领域，每个领域都有其独特的魅力和观众群体，让观众在繁忙的生活中找到快乐。图5-3所示为萌宠搞笑短视频，通过猫咪的表情和动作，以及拟人化的文案和搞笑的配音营造出一种幽默、欢乐的氛围。

图5-3 娱乐短视频

4. 解说短视频

解说短视频通过旁白或字幕搭配相关的画面进行解释和说明，以传递信息、表达情感和观点为目的。解说短视频通常用于解说影视剧或书籍，帮助观众快速了解影视剧或书籍的主要剧情、角色关系、关键情节及背后的深层含义；或用于解说热门体育赛事，如足球、篮球、电竞、田径等，通过精心剪辑的比赛片段，搭配解说员的实时或后期配音，并使用生动有趣的讲解方式，让观众更好地理解比赛进程、战术布局、球员表现以及背后的故事，为观众呈现一场视听盛宴；或用于解说某个历史人物，通过丰富的历史资料，向观众介绍其一生历程、成就、影响及所处的时代背景等，增进观众对历史人物的了解。

解说短视频要求其创作者具有丰富的知识储备、敏锐的观察力和良好的表达能力，同时需要注重视听效果的呈现和对观众互动的引导。图5-4所示为"中国历史人物——黄道婆"解说短视频，详细介绍了中国古代女工黄道婆引领古代纺织业的发展、改变人们生活的传奇人生，让观众更加全面、深入地了解这位历史人物。

图5-4 解说短视频

5. 热点新闻短视频

热点新闻短视频以报道和解读当前社会热点事件为主要内容，具有时效性。热点新闻短视频的内容需要紧跟时事热点，及时报道和解读相关事件，并始终保持客观、公正的态度。注意在制作热点新闻短视频时，可以关注权威媒体发布的内容并审核自己的内容，以确保信息的准确性和权威性。热点新闻短视频的内容通常涵盖了国内外发生的多个领域相关事件，比如重大政策发布、社会热点事件、科技创新成果、全球各国政治动态、国际体育赛事等。图5-5所示为巴黎奥运会热点新闻短视频。

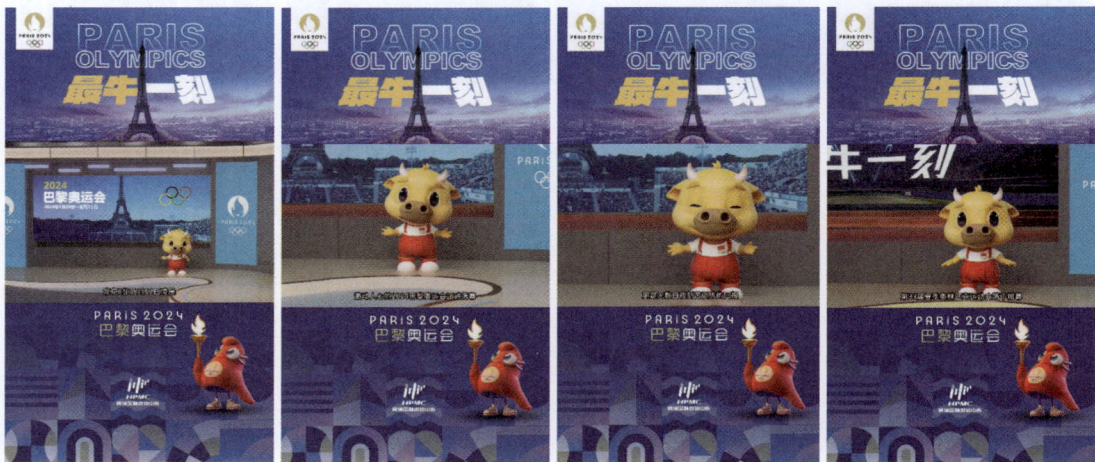

图5-5　热点新闻短视频

6. 情感短视频

情感短视频是指以情感为主题，通过短视频的形式进行创作和传播的自媒体内容。这类视频内容往往围绕人们的日常生活、情感体验、人际关系等展开，旨在通过视觉和听觉的双重刺激引发观众的共鸣，传递正能量或提供情感慰藉。情感短视频的制作核心在于通过真实、感人的故事或语录，传递出丰富的情感信息。情感短视频通常有两种表现形式，一是用情感语录并搭配相应的短视频画面和背景音乐来表达情感；二是由真人出演的情感短剧。图5-6所示为某博主发布的情感短视频，通过精心策划短剧内容，传递了一种积极向上的价值观。

图5-6　情感短视频

5.1.2　自媒体短视频的制作要点

自媒体短视频作为一种新兴的传播方式，以其快速、便捷和直观的特点迅速占领了大众的视野。在自媒体短视频制作过程中，创作者需注意以下要点。

1. 注重氛围营造

选择与短视频内容相符的背景音乐和音效，营造氛围，提升短视频的真实感和沉浸感。另外，还可以通过调整画面色调，将观众带入特定的情境中，提高其观看的沉浸感，使其产生情感共鸣。这种共鸣不仅能让观众更好地理解视频内容，还能加深他们对视频的记忆和印象。图5-7所示的情感类自媒体短视频中，使用悲伤的背景音乐和灰暗的色调营造出一种沉重的氛围，从而更好地传达了短视频中蕴含的情感。

图5-7　注重氛围营造

2. 增加互动元素

在自媒体短视频中设置互动环节，如通过语言或文字进行提问（"你们觉得这个怎么样？""你们遇到过类似的情况吗？"）等，然后鼓励观众在评论区留言回答，或在视频中设置挑战或投票环节，让观众参与挑战或对某个问题进行投票。通过引导观众互动不仅可以增加观众的参与感和归属感，还能收集观众的意见和反馈。另外，发布短视频后，需要及时关注并回复观众的评论，增加与观众的互动，从而提高观众的满意度和忠诚度。

3. 突出特色与风格

互联网时代，自媒体逐渐呈现去中心化、垂直化和个性化等特征，在此基础上发展的自媒体短视频也往往具有更加强烈的主观色彩，容易凸显其创作者的主观性质，因此创作者制作自媒体短视频时，在选题和内容上应充分展现自身的个性和风格，比如幽默搞笑风格、轻松活泼风格、严肃稳重风格、朴实自然风格等，以形成独特的品牌形象。

另外，若自媒体账号中有多个系列短视频或主题，须尽量保持风格的一致性，以打造品牌特色和识别度。图5-8所示为某美食博主发布的系列短视频，这些短视频的风格基本一致，都是通过暖色调的画面、柔和的配乐、简洁的标题文案和排版，营造出一种自然温馨的氛围，风格突出，深受观众喜爱。

图5-8　以暖色调为主的系列短视频

4. 提升创意性

随着智能手机的普及，几乎人人都能成为自媒体短视频的创作者，这也意味着自媒体领域的竞争日益激烈。因此，创作者在制作自媒体短视频时应提高短视频的创意性，在内容创作上追求创新和新颖性，以满足当下人们追求新鲜感和趣味性的精神需求。比如可以尝试不同的拍摄手法、剪辑技巧、音效配乐等，让视频更加生动有趣。

5. 制作系列选题

经过自媒体短视频的发展，垂直领域的短视频分布已初步形成。为了让自媒体账号形成独特的品牌属性和系列化特征，迅速积累并稳定粉丝群体，创作者在制作自媒体短视频时还可以围绕一项中心内容连续创作多个选题相近的短视频，以形成系列选题。通过相互关联的成组或成套内容，为观众提供连贯、系统的信息或故事线，以增强观众的观看体验和黏性。

制作系列选题时，需确保整体内容的连贯性和逻辑性，以及系列选题的主题、方向、风格、内容都围绕同一核心展开。比如在制作美食视频时可以先确定系列选题为"季节时令美食分享"，然后根据不同季节的时令食材细分为多个具体的子选题，如"春季野菜尝鲜系列""夏日清凉饮品系列""秋季滋补汤品系列""冬日暖身菜肴系列"，在每一个选题中介绍不同应季美食的制作方法，以满足不同观众的需求和兴趣。图5-9所示为某自媒体博主发布的系列短视频，在"乡村特色食材"选题的基础上，制作出多个不同系列选题的短视频，充分介绍了具有当地特色的食材。

图5-9　系列短视频

5.2　实战案例：制作萌宠搞笑短视频

案例背景

　　某宠物自媒体博主致力于创作各种有趣、有吸引力的内容，以吸引更多观众关注账号，并留住观众。该博主拍摄了一个带着自家猫跳舞的视频，准备将其制作成高质量的萌宠搞笑短视频来吸引更多观众，为观众带来欢乐。该博主对萌宠搞笑短视频的要求如下。

　　（1）重点挖掘猫的搞笑表情或独特行为，并展开创作，内容新颖有趣。

　　（2）合理运用特效、配乐和字幕，增强视频的趣味性和表现力。

　　（3）视频分辨率为1080像素×1920像素，时长在10s以内，版式为竖屏，输出MP4格式的视频。

设计思路

　　（1）剪辑思路。由于提供的视频素材超过了要求时长，且内容有部分重复，因此应剪切掉不重要的部分，使视频时长符合要求。

　　（2）画面制作思路。为剪辑后的视频画面添加合适的特效，重点突出猫的表情和动作，然后根据画面内容添加合适的音效、背景音乐和背景，营造更加生动、有趣的视觉效果。

　　（3）字幕设计思路。选择较粗、易识别的黑体类字体作为标题字幕；选择清晰可辨认的字体作为配音内容对应的字幕，并使其与配音音频同步播放；选择稍小的文字作为画面解说字幕，起到强调画面内容的作用。

视频预览

萌宠搞笑短视频

　　本案例的参考效果如图5-10所示。

图5-10　萌宠搞笑短视频参考效果

操作要点

（1）利用"重影""弯曲"视频效果，以及关键帧突出萌宠搞笑的表情和动作。

（2）通过调整图层控制视频效果的应用时长。

（3）利用"文本"面板手动添加字幕，并统一修改字幕中的外观样式。

操作要点详解

电子书

5.2.1 剪辑萌宠视频素材

在制作萌宠搞笑短视频时，首先将准备好的"猫咪视频.mp4"素材导入 Premiere 中，然后利用"源"面板将部分片段插入"时间轴"面板中，再通过调整视频播放速度来控制整个视频的节奏。具体操作如下。

微课视频

剪辑萌宠视频素材

（1）新建名称为"萌宠搞笑视频"的项目，导入所有素材。新建分辨率为"1920像素×1080像素"、时基为"25帧/秒"、名称为"萌宠搞笑视频"的序列。

（2）在"项目"面板中双击"猫咪视频.mp4"素材，便在"源"面板中打开了该素材，然后在"源"面板中设置入点为00:00:01:07、出点为00:00:02:19，如图5-11所示。单击"源"面板下方的"插入"按钮，将"猫咪视频.mp4"素材插入新序列中，如图5-12所示。

图5-11　设置入点和出点　　　　　　图5-12　插入视频素材

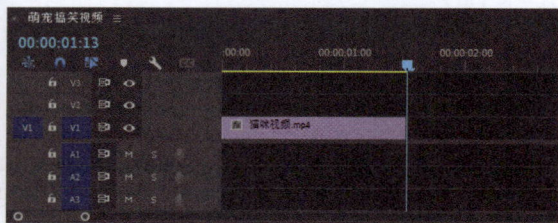

（3）设置入点为00:00:03:20、出点为00:00:15:11，并插入前一段素材后方，然后调整该短视频片段的播放速度为"130%"。

5.2.2 制作萌宠特效

利用"放大"视频效果放大猫的表情，并利用"重影""弯曲"视频效果制作猫看起来很"无神""无奈"的画面效果，使视频更具趣味性。具体操作如下。

微课视频

制作萌宠特效

（1）新建一个调整图层，将其拖曳到"时间轴"面板中的V2轨道上，调整其入点为00:00:00:16、出点为00:00:01:13。

（2）选择"时间轴"面板中的调整图层，在"效果"面板中依次展开"视频效果""扭曲"文件夹，选择"放大"视频效果并双击应用。在"效果控件"面板中选择"放大"选项组，设置图5-13所示的参数。

（3）继续在"放大"选项组下方的"中央"选项左侧单击"切换动画"按钮激活关键帧，然后在"时间轴"面板中将时间指示器移动到00:00:01:12位置，再修改"中央"选项的参数为"471.0""540.0"，使放大效果跟随猫的头部动作发生移动，效果如图5-14所示。

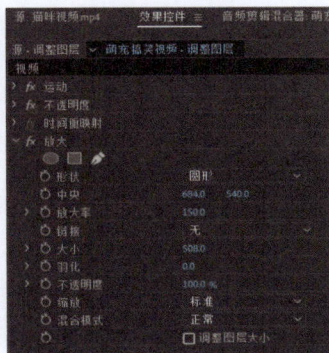

图5-13　调整"放大"效果参数（1）　　　图5-14　预览"放大"效果

（4）将时间指示器移动到00:00:06:09位置，在"时间轴"面板中选择调整图层，按住【Alt】键不放并将该图层拖曳复制到右侧时间指示器位置。选择复制的调整图层，在"效果控件"面板中的"放大"选项组下方，单击"中央"选项左侧激活后的"切换动画"按钮，在弹出的警告对话框中单击 确定 按钮，删除所有关键帧，然后设置图5-15所示的参数。

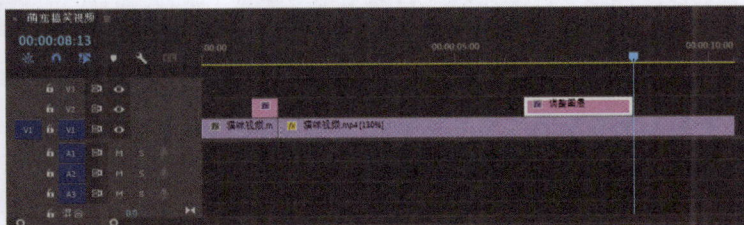

（5）在"时间轴"面板中调整上述复制的调整图层的出点为00:00:08:13，如图5-16所示。

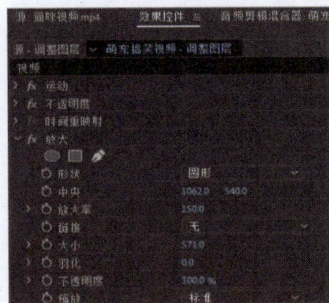

图5-15　调整"放大"效果参数（2）　　　图5-16　调整复制的调整图层的出点

（6）将"项目"面板中的调整图层拖曳到V3轨道上，调整其入点为00:00:01:13、出点为00:00:06:09。在"效果"面板中依次展开"视频效果""Obsolete"文件夹，选择"重影"视频效果并将其拖曳到"时间轴"面板V3轨道上的调整图层中，在"节目"面板中查看效果如图5-17所示。

（7）继续将"Obsolete"文件夹中的"弯曲"视频效果拖曳到V3轨道上的调整图层中，并在"效果控件"面板中展开"弯曲"选项组，调整图5-18所示的参数。

图5-17 查看"重影"效果

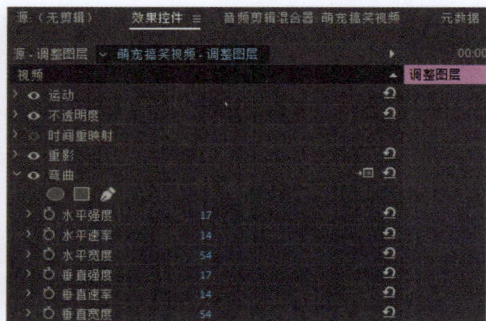

图5-18 调整"弯曲"效果参数

5.2.3 添加音效和背景音乐

根据画面内容,当猫表现出"无奈"的表情时,画面比较生动,因此可依次添加"叹气""笑声"音效,以强化氛围,然后添加活泼的背景音乐。具体操作如下。

微课视频

添加音效和背景音乐

(1)将"叹气音效.mp3"音效音频拖曳到A1轨道上,调整其入点、出点与V1轨道上第二个调整图层的入点、出点一致,如图5-19所示。

(2)将"背景音乐.mp3"音频拖曳到A2轨道上,将时间指示器移动到整个视频的出点位置。选择该音频,按【Ctrl+K】组合键剪切音频,并删除多余的部分,如图5-20所示。在"效果控件"面板中展开"音量"选项组,设置级别为"-5"。

图5-19 添加音效

图5-20 剪切背景音乐

(3)将"笑声.mp3"音效音频拖曳到A3轨道上,调整其入点为00:00:06:09,出点与整个视频的出点一致。

5.2.4 制作视频背景

由于提供的视频素材为横版,为了让整个短视频的版式符合制作要求,且符合娱乐类自媒体短视频的风格,可以为视频添加一个合适的竖版背景。具体操作如下。

微课视频

制作视频背景

(1)在"项目"面板中选择"背景.png"素材,单击鼠标右键,在弹出的快捷菜单中选择"从剪辑新建序列"命令,新建并打开"背景"序列。

(2)在"时间轴"面板中将"背景"序列的"背景.png"素材向上移动到V2轨道上,将"项目"面板中的"萌宠搞笑视频"序列拖曳到V1轨道上，然后调整V2轨道上的素材时长与V1轨道上的序列时长一致，如图5-21所示。

（3）选择V1轨道上的序列，在"效果控件"面板中调整位置属性参数为"805.0""1025.0"。在"效果控件"面板中激活位置关键帧，将时间指示器移动到00:00:03:02位置，然后在位置属性右侧单击"添加/移除"关键帧按钮 ■ 添加关键帧，再次将时间指示器移动到视频的出点，修改位置参数，如图5-22所示。

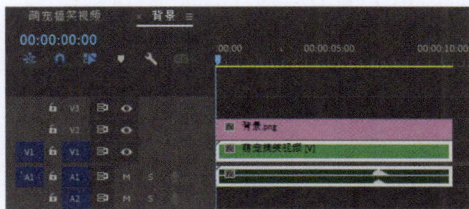

图5-21　调整素材

图5-22　修改位置参数

5.2.5　添加语音和文字

首先需要在视频中添加语音和主题文字，再导入装饰素材作为该语音文字的背景；然后添加其他语音素材，并根据画面内容剪辑语音，最后根据语音和画面内容输入合适的语音文字。具体操作如下。

（1）将时间指示器移动到整个视频的入点，选择"文字工具" ■ ，在画面上方输入"生活不易，猫猫叹气"文字，在"基本图形"面板中设置字体为"优设标题黑"、文字大小为"115"、填充为"#FFFFFF"，在"外观"选项组勾选"阴影"复选框，并设置图5-23所示的参数。

（2）根据画面内容调整文字的出点与整个视频的出点一致，然后在"节目"面板中调整文字位置，效果如图5-24所示。

（3）在"项目"面板中选择多个"对话框.png"素材，分别拖曳到"时间轴"面板中的V4轨道上，并移动素材位置，效果如图5-25所示。

图5-23　设置文字参数

图5-24　调整文字位置后的效果

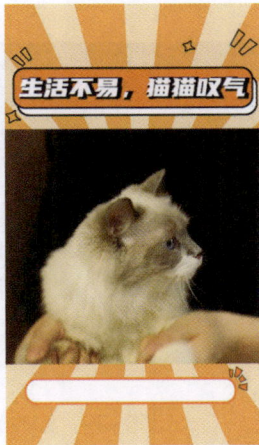

图5-25　移动素材位置后的效果

（4）在"项目"面板中选中"语音.mp3"素材，分别拖曳到"时间轴"面板中的A2轨道上，依次在00:00:02:10、00:00:03:14位置剪切音频，并删除中间段空白音频和不需要的音频，然后在00:00:06:18位置剪切音频，再将后面两段音频向前移动，使语音音频无缝衔接，如图5-26所示。

（5）在"基本图形"面板中设置字体为"方正大黑简体"、文字大小为"63"，在"外观"选项组中设置填充为"#000000"，在"对话框.png"素材中输入文字，如图5-27所示。

（6）调整该文字出点为00:00:02:09，然后按住【Alt】键不放并向右拖曳复制文字，修改复制文字的出点为00:00:04:08，再修改文字内容，效果如图5-28所示。

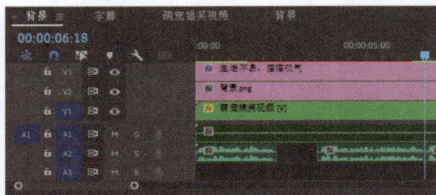

图5-26　剪切语音音频　　　　图5-27　输入文字　　　图5-28　修改文字内容后的效果

（7）继续复制两段文字，设置文字的出点分别为00:00:05:14、00:00:07:22，再分别修改文字内容，效果如图5-29所示。

（8）调整"对话框.png"素材的出点为00:00:07:24，使其与语音和字幕一起结束，然后将V2和V3轨道上的素材全部嵌套，嵌套序列名称为"背景"，将V4和V5轨道上的素材全部嵌套，嵌套序列名称为"字幕"，调整轨道上各序列位置，如图5-30所示。

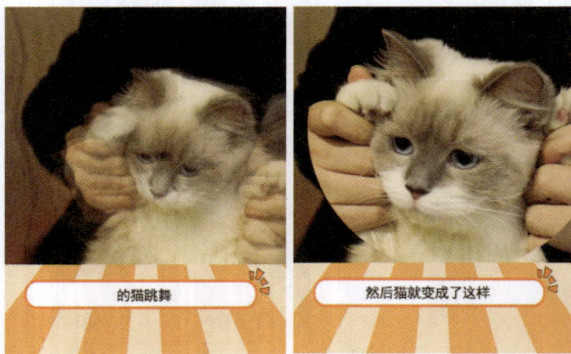

图5-29　修改其他文字内容　　　　　　　图5-30　调整序列位置

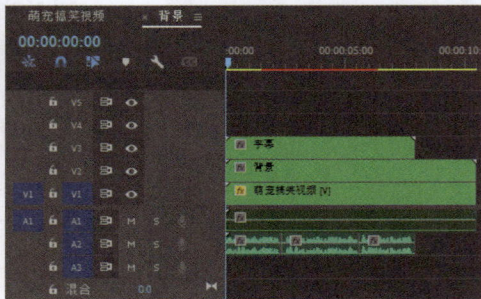

（9）将时间指示器移动到00:00:00:16位置，将"生气图标.png"素材拖曳到V4轨道上

的时间指示器位置，在"效果控件"面板中调整其缩放为"43"，在"节目"面板中调整素材位置，效果如图5-31所示。

（10）打开"文本"面板，选择"字幕"选项卡，在其中单击 创建新字幕轨 按钮，打开"新字幕轨道"对话框，保持默认设置，单击 确定 按钮，如图5-32所示。

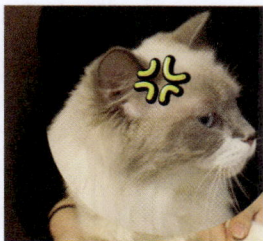

图5-31　调整素材位置后的效果

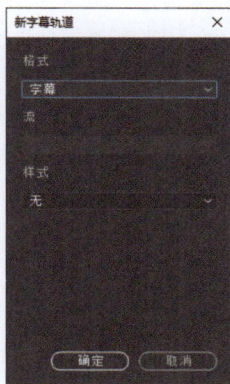

图5-32　"新字幕轨道"对话框

（11）继续在"文本"面板中单击"添加新字幕分段"按钮 ⊕，在下方新增的文本框中输入图5-33所示的文字，然后单击"文本"面板的空白处完成输入。

（12）在"时间轴"面板中的C1字幕轨道上选择第一段字幕，调整其出点为00:00:01:12，使文字与"生气图标.png"素材同步出现和消失。

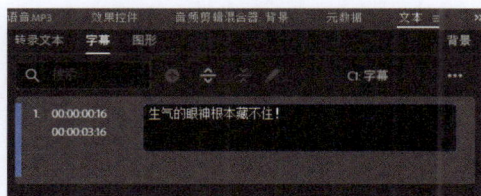

图5-33　输入文字

（13）在"节目"面板中选中文字，然后按住鼠标左键移动文字到合适位置，效果如图5-34所示。

（14）使用和步骤（10）～（13）相同的方法继续添加其他字幕，并调整字幕的内容和出点位置，"文本"面板中的效果如图5-35所示。然后在"节目"面板中根据画面需要调整文字位置。

图5-34　移动文字后的效果

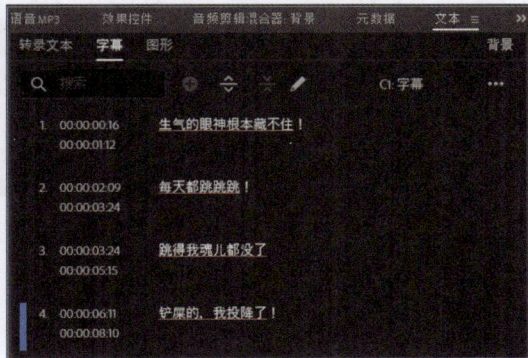

图5-35　添加其他字幕后的效果

（15）按【Ctrl+S】组合键保存项目，并导出MP4格式的视频文件。

5.3 实战案例：制作美食烹饪短视频

案例背景

　　某美食博主准备在自媒体平台上分享自己烹饪美食的短视频，传播美食文化，激发观众的烹饪兴趣。现录制了"红烧小黄鱼"美食制作视频，以及利用AI工具生成了制作过程中的音频，需要将这些音视频制作成一个完整的美食烹饪短视频，具体要求如下。

　　（1）根据提供的音频生成字幕，确保字幕内容准确且美观，帮助观众更好地理解烹饪过程。

　　（2）画面美观自然，个人风格突出。

　　（3）视频分辨率为1920像素×1080像素，时长在35s左右，输出MP4格式的视频。

设计思路

　　（1）片头设计思路。将成品美食画面作为片头背景，并添加标题文字以突出短视频主题。

視頻預覽

美食烹饪短视频

　　（2）字幕设计思路。添加音频素材至轨道，再将音频转录为文本，然后生成字幕，并根据语言习惯进行断句。

　　（3）视频剪辑思路。添加视频素材，根据字幕内容剪辑视频画面，梳理整个制作流程，再统一调整字幕的外观样式。

　　（4）片尾设计思路。片尾可添加互动文字，引导观众回答问题，增强短视频的互动性。

　　本案例的参考效果如图5-36所示。

图5-36　美食烹饪短视频参考效果

操作要点详解

电子书

操作要点

　　（1）利用"溶解"视频过渡效果组中的"交叉溶解"视频过渡效果为主题文字制作入场动画。

（2）将语音转为文字，修改其中的错字后再生成字幕。

（3）利用视频预设效果快速制作片尾动画。

5.3.1　制作短视频片头

微课视频

制作短视频片头

利用"文本"面板将音频转成文字，修改其中有问题的文字并分成两个段落，进而利用文字生成字幕，先调整字幕内容，再调整其大小、位置等，将其放置在孔子图像右侧。具体操作如下。

（1）新建名为"美食烹饪短视频"的项目，并将提供的音视频素材文件全部导入"项目"面板中。新建分辨率为"1920像素×1080像素"、时基为"25帧/秒"、名称为"美食烹饪短视频"的序列。

（2）在"源"面板中查看"红烧小黄鱼.mp4"素材，再设置入点为00:01:34:07、出点为00:01:37:14，如图5-37所示。然后将该视频片段插入"时间轴"面板中。

（3）将时间指示器移动至00:00:00:00位置，选择"垂直文字工具" ，在画面左侧输入文字"红烧小黄鱼"，设置图5-38所示的文字参数。

图5-37　设置入点与出点　　　　　图5-38　设置文字参数

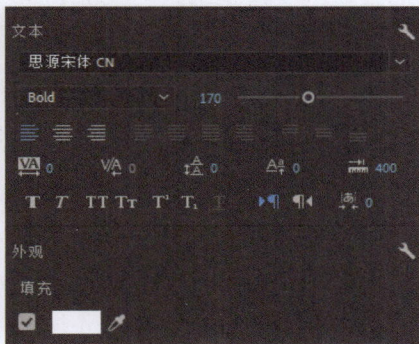

（4）选择"文字工具" ，继续在"红烧小黄鱼"文本右侧输入英文"MAKE DELICIOUS FOOD"，并设置文字参数，如图5-39所示。然后将英文文本旋转90°，调整文本位置效果如图5-40所示。

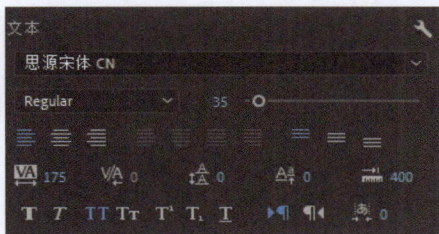

图5-39　设置英文文字参数　　　　　图5-40　调整文本位置

（5）调整V2轨道上的文字素材的出点使其与视频的出点一致，然后在该素材入点处添加

"交叉溶解"视频过渡效果,并调整过渡效果的持续时间为00:00:01:10。

微课视频

添加语音识别
字幕

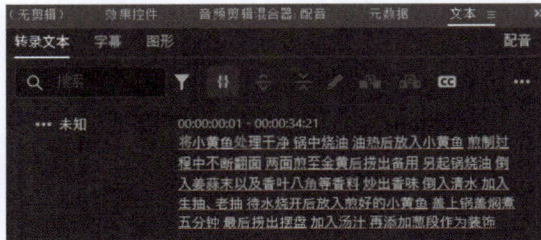

5.3.2 添加语音识别字幕

　　利用"文本"面板将介绍制作过程的音频转成文字,修改其中的错误,然后将其生成字幕,再调整字幕内容、大小、位置等,并将其放置在视频画面底部。具体操作如下。

　　(1)在"项目"面板中选择"配音.mp3"素材,单击鼠标右键,选择"从剪辑新建序列"命令新建序列。

　　(2)打开"文本"面板,在"转录文本"选项卡中单击 转录 按钮,转录完成后的文字将显示在该面板中,此时部分文字和标点有误,因此需要修改。双击文字激活文本框,然后修改文字内容中的错字,同时将逗号更改为空格、将句号删除,完成后效果如图5-41所示。

　　(3)单击"文本"面板上方的"创建说明性字幕"按钮 CC ,打开"创建字幕"对话框,保持默认设置,单击 创建字幕 按钮,如图5-42所示。

图5-41　修改文字内容后的效果　　　　图5-42　打开"创建字幕"对话框

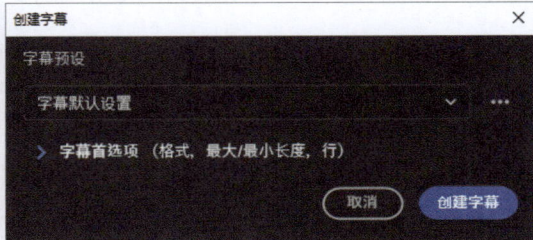

　　(4)对字幕进行分段,以更好地匹配画面。在"文本"面板的"字幕"选项卡中选择第1段字幕,单击上方的"拆分字幕"按钮 ,将该段字幕拆分为2段,拆分后效果如图5-43所示。

　　(5)分别修改2段字幕的内容,并根据音频内容修改第1段字幕的出点和第2段字幕的入点,调整后效果如图5-44所示。

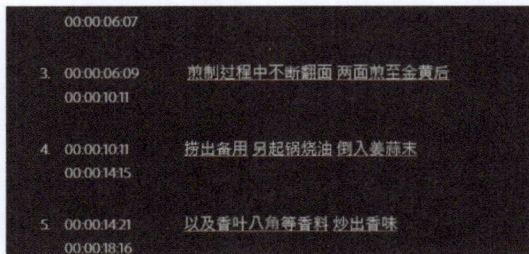

图5-43　拆分字幕后的效果　　　　图5-44　调整字幕入点和出点后的效果

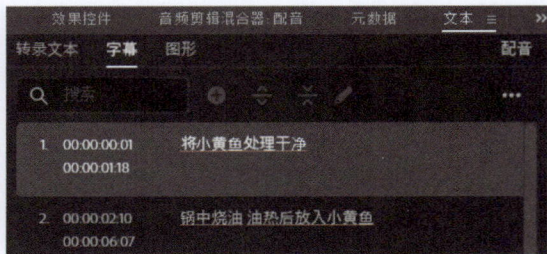

　　(6)在按住【Ctrl】键的同时单击第3段和第4段字幕,单击上方的"合并字幕"按钮 进行合并,合并后的效果如图5-45所示。

　　(7)将合并后的字幕拆分为3段,然后根据音频内容修改这3段字幕的内容,以及入点和出点,修改后的效果如图5-46所示。

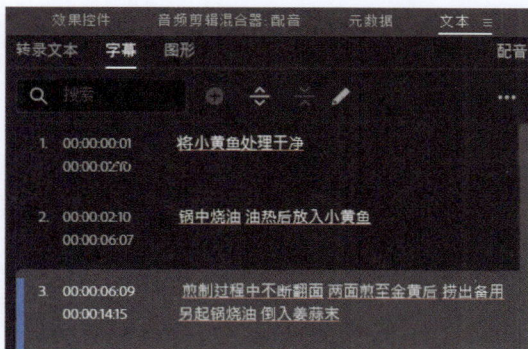

图5-45　合并字幕后的效果

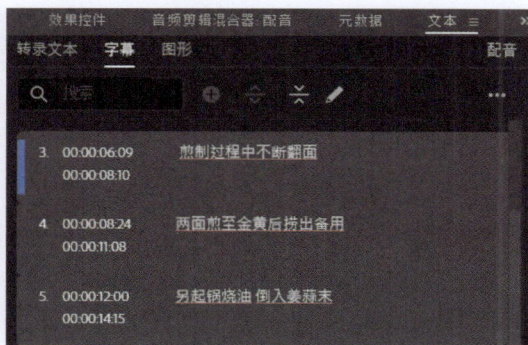

图5-46　修改字幕后的效果

（8）使用与步骤（4）相同的方法将第9段字幕拆分为2段，并修改2段字幕内容。

（9）在"时间轴"面板中选择第1段字幕，在"基本图形"面板中设置字体为"思源宋体"、文字大小为"90"、字距为"100"，如图5-47所示。然后在"基本图形"面板的"轨道样式"选项组中单击"推送至轨道或样式"按钮⬆，打开"推送样式属性"对话框，单击 确定 按钮，将设置的文字样式应用到所有字幕中。

（10）选中所有字幕，在"基本图形"面板中取消勾选"阴影"复选框，在"对齐并变换"选项组中设置字幕的垂直位置为"-55"，修改字幕外观，如图5-48所示。

（11）打开"美食烹饪短视频"序列，复制其中的英文，返回"配音"序列，在00:00:00:01位置粘贴复制的英文，并使其置于中文文字下方居中位置。

（12）剪辑V1轨道上的文本素材，使其与C1轨道上字幕的出现基本一致，然后全选V1轨道上的文字，按住【Shift】键，将其水平向上移动到V2轨道上，效果如图5-49所示。

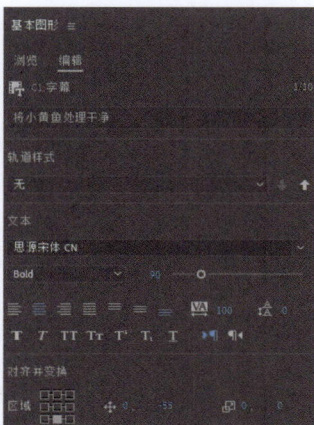

图5-47　设置文字参数　　图5-48　修改字幕外观　　图5-49　移动轨道顺序后的效果

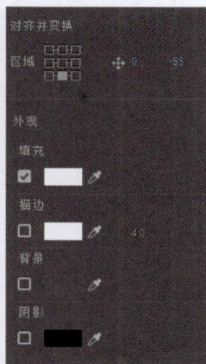

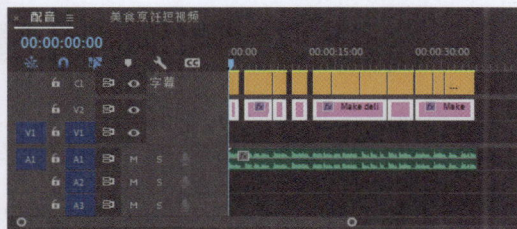

5.3.3　剪辑美食烹饪视频素材

根据字幕内容，通过"源"面板在"时间轴"面板中依次插入对应的视频素材，并调整各视频片段的播放速度，以及入点和出点，使其与字幕内容相对应。具体操作如下。

（1）锁定C1、V2和A1轨道，防止插入视频时误操作。将时间指示器移动到00:00:00:00位置，在"源"面板中查看"红烧小黄鱼.mp4"视频素材，然后设置出点为00:00:01:23，按【,】键（注意在英文输入法下输入），将选择的视频片段插入"时间轴"面板中。

（2）在"时间轴"面板中选择插入的视频，单击鼠标右键，在弹出的快捷菜单中选择"速度/持续时间"命令，打开"剪辑速度/持续时间"对话框，输入持续时间为00:00:02:10，按【Enter】键确认，如图5-50所示。在"时间轴"面板中查看视频位置，如图5-51所示。

微课视频

剪辑美食烹饪
视频素材

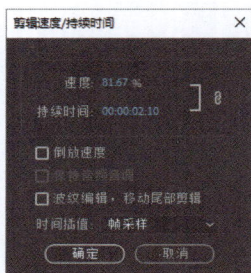

图5-50　调整视频播放速度　　　　　　　　图5-51　查看视频位置

（3）保持时间指示器在00:00:02:10位置（第2段字幕开始位置），然后利用"源"面板插入00:00:03:12～00:00:11:05的视频片段，在"时间轴"面板中调整视频的播放速度为"150%"，调整其出点与第3段字幕的入点一致。

（4）使用与步骤（3）相同的方法根据字幕内容剪辑视频画面（或者调整部分视频片段的播放速度），以梳理整个制作流程，视频剪辑完成后的"时间轴"面板效果如图5-52所示。

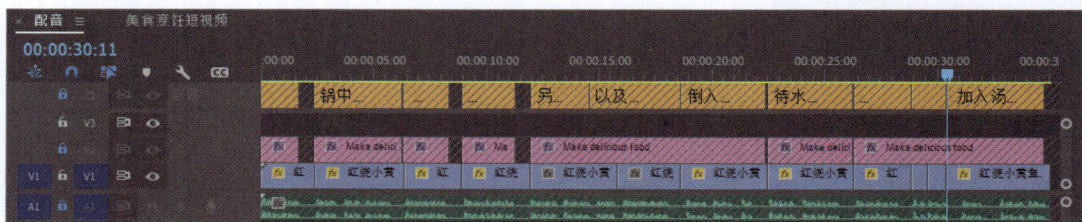

图5-52　"时间轴"面板效果

（5）在"节目"面板中预览部分画面效果如图5-53所示。

图5-53　预览部分画面效果

5.3.4　制作片尾动态效果

微课视频

添加一幅美食制作完成后的展示画面作为片尾背景，与片头呼应，再输入白色文字作为结束语，然后降低背景的不透明度，使文字看起来更加清晰，最后利用"快速模糊入点"视频预设效果为文字制作出从模糊到清晰的动画效果。

制作片尾动态效果

（1）返回"美食烹饪短视频"序列，将"配音"序列拖曳到00:00:03:08位置，效果如图5-54所示。

（2）将时间指示器移动到00:00:38:10位置，在"源"面板中设置入点为00:01:46:24，按【,】键插入视频片段到"时间轴"面板中，然后调整其播放速度为"200%"，在"效果控件"面板中调整其不透明度为"70%"。

（3）选择"文字工具" T，在"节目"面板中输入两段文字，设置字体为"思源宋体CN"、填充为"#FFFFFF"，并为文字设置不同的字体样式和文字大小，效果如图5-55所示。

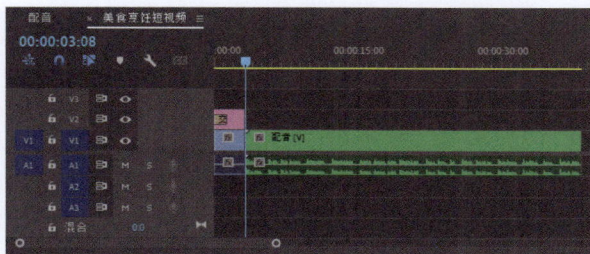

图5-54　添加"配音"序列后的效果

图5-55　输入与编辑文字后的效果

（4）在"效果"面板中依次打开"预设""模糊"文件夹，选择"快速模糊入点"视频预设效果，将其拖曳到步骤（3）输入的文字素材中，使文字呈现出从模糊到清晰的动态效果，如图5-56所示。

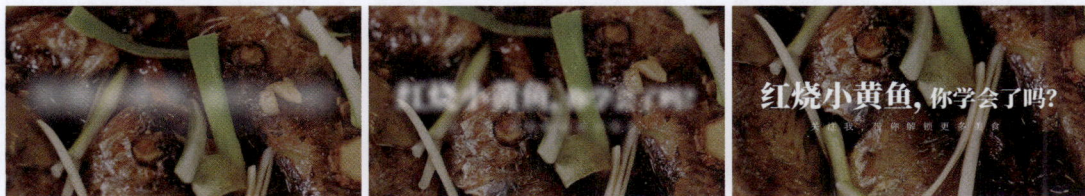

图5-56　文字动态效果

（5）将"背景音乐.mp3"素材拖曳到A2轨道上，试听音频，发现该背景音乐音量较大，影响了"配音"语音的播放，因此在"效果控件"面板中修改"背景音乐.mp3"素材的级别为"-8.0"，降低其音量。

（6）在00:00:40:21位置（视频出点）剪切"背景音乐.mp3"素材，然后删除后半段音频，并在音频出点位置添加"指数淡化"音频过渡效果。

（7）按【Ctrl+S】组合键保存项目，并导出格式为MP4的视频文件。

5.4 实战案例：制作非遗文化科普短视频

案例背景

为了更广泛地普及非遗知识，增强公众对传统文化的认同感与保护意识，某自媒体团队决定制作一系列科普非遗文化的短视频，首期将对具有代表性的多个非遗项目进行介绍。该自媒体团队对短视频的制作要求如下。

（1）重点介绍川剧、皮影戏、糖画和舞狮这4类具有代表性的非遗项目。

（2）添加合适的字幕，确保字幕内容准确，且清晰易识别。

（3）视频分辨率为1920像素×1080像素，时长在22s左右，输出MP4格式的视频文件。

设计思路

（1）动态标题制作思路。将"非遗"二字作为短视频主标题，突出主题，将"非物质文化遗产"即"非遗"的全称作为副标题；标题文字可选择具有文化底蕴且易识别的字体，比如书法体、宋体等，以符合短视频的风格；将标题文字制作为动态效果，提升视觉效果。

（2）视频剪辑思路。按照顺序依次剪辑视频片段，保持紧凑节奏，避免冗长乏味，同时还要尽量让每个短视频片段的出现时间保持一致。

（3）文案设计思路。根据画面内容依次为各个非遗项目添加相应的解说文案，并使信息依次展现，增加文字视频的动态感。

本案例的参考效果如图5-57所示。

视频预览

非遗文化科普
短视频

图5-57 非遗文化科普短视频参考效果

操作要点详解

操作要点

（1）利用"基本图形"面板制作图形动画。

（2）利用动态图形模板制作文案动态效果。

电子书

5.4.1 制作短视频开场动态标题

微课视频

制作短视频开场
动态标题

添加合适的标题文字并利用关键帧和关键帧插值制作动态效果，以突出视频主题，然后利用"裁剪"视频效果制作出黑幕慢慢展开并逐渐显示出视频画面的开场效果。这样不仅可以使短视频的主题更加突出，也比较容易在短视频开头充分吸引观众的注意力。具体操作如下。

（1）新建名称为"非遗文化科普短视频"的项目，将提供的音视频素材全部导入"项目"面板中。新建分辨率为"1920像素×1080像素"、时基为"25帧/秒"、名称为"非遗文化科普短视频"的序列。

（2）新建一个颜色为"#000000"的调整图层，将其拖曳到V2轨道上。保持调整图层的选中状态，在"效果"面板中搜索"裁剪"效果，拖曳"裁剪"效果到调整图层上，如图5-58所示。

（3）将时间指示器移动到00:00:03:00位置，在"效果控件"面板的"裁剪"选项组中激活"顶部""底部"关键帧，并设置参数为"50"，如图5-59所示。

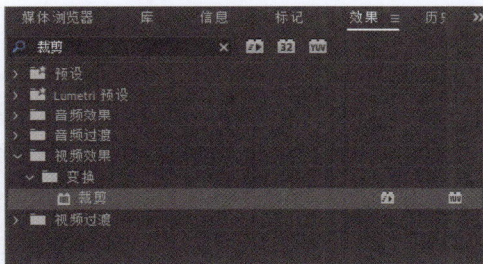

图5-58　搜索并拖曳"裁剪"效果　　　　图5-59　设置"裁剪"效果参数

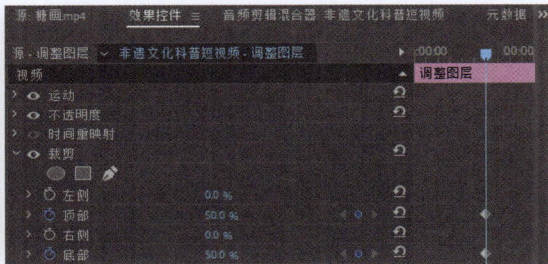

（4）将时间指示器移动到00:00:04:00位置，在"裁剪"选项组中单击"顶部""底部"选项右侧的"重置参数"按钮。

（5）将时间指示器移动到调整图层的入点，选择"文字工具"，在画面中输入主标题文字"非遗"，在"基本图形"面板中设置字体为"方正字迹-龙吟体 简"、文字大小为"300"、填充为"#FFFFFF"，然后在"对齐并变换"选项组的"切换动画的不透明度"按钮右侧，设置不透明度为"70%"，如图5-60所示。将文字置于画面中心位置，效果如图5-61所示。

（6）输入副标题文字"非物质文化遗产"，设置字体为"方正精品书宋简体"、文字大小为"65"、间距为"1000"，效果如图5-62所示。

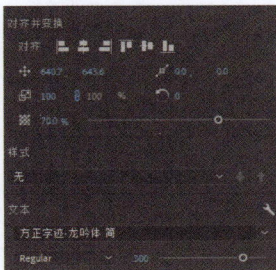

图5-60　设置文字参数　　　　图5-61　调整文字位置　　　　图5-62　副标题文字效果

（7）在"节目"面板中将鼠标指针移动到"非遗"文字左侧的锚点上，当鼠标指针变为 ▸⊞ 状态时，将锚点移动到文字中心，如图5-63所示。这样便于文字在后续缩放时从中心开始缩放。

（8）在"基本图形"面板的图层窗格中选择"非遗"文字图层，单击"切换动画的不透明度"按钮 ▦，并修改不透明度为"10%"，如图5-64所示。

（9）将时间指示器移动到00:00:02:00位置，然后修改不透明度为"70%"。将时间指示器移动到视频开头，在"基本图形"面板的图层窗格中选择"非物质文化遗产"文字图层，分别单击"切换动画比例"按钮 ▣ 和"切换动画的不透明度"按钮 ▦，将参数均调整为"0"，再使用与步骤（7）相同的方法调整该文字的锚点在文字中心位置。

（10）将时间指示器移动到00:00:01:00位置，在"基本图形"面板中调整缩放和不透明度参数分别为"120""100%"。

（11）在"效果控件"面板中展开"文本（非物质文化遗产）"选项组，依次展开"变换""缩放"选项组，查看关键帧图表，单击关键帧下方的控制点，此时控制点上将出现控制柄，拖曳控制柄调整关键帧的运动速率，使"非物质文化遗产"文字的缩放呈现出"慢—快—慢"的变化效果，如图5-65所示。

| 图5-63　移动文字锚点 | 图5-64　移动不透明度 | 图5-65　调整关键帧的运动速率后的效果 |

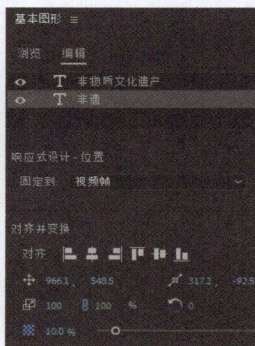

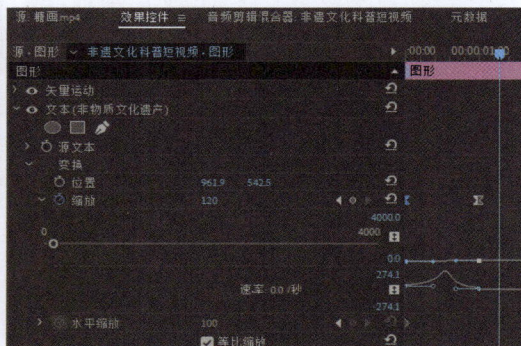

（12）在V3轨道上的文字素材出点处添加"交叉溶解"视频过渡效果。

5.4.2　剪辑相关视频素材

微课视频

剪辑相关视频素材

按照顺序依次剪辑与川剧、皮影戏、糖画和舞狮相关的视频素材，并调整部分视频素材的播放速度，利用"链接选择项"功能删除不必要的原始音频。具体操作如下。

（1）将时间指示器移动到00:00:03:00位置，在"节目"面板中双击"川剧.mp4"视频，在"源"面板中将00:00:12:03～00:00:24:24的视频片段添加到V1轨道上时间指示器位置，如图5-66所示。

（2）在"时间轴"面板中选择筛选的"川剧.mp4"视频片段，调整该短视频的播放速度为"150%"，并将其嵌套，嵌套序列名称为"川剧"，然后调整该序列的出点为00:00:09:00，如图5-67所示。

（3）将"项目"面板中的"皮影戏.mp4"素材拖曳到V1轨道上"川剧"序列的出点位置。

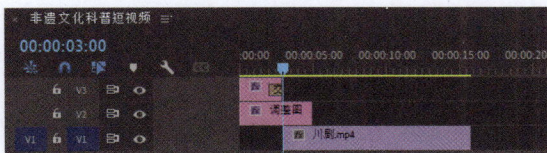

图5-66　添加视频片段

图5-67　嵌套序列

（4）由于"皮影戏.mp4"素材自带音频，为避免对后续添加音频造成影响，需要将音频删除。在"时间轴"面板中单击"链接选择项"按钮，使其呈关闭状态，然后选择A1轨道上的音频，按【Delete】键删除，如图5-68所示。

（5）调整"皮影戏.mp4"素材视频的播放速度为"270%"，并将其嵌套，嵌套序列名称为"皮影戏"。

（6）将时间指示器移动到"皮影戏"序列的出点，在"节目"面板中双击"糖画.mp4"视频，在"源"面板中将00∶00∶00∶00～00∶00∶06∶20的视频片段添加到V1轨道上时间指示器位置，并调整其播放速度为"170%"，然后将其嵌套为"糖画"序列。

（7）将时间指示器移动到"糖画"序列的出点，使用相同的方法选取"舞狮.mp4"视频素材中00∶00∶00∶00～00∶00∶06∶20的片段，并添加到合适位置，然后调整其播放速度为"140%"，最后将其嵌套为"舞狮"序列。此时，"时间轴"面板如图5-69所示。

图5-68　选择A1轨道上的音频

图5-69　"时间轴"面板

操作小贴士

在Premiere中，"链接选择项"功能允许用户同时选择视频和音频轨道上的相互关联素材。简单来说就是，当用户在轨道上单击视频时，如果该功能被开启，单击视频的同时也会选中与之关联的音频素材，如果该功能被关闭，则只会单独选中视频，不会同时选中音频。"链接选择项"功能适用于需要同时调整视频和音频的情况，比如在进行剪辑、删除或移动操作时，可以一次性处理视频和音频，避免分别选择视频和音频的烦琐步骤。若要开启该功能，可单击关闭状态下的"链接选择项"按钮。

5.4.3　应用动态图形模板

为第1个非遗序列添加文字内容逐渐显示和消失的动态图形模板，并修改文字内容使其与视频画面相对应，然后继续利用该模板为其他3个非遗序列制作动态文字效果。具体操作如下。

（1）双击打开"川剧"序列，将时间指示器移动到00:00:02:00位置，在"基本图形"面板中选择"浏览"选项卡，在下方选择图5-70所示的模板，然后将其拖曳到"川剧"序列的V2轨道上时间指示器位置，并调整模板的出点与视频的出点均为00:00:06:00。

微课视频

应用动态图形模板

（2）在"节目"面板中选择第1排文字，在"基本图形"面板中调整其缩放为"320"，修改字体为"方正字迹-龙吟体 简"。

（3）在"基本图形"面板的图层窗格中选择所有的文字图层，在"对齐并变换"选项组中单击"右对齐"按钮，修改颜色为"#FFFFFF"。再分别双击文字图层，即可在"节目"面板中选中该文字图层并修改其中的文字内容，如图5-71所示。

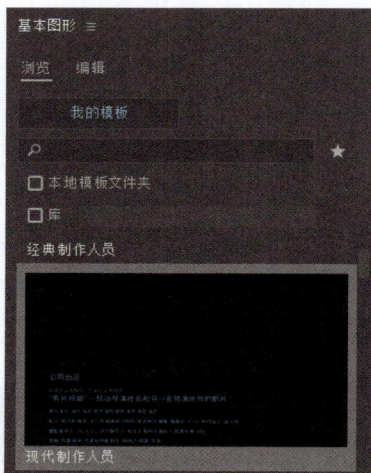

图5-70　选择动态图形模板　　　　图5-71　修改文字图层中的文字内容

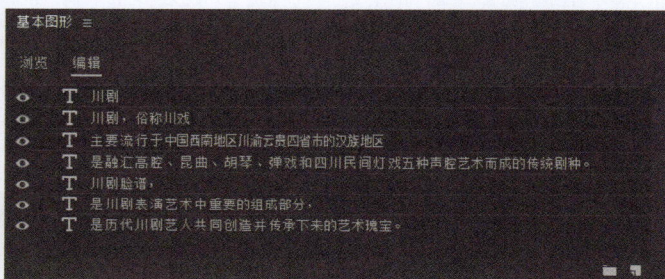

（4）在"基本图形"面板的图层窗格中选择除"川剧"文字图层外的其余所有文字图层，在"外观"选项组中设置参数，如图5-72所示。

（5）将鼠标指针移动到任意文字全部显示出来的位置，选择所有文字图层，在"节目"面板中调整文字的位置，效果如图5-73所示。

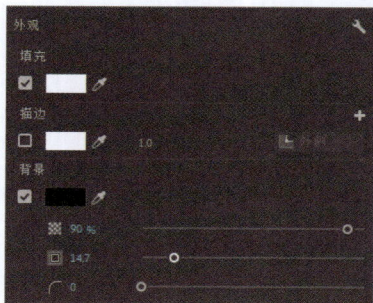

图5-72　设置文字参数　　　　图5-73　调整文字位置后的效果

（6）在"项目"面板中将"印章.png"素材拖曳至"时间轴"面板中的V3轨道上，调整其入点和出点与V2轨道中的文字一致。在"效果控件"面板中调整"印章.png"素材的缩放为"3"，然后调整位置参数，使其位于"川剧"文字右下角。

（7）为V3轨道上素材的入点和出点分别添加"交叉溶解"视频过渡效果，调整过渡效果的持续时间分别为00∶00∶00∶12、00∶00∶00∶08，使素材跟随"川剧"文字出现和消失。

（8）选择V2和V3轨道上的素材，按【Ctrl+C】组合键复制，返回"非遗文化科普短视频"序列，双击打开"皮影戏"序列，按【Ctrl+V】组合键粘贴V2和V3轨道上的素材，调整所粘贴素材的入点、出点使其与"皮影戏.mp4"素材的入点、出点一致，然后修改V2轨道上的文字内容和位置，效果如图5-74所示。

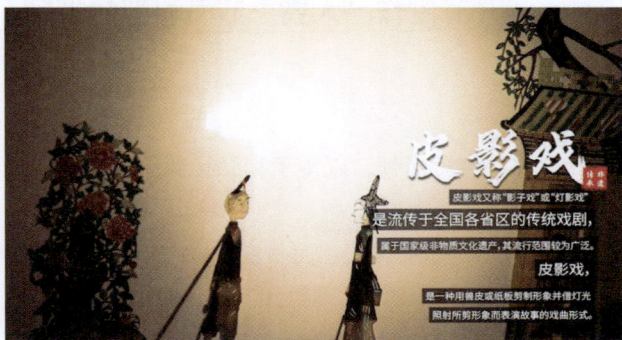

图5-74　修改文字内容和位置后的效果

（9）使用与步骤（8）相同的方法依次修改"糖画""舞狮"序列中的文字内容，效果如图5-75所示。

图5-75　修改其他文字内容后的效果

5.4.4　添加传统背景音乐

继续完善短视频，添加符合该短视频氛围的传统背景音乐到音频轨道上，并适当调整音频的入点和出点，然后为音频添加音频过渡效果，使音频的结束更加自然。具体操作如下。

（1）返回"非遗文化科普短视频"序列，将"背景音乐.mp3"音频素材

微课视频

添加传统背景音乐

拖曳到A1轨道上，然后在00:00:04:02位置使用"剃刀工具" ◈ 剪切音频，删除剪切后的前半段音频。

（2）将后半段音频向前移动到视频入点位置，然后继续在00:00:22:02位置（视频出点）剪切音频，删除剪切后的后半段音频，并在音频出点添加"恒定功率"音频过渡效果。

（3）完成后保存项目，并导出格式为MP4的视频文件。

5.5 拓展训练

实训1　制作"大雪"节气科普短视频

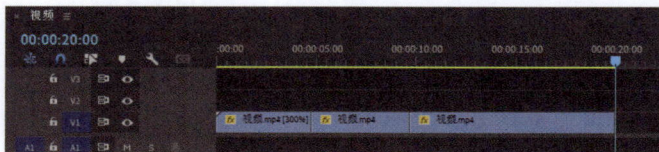

实训要求

（1）为"大雪"节气制作科普短视频，以传承和弘扬我国优秀传统文化（二十四节气），提高公众对"大雪"节气的认知度。

（2）视频分辨率为1920像素×1080像素，时长在20s左右，输出MP4格式的视频。

（3）字幕清晰、可读性强，且要与语音和画面内容相契合。

操作思路

（1）将提供的视频素材制作成名为"'大雪'节气科普短视频"的序列，然后修改序列的帧速率和大小，再调整视频素材的大小。根据所需的视频时长剪辑视频素材，并调整部分视频片段的播放速度，将视频时长控制在20s。

（2）在画面左上角处添加文字"二十四节气之大雪"，以突出视频主题。

（3）添加主标题和副标题文案，设置符合画面风格的字体，以及调整文字的大小和位置。为文案添加"快速模糊入点"和"快速模糊出点"的视频预设效果，增强其美观性。

（4）依次输入"大雪"节气的相关介绍字幕，调整字幕的位置和大小，然后利用"交叉溶解"视频过渡效果制作渐入渐出效果。

（5）添加语音素材，并根据语音内容调整部分字幕的时长，再添加并剪辑风铃音效素材，使其与风铃飘荡的画面相契合，最后添加背景音乐，并制作出背景音乐渐渐消失的效果。

具体制作过程如图5-76所示。

视频预览

"大雪"节气科普短视频

①调整视频时长　　　　②添加主题文字

图5-76　"大雪"节气科普短视频的制作过程

③输入标题文案并添加视频预设效果

④输入字幕并添加视频过渡效果

⑤添加音频并编辑

图5-76 "大雪"节气科普短视频的制作过程（续）

实训 2　制作博物馆解说短视频

实训要求

（1）为三星堆博物馆制作解说短视频，让观众对该博物馆以及其中较为出名的部分文物有一定了解，激发观众对文化遗产的兴趣与保护意识。

（2）视频分辨率为1920像素×1080像素，时长在44s左右，导出MP4格式的视频文件。

（3）制作短视频片头，突出主题和加强视觉效果，从而吸引观众的注意力。

操作思路

（1）新建序列，添加"语音.mp3"音频素材至A1轨道上，将音频转录为文字，修改文字内容中的错字和标点符号，以便后续生成字幕。

（2）由转录文字生成字幕，并根据语言习惯进行拆分和合并字幕，再根据音频适当调整单个字幕的入点和出点。

（3）添加多个视频素材，并根据字幕和语音内容剪辑视频画面，以及调

视频预览

博物馆解说
短视频

整部分视频素材的播放速度，使其与语音内容匹配，最后统一调整字幕的外观样式。

（4）在视频片头添加图形模板，并更改其内容为"走进三星堆博物馆"，调整文字的字体样式和文字大小，最后添加并剪辑背景音乐。

具体制作过程如图5-77所示。

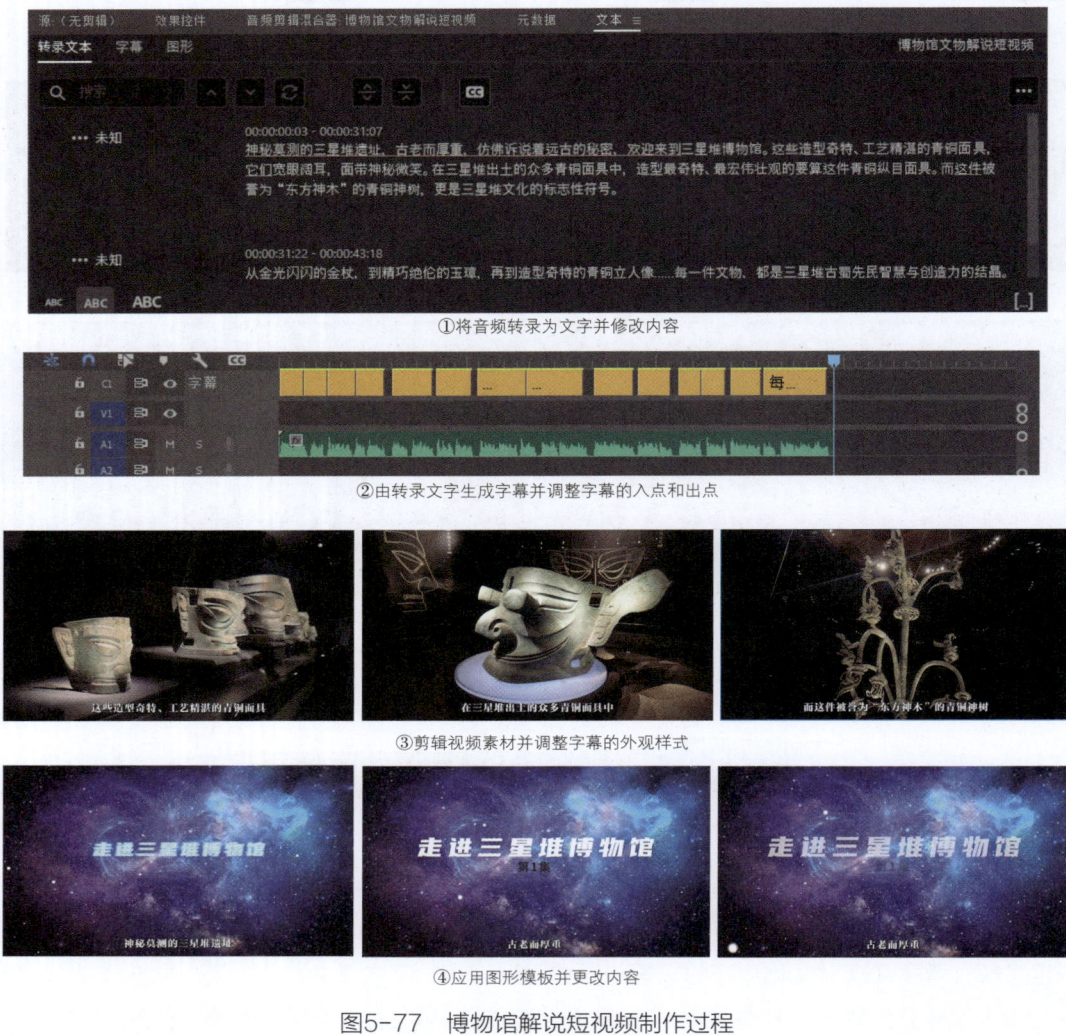

①将音频转录为文字并修改内容

②由转录文字生成字幕并调整字幕的入点和出点

③剪辑视频素材并调整字幕的外观样式

④应用图形模板并更改内容

图5-77　博物馆解说短视频制作过程

5.6　AI辅助设计

讯飞智作　文字生成语音

讯飞智作是科大讯飞旗下的产品，提供合成配音、真人配音、音频采样、音频定制等一站式AI生成音频服务，支持多语种和多种声音风格（如温柔甜美、成熟知性、稳重有磁性等），可以满足多样化的使用需求，为短视频创作者提供了更多的创作可能。尤其是在短视频制作领域，讯飞智作的应用非常广泛，可以帮助短视频创作者快速、高效地完成配音工作，提升短视频作品的质量和观赏性。例如，为植物类科普短视频生成配音。

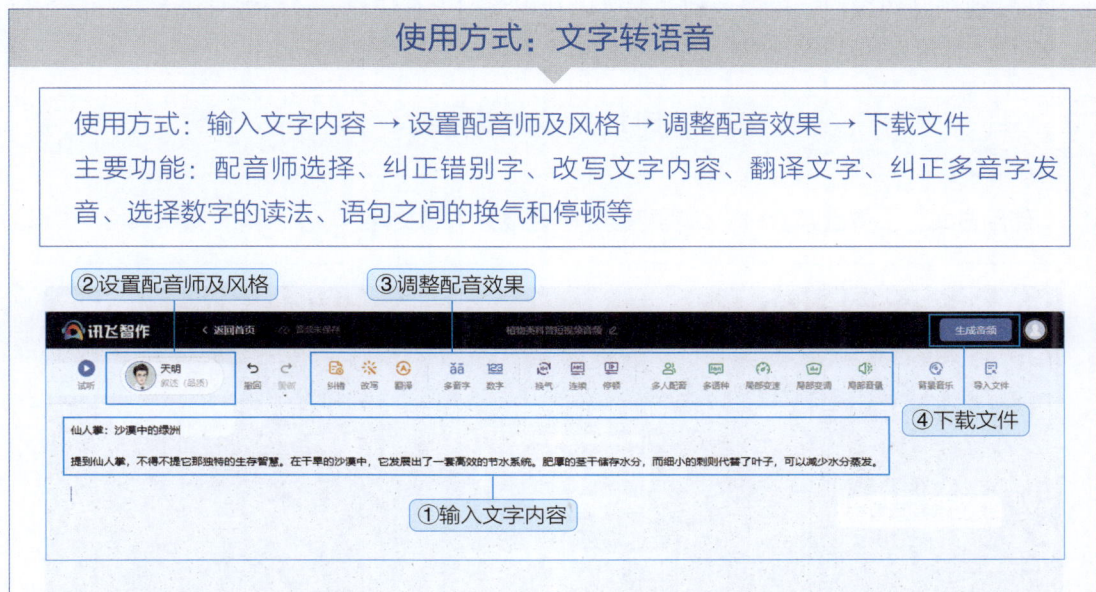

效果试听

植物类科普短视频
配音音频

此外，讯飞智作还支持多人配音，使短视频创作者可以根据视频内容，选择不同的声音和语调，为每个角色或场景添加合适的配音。这种灵活性使得视频内容更加生动、有趣，能够更好地吸引观众的注意力。

喜马拉雅云剪辑　**处理语音音频**

喜马拉雅官方推出了在线音频剪辑工具——喜马拉雅云剪辑，用户无须下载安装软件，通过网页即可剪辑音频。喜马拉雅云剪辑集合了多种智能剪辑功能，为短视频创作者提供更加智能和人性化的音频创作体验，不仅可以使短视频中的音频更加清晰有质感，也可以大幅度提升自媒体短视频的制作效率。

其常见的功能如下。

● **AI快剪**。喜马拉雅云剪辑工具的"AI快剪"功能能够一键检测并删除音频中的语气词、重复词等，以及智能调整音量和配乐，使短视频创作者不必再逐字逐句地剪辑音频，节省了大量时间。

● **文字转音频**。喜马拉雅云剪辑工具具有文字转音频功能，即可以直接将输入的文字转换为音频文件。同时，该功能所支持的声音类型也比较丰富，涵盖了小说、社科、新闻、娱乐、访谈、儿童等领域常用的声音风格类型，而且音量、语速，以及中英文语言都可以随意切换。

● **音频剪辑**。喜马拉雅云剪辑的音频剪辑功能是最为主要的功能，不仅可以对音频进行添加标记、分割、复制、删除、自动降噪美化、调整播放速度和音量等基础编辑操作，还可以将音频内容转化为文字，清晰地看到音频的全部内容，然后对照文字精细剪辑音频，以及通过AI为音频内容选择具备版权并与之匹配的配乐。

效果试听

处理后的植物类科普短视频配音音频

在短视频制作领域，短视频创作者可以利用该AI工具快速、轻松地对语音音频进行剪辑。例如，利用喜马拉雅云剪辑处理生成的植物类科普短视频配音音频。

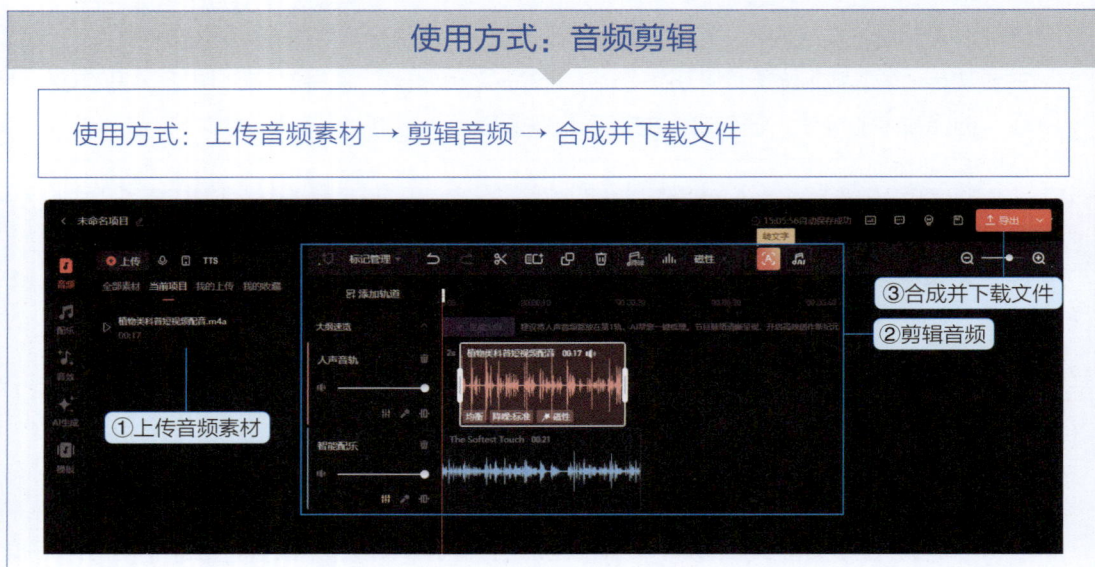

使用方式：音频剪辑

使用方式：上传音频素材 → 剪辑音频 → 合成并下载文件

①上传音频素材
②剪辑音频
③合成并下载文件

在喜马拉雅云剪辑的音频剪辑界面左侧，短视频创作者还可以选择合适的音效来丰富音频内容，以及利用AI生成功能自动生成具有吸引力的片头。

拓展训练

请参考上述讯飞智作和喜马拉雅云剪辑的使用方法，生成一个自媒体短视频的配音音频，并根据实际情况对音频进行处理，提升对讯飞智作和喜马拉雅云剪辑的应用能力。

5.7　课后练习

1．填空题

（1）_____是当今数字时代的一种新型媒体形式，为短视频创作者提供了一个广泛传播观点和内容的平台。

（2）科普短视频是以_____、_____为主要目的的媒介形式，以其简短、生动、直观的特点，成为普及科学知识、提高公众科学素养的重要途径。

（3）_____是科大讯飞旗下的产品，提供合成配音、真人配音、音频采样、音频定制等一站式AI生成音频服务。

（4）喜马拉雅官方推出了在线音频剪辑工具_____，用户无须下载安装软件，通过网页即可剪辑音频，并集合多种智能剪辑功能。

2. 选择题

（1）【单选】（　　）以报道和解读当前社会热点事件为主要内容，具有时效性。

A. 热点新闻短视频 　　　　　　　　　　B. 情感新闻短视频

C. 美食新闻短视频 　　　　　　　　　　D. 教育新闻短视频

（2）【单选】在"文本"面板的（　　）选项卡中单击 转录 按钮，可以将音频转录为文本。

A. "转录音频" 　　B. "转录文本" 　　C. "字幕" 　　D. "字幕预设"

（3）【多选】自媒体短视频的常见类型主要有（　　）。

A. 科普短视频 　　B. 娱乐短视频 　　C. 解说短视频 　　D. 教育短视频

（4）【多选】喜马拉雅云剪辑具有（　　）的功能。

A. AI快剪 　　B. 文字转音频 　　C. 音频剪辑 　　D. 视频剪辑

3. 操作题

（1）制作一个黄山旅游景点解说短视频，要求展示黄山的自然风光、独特地貌，介绍黄山的基本信息，吸引游客前往游览，参考效果如图5-78所示。

视频预览

黄山旅游景点解说短视频

图5-78　黄山旅游景点解说短视频参考效果

视频预览

"尴尬小猫"娱乐短视频

（2）以"尴尬小猫"为主题制作一个娱乐短视频，要求结合时下热点和流行元素制作视频特效，营造出幽默、轻松的氛围。同时，还可以添加一些文字元素，增强视频的趣味性，参考效果如图5-79所示。

图5-79　"尴尬小猫"娱乐短视频参考效果

视频预览

月饼制作教程语音

（3）参考提供的"月饼制作方法"文字素材，使用讯飞智作为"月饼制作教程"视频生成与操作过程完全匹配的语音音频，然后利用喜马拉雅云剪辑对该音频进行适当处理，以及添加合适的背景音乐。

Pr

第 **6** 章

Vlog 制作

Vlog 是一种以视频形式记录和分享个人生活、经历、观点等内容的网络日志，主要由个人自行创作完成，具有传播速度快、互动性强、内容多样等特征，在各大社交媒体、视频网站、短视频平台等渠道得到广泛传播。Vlog 不仅丰富了人们的娱乐生活，也成为个人表达和与社会互动的新方式。

学习目标

▶ **知识目标**

◎ 了解 Vlog 的类型。
◎ 掌握 Vlog 的制作要点。

▶ **技能目标**

◎ 能够使用 Premiere 制作不同类型的 Vlog。
◎ 能够借助 AI 工具生成 Vlog 和背景音乐。

▶ **素养目标**

◎ 通过对优秀 Vlog 作品的欣赏与了解，提升自身审美能力。
◎ 具备创新思维，能够创作出新颖、有趣的 Vlog 内容，避免内容同质化。

学习引导

STEP 1　相关知识学习　　建议学时：___1___学时

课前预习	1. 扫码了解Vlog的发展历程 2. 上网搜索并欣赏优秀的Vlog案例
课堂讲解	1. Vlog的常见类型 2. Vlog的制作要点
重点难点	1. 学习重点：不同类型Vlog的制作方法 2. 学习难点：使用"Lumetri颜色"面板和不同调色类视频效果美化Vlog画面，使Vlog更具真实性

课前预习

电子书

STEP 2　案例实践操作　　建议学时：___3___学时

实战案例	1. 制作咖啡店探店 Vlog 2. 制作旅行攻略 Vlog 3. 制作生活记录 Vlog	操作要点	1."线性擦除"视频特效、混合模式 2."Lumetri颜色"面板、"裁剪"视频特效 3."颜色替换""颜色平衡""Brightness & Contrast"视频特效

案例欣赏

STEP 3 技能巩固与提升 　　　　　　　　建议学时：＿＿3＿＿学时

拓展训练	1. 制作动物园一日游 Vlog 2. 制作春游 Vlog
AI 辅助 设计	1. 使用度加创作工具根据文案生成短视频 2. 使用网易天音一键生成背景音乐
课后练习	通过填空题、选择题巩固Vlog制作的行业知识，通过操作题提高Vlog制作的 能力

6.1 行业知识：Vlog制作基础

随着各种短视频编辑软件的不断发展，Vlog的创作门槛显著降低。短视频创作者若要成功制作出高质量、有趣味性的Vlog作品，以吸引更多的观众关注和喜爱，不仅要选择合适的Vlog类型，还要掌握Vlog的制作要点。

6.1.1 Vlog的常见类型

Vlog有旅拍类、生活记录类、活动记录类、经验分享类、探店类等类型，不同的Vlog类型有不同的特点，短视频创作者应围绕创作的中心思想选择适合表现其主题的类型进行创作，以吸引对特定领域感兴趣的观众。

1. 旅拍类

旅拍类Vlog主要记录短视频创作者在旅行过程中的所见所闻，包括不同地域的文化风情、自然景观、特色美食等，并向观众分享旅行体验和感受、旅行中的故事、旅行中的注意事项等。旅拍类Vlog不仅能够激发观众对未知世界的向往和探索欲望，同时也可以为计划出行的观众提供实用的旅游指南。图6-1所示为15天游3省旅行Vlog，其中按照时间顺序介绍了多个旅游景点和美食。

图6-1　旅拍类Vlog

2. 生活记录类

生活记录类Vlog是较为常见的一种短视频类型，这类Vlog通常以记录短视频创作者的日

常生活为主，如起床、吃饭、做饭、逛街购物等简单的生活片段，或者分享生活中常用的商品
等。而这些看似平淡的内容，借助短视频创作者的个人魅力和独特的呈现视角，往往能够吸
引大量观众的关注。生活记录类Vlog的魅力在于其真实地展现了生活的点滴，并通过短视频
创作者与观众的互动，引起观众对短视频创作者生活的共鸣。图6-2所示为一个周末生活记录
Vlog，按照时间顺序清晰地呈现出博主周末的日常生活，具有较强的真实性。

图6-2　生活记录类Vlog

3. 活动记录类

活动记录类Vlog是一种通过视频形式，实时捕捉并分享特定现场活动的场景、环境氛
围、参与者互动及个人体验的短视频类型，内容主题比较广泛，如音乐会、体育赛事、展览、
节日庆典等。这类Vlog强调活动的即时性和现场感，不仅能让观众身临其境地感受到活动的
精彩瞬间，还能传递出活动背后的故事、意义。图6-3所示为某博主发布的活动记录Vlog，以
第一人称视角分享自己在活动中的所见所感。

图6-3　活动记录类Vlog

4. 经验分享类

经验分享类Vlog以分享短视频创作者在某一领域或日常生活中的经验、见解、技巧或感悟为主要目的，如美食制作、旅行攻略、学习技巧、健身塑形、美妆护肤等。这类Vlog不仅记录了短视频创作者个人的经历，更重要的是将有价值的信息和经验传递给观众，帮助他们学习新知识或改善生活品质。图6-4所示的经验分享类Vlog中，博主通过口头讲解和实际操作演示相结合的方式，全面分享了拍摄日常生活Vlog的方式，以及提升Vlog趣味性的拍摄技巧。

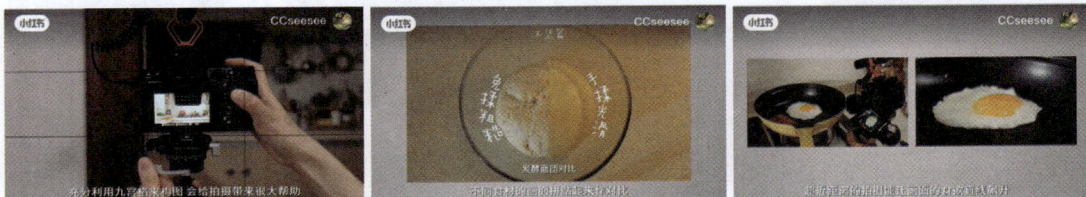

图6-4 经验分享类Vlog

设计大讲堂

在制作经验分享类Vlog时，不仅需要确保Vlog讲解内容的准确和规范，也要注重细节和关键点的展示以便让观众更容易理解和掌握，还要确保内容的专业性和深度，具有明确的实用价值和指导意义。另外，可以在Vlog中添加鼓励观众尝试并分享自己实践经验和成果的内容。这样不仅能增强与观众的互动性，还能根据观众的反馈不断优化Vlog内容，以及为Vlog选题提供灵感。

5. 探店类

探店类Vlog是一种通过视频记录探索并体验各种店铺或消费场所的短视频类型，深受注重生活质量和喜爱探索的年轻人群的喜爱。这类Vlog通常涉及对商店的环境、商品或服务的评价，以及短视频创作者个人的购物体验或发现，常见于对服装店、美妆店、餐饮店等场所的探访。图6-5所示为某博主发布的探店Vlog，详细地分享了店铺内的食物和环境。

图6-5 探店类Vlog

探店类Vlog通常为观众提供购物信息和娱乐项目，能够让短视频创作者与观众建立更紧密的联系。制作探店类Vlog时，不能出现虚假宣传、恶意差评和数据造假等行为。这些行为不仅会误导消费者，还会损害商家利益和短视频创作者自身的信誉。

6.1.2　Vlog的制作要点

优秀的Vlog，其画面效果通常都比较优质，视频内容具有趣味性，视频节奏自然合理，能够自然而然地吸引观众进行互动，且封面统一、美观。

1. 优质的画面效果

Vlog对于视频画面有较高的要求，不仅要确保画面清晰、光线自然，还要注重画面的色彩表现，从而给观众带来视觉上的享受。在制作时，创作者应根据需要对画面进行调色处理，准确还原画面真实色彩，或者根据Vlog的主题和情感基调添加合适的滤镜，使画面更加鲜明和生动，从而提升Vlog的质感和观赏性。图6-6所示为动物园游览Vlog画面调色前后的对比效果，不难看出调色后画面的视觉吸引力更强。

图6-6　Vlog画面调色前后的对比效果

2. 注重真实性与个性

制作的Vlog需要展示出短视频创作者的真实生活、独特个性或者真诚的情感表达，因此应尽量选择自主拍摄的素材，如真人出镜的视频，以及在视频中真诚地与观众进行互动，让观众能够直接看到短视频创作者的面容、表情、身形、动作等，听到短视频创作者真实的声音，感受到短视频创作者的真诚和用心，从而增加短视频的真实性和可信度，使观众更容易与短视频创作者建立情感连接。这样当Vlog有了关注度后，短视频创作者本人往往也可以有较高的知名度，并获得一定的影响力和商业价值。

3. 增强趣味性

趣味性是吸引观众观看Vlog的重要因素之一，因此在制作Vlog时可以适当添加一些贴纸、特效、表情包等元素，也可以添加能增强环境氛围的真实音效，如夜晚蛙声、虫鸣声等，增添Vlog的趣味性和视觉吸引力，使其内容更加生动有趣，同时还能突出个人风格。图6-7所示为某博主发布的日常生活Vlog，不仅通过字幕对画面内容进行了简要说明，还添加了各种可爱的贴纸进行装饰，以及使用了一些走路声、吃东西声等音效，使Vlog具有趣味性。

图6-7　趣味性Vlog

4. 控制好节奏

短视频通常需要在短时间内快节奏地展示内容，以此吸引观众眼球。而对于Vlog来说，其节奏会更缓慢一些，更注重叙事的过程，且其内容需要相对完整。因此，短视频创作者在制作Vlog时要使用合适的剪辑手法对视频内容进行剪辑和处理，注意把握Vlog的节奏感和流畅性，控制其时长，避免冗长和拖沓，提升Vlog的观看体验。

5. 合适的Vlog封面

Vlog的封面在很大程度上决定了点击率。因此，Vlog封面的制作至关重要。在制作时，画面元素应直接反映Vlog的主题或核心内容，让观众在浏览时能够迅速识别并产生兴趣，同时还要确保主要元素能够一目了然，避免封面过于复杂或信息过多。常见的Vlog封面多以视频画面截图为主，再搭配适当的文字内容和装饰元素。

另外，针对某系列的多期Vlog，设计封面时还要保持一定的风格和一致性元素，从而有助于建立观众对短视频创作者的认知。例如，可以统一使用相同的字体、色彩搭配、排版布局，使封面具有识别度，如图6-8所示。

图6-8　多期Vlog的封面

6.2　实战案例：制作咖啡店探店Vlog

案例背景

在高楼林立的城市中，隐藏着许多不为人知的咖啡小店，某热爱咖啡文化的探店博主经常用镜头记录这些小店的独特魅力。近期，她准备将自己拍摄的其中一家咖啡店素材制作成探店Vlog。该博主对Vlog的制作要求如下。

（1）片头设计具有趣味性和创意性，主题突出。

（2）充分展示出咖啡店中的环境和特色美食。

（3）视频分辨率为1920像素×1080像素，时长在30s以内，输出MP4格式的视频。

设计思路

（1）趣味片头设计。在片头开始处添加进度条作为引入，然后利用视频特效依次展示Vlog的标题文字，以突出主题。

（2）添加字幕内容。为整个视频添加与音频对应的字幕，起到解释画面的作用。字幕中的文字可以选择偏稳重、优雅的黑体类字体，与素材中咖啡店的风格吻合，同时便于识别。由于视频色调偏暗，因此可选择白色作为文字填充颜色，使文字内容更加简洁醒目，并为文字添加黑色底纹，使其更加突出。

（3）添加装饰和背景音乐。为了丰富视频内容，可考虑添加一些偏可爱风格的装饰素材，添加欢快的背景音乐，并在画面中加入一些表现内心独白的文字，将在探店过程中的所思所感直接传达给观众，增加观众对Vlog的情感共鸣和代入感。

视频预览

咖啡店探店
Vlog

本案例的参考效果如图6-9所示。

图6-9　咖啡店探店Vlog参考效果

操作要点

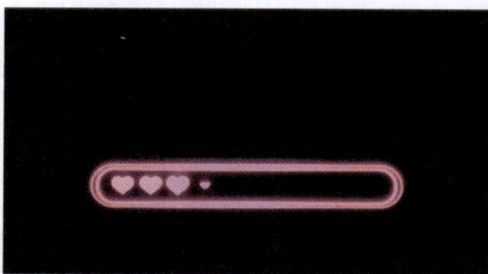

（1）运用"线性擦除"特效为视频制作渐显效果。

（2）利用混合模式去除装饰元素的背景。

6.2.1 制作趣味片头效果

首先添加进度条素材和输入文字，再运用"线性擦除"视频特效为文字制作渐显效果，增添视觉上的创意性与动态感。具体操作如下。

（1）新建"咖啡店探店Vlog"项目，导入所有素材。新建分辨率为"1920像素×1080像素"、时基为"25帧/秒"、名称为"片头"的序列。

（2）将"项目"面板中的"进度条.mp4"素材拖曳到V1轨道上，在弹出的提示框中单击 保持现有设置 按钮，然后在"节目"面板中将"进度条.mp4"素材向下移动，并预览画面效果，如图6-10所示。

（3）在"节目"面板中的进度条素材上方输入文字"咖啡店探店VLOG"，在"基本图形"面板中调整图6-11所示的文字参数。

（4）在"效果"面板中依次展开"视频效果""过渡"文件夹，选择"线性擦除"视频特效并将其拖曳到"时间轴"面板V2轨道上的文字素材中，打开"效果控件"面板，在"线性擦除"选项组中设置"过渡完成"为"100%"，并激活该关键帧，然后设置"擦除角度"为"-90°"，如图6-12所示。

图6-10　预览画面效果　　　图6-11　调整文字参数　　　图6-12　调整参数

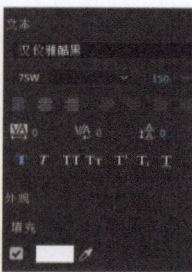

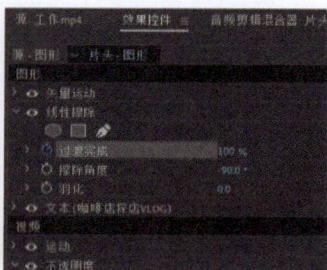

（5）将时间指示器移动到00∶00∶00∶03位置，在"过渡完成"选项后方单击"添加/移除关键帧"按钮 添加关键帧。将时间指示器移动到00∶00∶02∶00位置，设置"过渡完成"为"0%"，使文字跟随进度条产生类似于打字的动画效果。

（6）将"打字音效.mp3"音频素材拖曳到A1轨道上，并调整该音频的出点与视频的出点一致，完成片头的制作。

6.2.2 添加字幕内容

利用"文本"面板将解说音频转成文字，修改其中有问题的文字并生成字幕，先调整字幕内容，再调整其字体类型、文字大小和位置。具体操作如下。

（1）新建一个与"片头"序列参数相同、名称为"咖啡店探店Vlog"的序列，然后将"片头"序列拖曳到V1轨道上。

微课视频

添加字幕内容

（2）将"语音.mp3"素材拖曳到A1轨道上"片头"序列后，然后打开"文本"面板，在"转录文本"选项卡中单击 转录 按钮，转录完成后的文字将显示在该面板中，然后修改其中的错字，效果如图6-13所示。

（3）单击"文本"面板上方的"创建说明性字幕"按钮 CC，打开"创建字幕"对话框，保持默认设置，单击 创建字幕 按钮。

（4）选择C1轨道上的所有字幕，将其移动至语音音频开始播放位置（00:00:03:00），如图6-14所示。

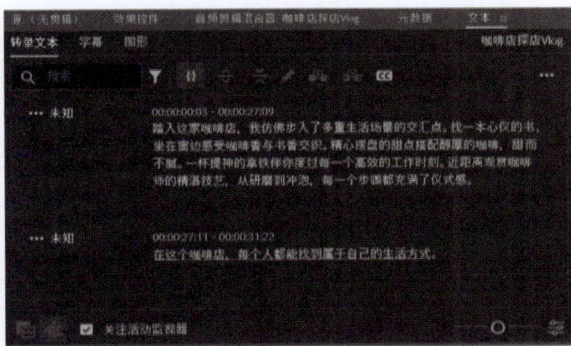

图6-13　转录、修改后的文本效果

图6-14　调整字幕位置

（5）修改第5段、第6段字幕内容，并为其他段字幕去掉句号，效果如图6-15所示。

（6）再次选择C1轨道上的所有字幕，在"基本图形"面板中修改字幕的字体、文字大小和垂直位置，如图6-16所示。勾选"阴影"复选框，其他参数保持默认设置。

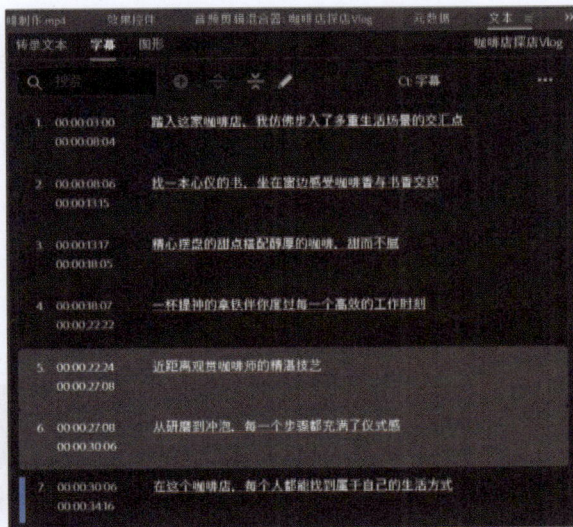

图6-15　修改字幕内容后的效果

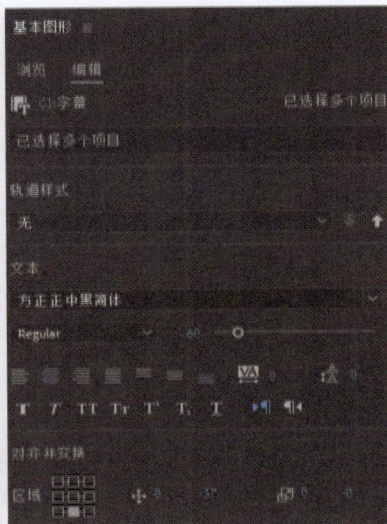

图6-16　修改字幕文字

6.2.3 剪辑咖啡店相关视频片段

微课视频

在添加好字幕内容后，还需要根据字幕内容依次添加合适的视频素材，并对视频进行剪辑，调整其播放速度。具体操作如下。

剪辑咖啡店相关视频片段

（1）将"咖啡店.mp4"素材拖曳到V1轨道上的00:00:03:00位置，调整其播放速度为"300%"，出点与第1段字幕的出点一致。

（2）在"源"面板中预览"看书.mp4"素材，将00:00:07:24～00:00:17:00的视频片段，插入"时间轴"面板中的00:00:08:05位置，然后调整该素材的播放速度为"150%"，出点与第2段字幕的出点一致。

（3）由于"看书.mp4"素材的画面比"咖啡店探店Vlog"序列显示的画面要小，因此需要在"效果控件"面板中调整"看书.mp4"素材的缩放为"150%"。

（4）在"源"面板中预览"下午茶.mp4"素材，将00:00:03:20～00:00:05:20、00:00:12:20～00:00:13:20、00:00:16:00～00:00:18:00的视频片段依次插入"时间轴"面板中，调整最后一段视频的出点与第3段字幕的出点一致，如图6-17所示。

图6-17　调整视频出点

（5）将时间指示器移动到00:00:18:05位置，将"工作.mp4"视频素材拖曳到时间指示器右侧，调整其播放速度为"300%"，出点与第4段字幕的出点一致。

（6）将时间指示器移动到00:00:22:22位置，在"源"面板中预览"咖啡制作.mp4"素材，将00:00:11:00～00:00:12:15、00:00:43:09～00:00:44:15、00:01:04:05～00:01:05:12和00:01:52:05～00:02:23:03的视频片段依次插入"时间轴"面板中，分别调整这4段视频的缩放为"150%"。

（7）调整最后一段视频的播放速度为"600%"，其余3段视频的播放速度为"300%"，然后调整最后一段视频的出点与第6段字幕的出点一致。将"喝咖啡.mp4"视频素材拖曳到00:00:30:06位置，调整其播放速度为"200%"。此时，预览视频效果如图6-18所示。

图6-18　预览视频效果

6.2.4　丰富视频内容

微课视频

丰富视频内容

根据画面中的景象添加合适的装饰元素，使Vlog更加生动有趣。同时添加解说文字，表达博主当时的想法或对画面内容进行补充说明，帮助观众更好地理解Vlog。具体操作如下。

（1）将"动态线条.mp4"视频素材拖曳到V2轨道上的00:00:08:07位置，在"效果控件"面板中展开"不透明度"选项组，设置混合模式为"变亮"，去除该视频素材中的黑色背景，展开"运动"选项组，调整位置和缩放参数，如图6-19所示。

（2）在当前位置输入文字"我真的很喜欢这种氛围感！"，在"基本图形"面板中设置字体为"方正卡通简体"、大小为"60"、填充为"#FFFFFF"，在"节目"面板中调整文字位置，效果如图6-20所示。

图6-19　调整位置和缩放参数

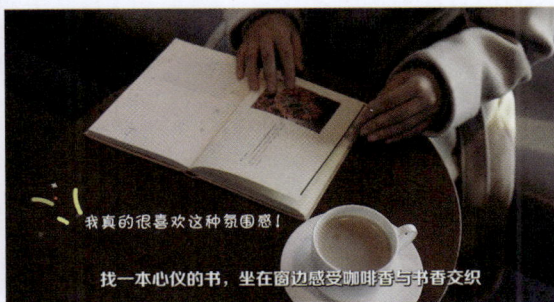

图6-20　调整文字位置后的效果

（3）将"动态云朵.mp4"视频素材拖曳到V2轨道上的00:00:13:17位置，调整其出点为00:00:18:05。在"效果控件"面板中设置该素材的混合模式为"变亮"、缩放为"50"，并调整其位置，效果如图6-21所示。

（4）选择V3轨道上的文字，按住【Alt】键不放，按住鼠标左键将其复制至V3轨道上的00:00:13:17位置，调整其出点与"动态云朵.mp4"视频素材的出点一致，然后添加解说文字内容"感受下午茶的浪漫"，接着移动文字位置，效果如图6-22所示。

图6-21　调整云朵素材后的效果

图6-22　添加解说文字并移动位置后的效果

（5）将"背景音乐.mp3"素材拖曳到A2轨道上，调整其级别为"-5.0"以降低音量，最后调整该音频的出点与视频的出点一致。按【Ctrl+S】组合键保存项目，并导出MP4格式的视频文件。

6.3 实战案例：制作旅行攻略Vlog

案例背景

　　某位热爱旅行、擅长分享的博主决定利用自己的经验和专业知识，制作一系列关于旅行攻略的Vlog，首期介绍"玉龙雪山一天旅游攻略"，旨在帮助广大旅行爱好者轻松规划行程，获得更加愉快和充实的旅行体验。该博主对Vlog的制作要求如下。

　　（1）选取多个景点的美观片段，能够吸引观众视线，使其产生兴趣。

　　（2）内容翔实，确保Vlog中包含丰富的实用信息。

　　（3）视频分辨率为720像素×1280像素，时长在6s以内，输出MP4格式的视频。

设计思路

　　（1）封面制作。为了让Vlog能够吸引观众浏览，可以在Vlog封面展示本次攻略中的多个景点和当地特色，并添加主题文字。

　　（2）视频剪辑思路。视频素材中包含多个景点，可以先添加语音素材，然后根据语音中讲解景点的顺序来进行剪辑，这样能更好地控制各个视频素材的前后顺序和时长。

视频预览

旅游攻略 Vlog

　　（3）调色思路。为了提升观众的观看体验，还可以对画面色彩不美观的视频片段进行调色处理。

　　本案例的参考效果如图6-23所示。

图6-23　旅行攻略Vlog参考效果

操作要点详解

电子书

操作要点

　　（1）利用"变换"特效组中的"裁剪"视频特效制作分屏封面。

（2）使用"Lumetri颜色"面板优化部分素材的色彩。

6.3.1 制作分屏封面效果

利用"裁剪"视频特效为视频素材制作分屏封面效果，让观众感受到这段旅程的丰富性，同时添加Vlog的主题文字。具体操作如下。

（1）新建名称为"旅行攻略Vlog"的项目，将提供的素材全部导入"项目"面板中。新建分辨率为"720像素×1280像素"、时基为"25帧/秒"、名称为"分屏封面"的序列。

（2）在"项目"面板中双击"丽江古城.mp4"视频素材，在"源"面板中将时间指示器移动到00：00：04：07位置，按【Ctrl+Shift+E】组合键，打开"导出帧"对话框，输入名称为"丽江古城"，选择格式为"JPEG"，勾选"导入到项目中"复选框，如图6-24所示。单击 确定 按钮，该帧的视频画面将会导入"项目"面板中。

（3）使用与步骤（2）相同的方法依次在"玉龙雪山.mp4"视频素材的00：00：06：12位置、"美食.mp4"视频素材的00：00：02：23位置导出帧画面。将导出的这3张视频画面图片依次拖曳到"时间轴"面板中的V1～V3轨道上，然后调整各素材的位置，并利用"裁剪"视频特效裁掉不需要的部分，效果如图6-25所示。

（4）选择"文字工具" T，在画面上方输入文字"玉龙雪山 旅游攻略"，设置图6-26所示的文字参数，其中填充为"#3383B9"、描边为"#FFFFFF"。

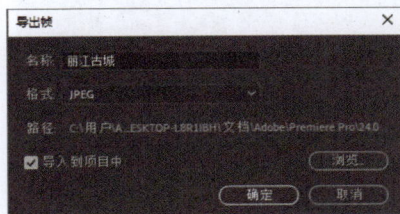

图6-24 "导出帧"对话框　　　图6-25 查看画面效果　　　图6-26 设置文字参数

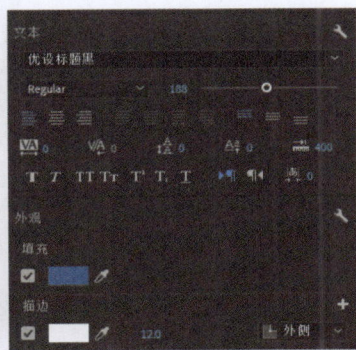

（5）继续在画面中间输入其他文字，修改文字填充为"#F2D411"、描边为"#000000"、描边宽度为"4"，再设置不同的文字大小，效果如图6-27所示。

（6）继续在画面右下角输入文字"Vlog"，修改文字大小为"100"、填充为"#FFFFFF"，勾选"阴影"复选框，设置图6-28所示的参数。然后在"节目"面板中略微调整文字位置，让封面更美观，效果如图6-29所示。

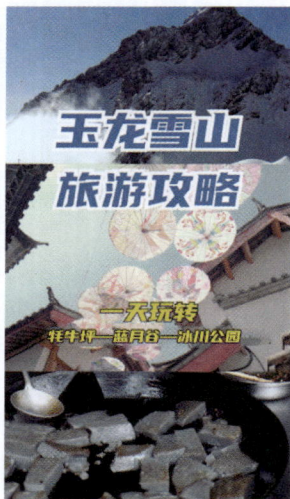

图6-27 添加文字后的效果　　图6-28 设置文字参数　　图6-29 查看封面效果

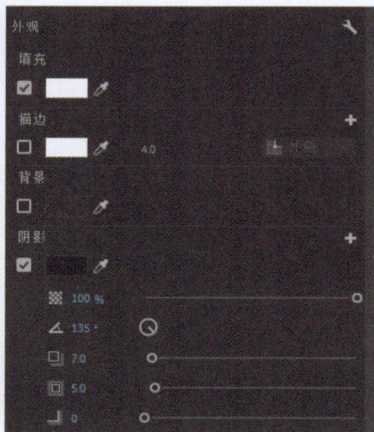

6.3.2 剪辑相关视频素材

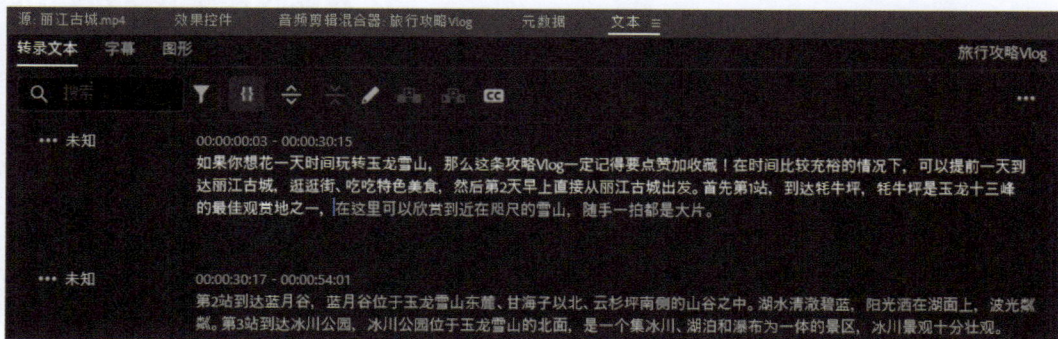

效果预览

剪辑相关视频
素材

　　封面制作完成后，可以先添加语音素材，并将语音转录成文字，然后根据文字内容制作字幕，再依次添加合适的视频素材，并调整视频的时长和速度。具体操作如下。

　　（1）新建分辨率为"720像素×1280像素"、时基为"25帧/秒"、名称为"旅行攻略Vlog"的序列。

　　（2）将"语音.mp3"素材拖曳到A1轨道上，然后将语音转录为文字，并修改其中的错字，效果如图6-30所示。

图6-30 修改文字内容

　　（3）单击"文本"面板上方的"创建说明性字幕"按钮 CC ，打开"创建字幕"对话框，保持默认设置，单击 创建字幕 按钮创建字幕，然后根据语言习惯合并和拆分部分字幕，并调整字幕的入点和出点，效果如图6-31所示。

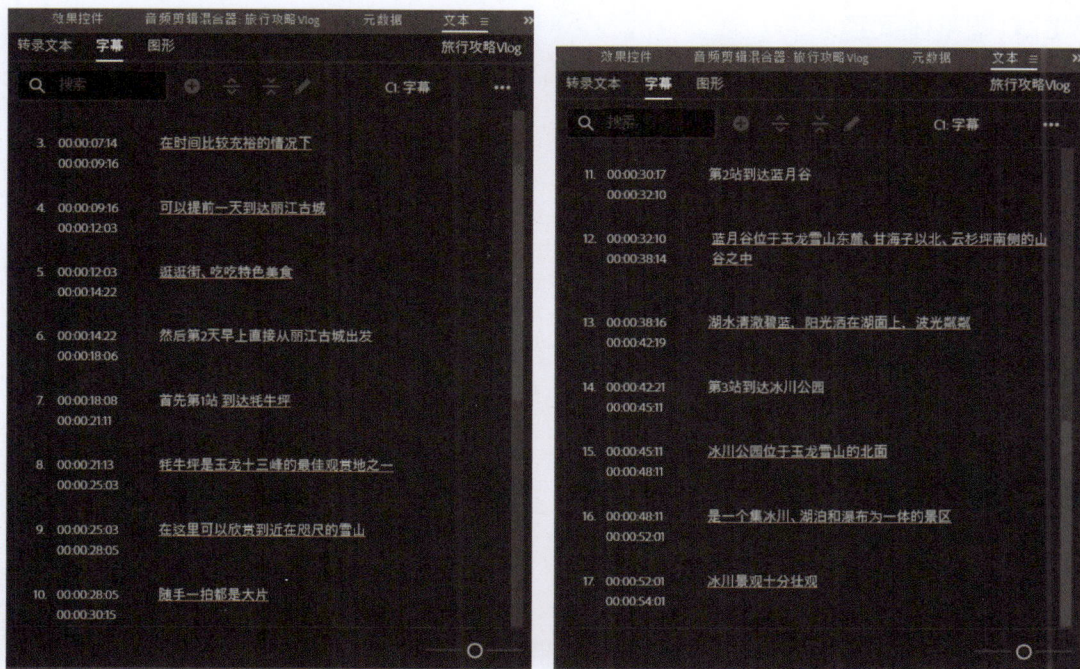

图6-31　拆分并调整字幕

（4）将"分屏封面"序列拖曳到V1轨道上的00：00：00：00位置，然后调整该序列的持续时间为00：00：07：12（片头语音结束时），删掉原始音频。

（5）在"时间轴"面板中锁定C1字幕轨道和A1音频轨道，以免受后续插入视频操作影响。将时间指示器移动到00：00：07：12，在"节目"面板中双击"丽江古城.mp4"视频，在"源"面板中将00：00：04：03～00：00：12：16、00：00：31：12～00：00：36：14的视频片段拖曳到V1轨道，并调整其播放速度均为"200%"，以及第2段视频素材的出点为00：00：13：11。

（6）继续将"美食.mp4"视频素材拖曳到V1轨道上的00：00：13：11位置，调整其播放速度为"200%"、出点为00：00：18：06，并删除原始音频。

（7）添加"牦牛坪.mp4"视频素材到V1轨道上，调整其播放速度为"150%"；添加"蓝月谷.mp4"视频素材到V1轨道上，调整其播放速度为"300%"、出点为00：00：42：19；添加"冰川公园.mp4"视频素材到V1轨道上，调整其播放速度为"150%"。添加视频素材并调整播放速度后的轨道如图6-32所示。

图6-32　添加视频素材并调整播放速度后的轨道

（8）调整V1轨道上所有视频素材的缩放参数为"180%"。

6.3.3 调整画面色彩

"丽江古城.mp4"视频素材在拍摄时出现了曝光过度的问题，导致画面泛白，因此可利用"Lumetri颜色"面板进行优化，提升画面的对比度，增加色彩的饱和度，使画面色彩更美观。具体操作如下。

（1）在"时间轴"面板中选择第1段"丽江古城.mp4"素材，打开"Lumetri颜色"面板，在其中展开"基本校正"选项组，设置图6-33所示的参数，调色前后的画面对比效果如图6-34所示。

（2）继续在"Lumetri颜色"面板中展开"创意"选项组，设置"自然饱和度"为"50"、"饱和度"为"95"、"色彩平衡"为"40"，调色后的画面效果如图6-35所示。

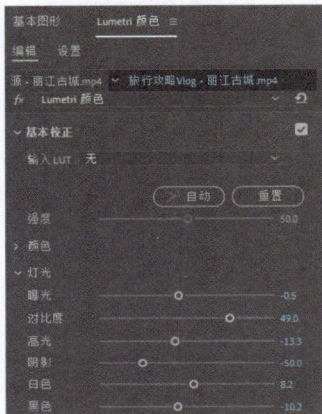

图6-33 设置参数　图6-34 调色前后的画面对比效果（1）　图6-35 调色后的画面效果（1）

（3）在"时间轴"面板中选择第2段"丽江古城.mp4"素材，在"Lumetri颜色"面板中展开"基本校正"选项组，单击 自动 按钮自动调色，调色前后的画面对比效果如图6-36所示。

（4）展开"创意"选项组，设置图6-37所示的参数，调色后的画面如图6-38所示。

图6-36 调色前后的画面对比效果（2）　图6-37 设置参数　图6-38 调色后的画面效果（2）

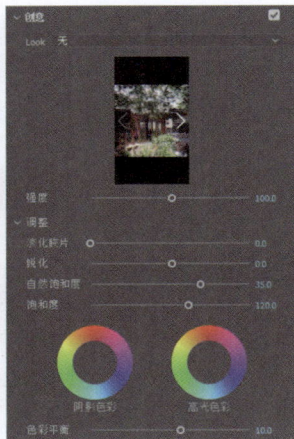

6.3.4　添加装饰素材和攻略文字

微课视频

　　依次在相应的视频片段处添加提供的装饰素材，绘制矩形作为装饰元素，并在素材中输入攻略文字和添加视频过渡效果。具体操作如下。

添加装饰素材和
攻略文字

　　（1）将时间指示器移动到00:00:14:22位置，添加"小贴士.png"素材到V2轨道上，调整素材的缩放为"263"，效果如图6-39所示。

　　（2）在"小贴士.png"素材中输入文字"小贴士"，设置字体为"优设标题黑"、文字大小为"100"、字体颜色为"#3383B9"、描边颜色为"#FFFFFF"、描边宽度为"10"。继续输入段落文字，设置图6-40所示的文字参数，然后调整文字位置，效果如图6-41所示。

図6-39　添加与调整素材　　　　図6-40　设置文字参数　　　図6-41　调整文字位置后的效果（1）

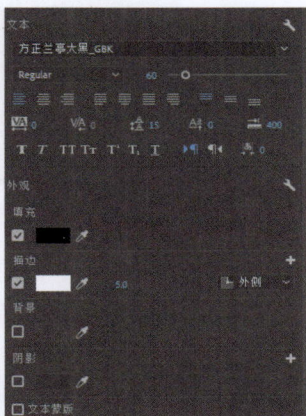

　　（3）调整V3轨道上文字的出点与"小贴士.png"素材的出点一致。选择V3轨道上文字和V2轨道上的素材，按住【Alt】键不放并向右拖曳，复制对象到00:00:21:14位置，然后修改其中的段落文字内容，效果如图6-42所示。

　　（4）选择"矩形工具" ▣ ，在画面上方绘制一个矩形，在"效果控件"面板的"对齐并变换"选项组中设置矩形角半径为"100"、填充为"#FF782F"、描边为"#000000"、宽度为"8"，如图6-43所示。

　　（5）复制该矩形，修改复制矩形的填充颜色为"#FFFFFF"，并调整其位置，效果如图6-44所示。

図6-42　修改文字内容后的效果（1）　　図6-43　设置矩形参数　　図6-44　调整矩形位置后的效果

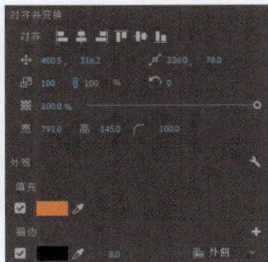

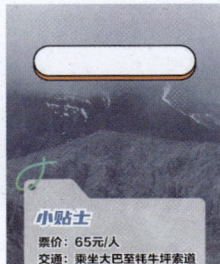

操作小贴士

在Premiere中调整矩形的圆角时，除了可以在"基本图形"面板中通过"角半径"参数进行精确调整外，也可以使用"选择工具" ▶ 在"节目"面板中选择该矩形，然后将鼠标指针移动到矩形4个角的圆形控制点上，当鼠标指针变为"十字"形状时，按住鼠标左键不放并拖曳，快速调整矩形的圆角。

（6）在矩形位置输入文字"牦牛坪"，设置字体为"优设标题黑"、文字大小为"200"、填充为"#FF782F"、阴影颜色为"#FAC974"，其他参数如图6-45所示。然后调整文字位置，效果如图6-46所示。

（7）选择V3轨道上的图形和V2轨道上的装饰素材，按住【Alt】键不放并依次拖曳复制到00:00:33:23、00:00:45:06位置，然后修改其中的标题文字和段落文字，效果如图6-47所示。注意，可适当调整"冰川公园"文字下方的圆角矩形长度。

（8）选择V3轨道和V2轨道上的所有素材，按【Ctrl+D】组合键添加默认视频过渡效果（交叉溶解），并修改所有视频过渡效果的持续时间为00:00:00:15，如图6-48所示。

（9）全选C1轨道上的字幕，然后修改文字字体为"方正大黑简体"、大小为"65"、填充为"#FFFFFF"，勾选"阴影"复选框，设置图6-49所示的参数。

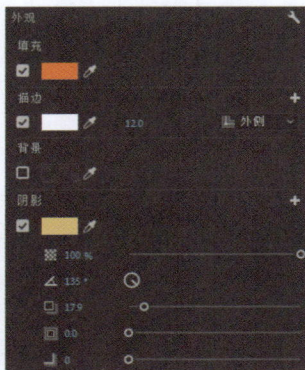

图6-45　调整文字参数　　　　图6-46　调整文字位置后的效果（2）

图6-47　修改文字内容后的效果（2）

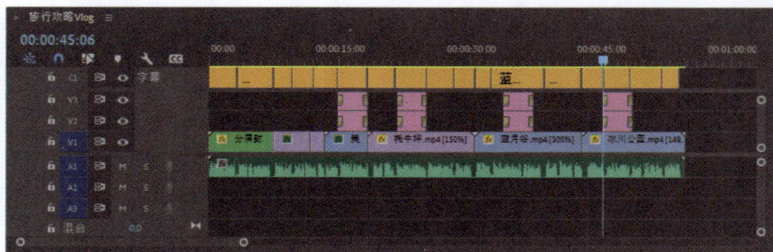

图6-48　调整视频过渡效果的持续时间　　　　图6-49　设置字幕参数

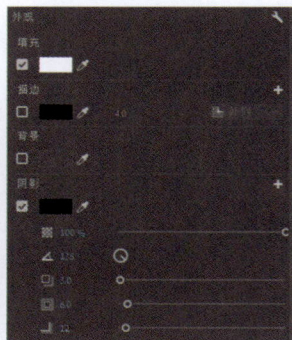

（10）将"背景音乐.mp3"素材拖曳到A2轨道上，调整其级别为"-12"，使背景音乐的

音量明显低于语音音频的音量，然后调整该音频的出点与视频的出点一致，并在音频的出点位置添加"恒定功率"音频过渡效果。最后按【Ctrl+S】组合键保存项目，并导出MP4格式的视频文件。

6.4　实战案例：制作生活记录Vlog

案例背景

　　某博主擅长用镜头捕捉日常生活中的精彩瞬间，并经常在社交平台上分享这些内容。近期，她准备将自己拍摄的周末日常生活素材制作成Vlog。该博主对Vlog的制作要求如下。

　　（1）根据时间顺序依次展示周末开展的活动。

　　（2）节奏紧凑，不拖沓，画面的视觉效果舒适。

　　（3）尺寸为1920像素×1080像素，时长在35s以内，输出MP4格式的视频。

设计思路

　　（1）片头动画设计。在片头添加主题文字和装饰，然后利用旋转、位置关键帧制作装饰素材的动画效果，增强片头的丰富性。

　　（2）视频剪辑。根据时间顺序依次添加合适的视频素材，并对部分视频画面进行调色处理，增强美观性。

效果预览

生活记录 Vlog

　　（3）字幕设计。为视频画面添加简洁明了的语音和装饰素材，以及与语音对应的字幕，提升Vlog的可看性。

　　本案例的参考效果如图6-50所示。

图6-50　生活记录Vlog参考效果

操作要点详解

电子书

操作要点

　　（1）利用"颜色替换"视频特效改变素材色调。

（2）利用"颜色平衡""Brightness & Contrast"视频特效调整画面颜色。

6.4.1　制作片头动画效果

将飞机视频素材作为片头背景，再添加边框素材丰富画面，并对边框素材进行调色处理，使其与背景更贴合。然后添加主题文字和装饰素材，并利用关键帧制作动画，营造更加生动、有趣的视觉效果。具体操作如下。

（1）新建名为"生活记录Vlog"的项目，并将提供的音视频素材文件全部导入"项目"面板中。新建分辨率为"1920像素×1080像素"、时基为"25帧/秒"、名称为"封面"的序列。

（2）将"飞机.mp4"视频素材拖曳到V1轨道上，在弹出的提示框中单击 保持现有设置 按钮，然后在"效果控件"面板中调整"飞机.mp4"视频素材的缩放为"50%"，再通过"剪辑速度/持续时间"对话框调整素材的持续时间为00:00:03:00。

（2）将"边框.png"素材拖曳到V2轨道上，调整其时长与V1轨道上视频素材的时长一致，然后调整该素材的缩放为"97%"。

（4）选择V2轨道上的素材，在"效果"面板中搜索"颜色替换"视频特效，双击该特效进行应用，然后在"效果控件"面板中展开"颜色替换"选项组，单击"目标颜色"选项后的吸管工具 ，在"节目"面板中的"边框"素材上单击鼠标左键，吸取其中的颜色，继续在"效果控件"面板的"替换颜色"选项中设置颜色为"#FFEEBC"、相似性为"40"，如图6-51所示。在"节目"面板中预览，发现"边框"素材的颜色已被替换，效果如图6-52所示。

（5）将V1轨道和V2轨道上的素材嵌套，嵌套序列名称为"背景"。选择"文字工具" ，在"节目"面板中定位文本输入点，在"基本图形"面板中设置图6-53所示的文字参数。

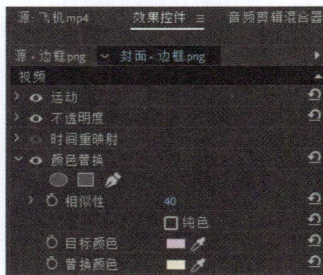

图6-51　设置参数　　　　　图6-52　替换素材后的效果　　　　　图6-53　设置文字参数

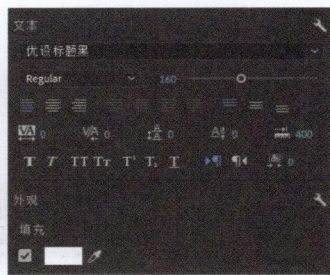

（6）在"节目"面板中输入2段主题文字，并调整文字大小，以及设置文字的旋转为"-6°"，效果如图6-54所示。

（7）将"太阳.png"素材、"箭头.png"素材分别拖曳到V3、V4轨道上，调整其缩放分别为"15""58"，再将"箭头.png"素材旋转"50°"，调整2个素材位置，如图6-55所示。

（8）选择"太阳.png"素材，在"效果控件"面板中为旋转属性激活关键帧，将时间指示器移动到视频末尾，设置旋转为"1x0.0°"（旋转360°），如图6-56所示。

| 图6-54　设置文字旋转 | 图6-55　调整素材位置 | 图6-56　调整素材旋转 |

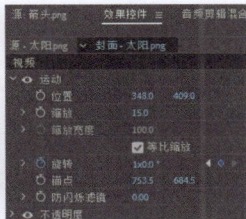

（9）选择"箭头.png"素材，在"效果控件"面板中为位置、缩放、旋转、不透明度激活关键帧，将时间指示器移动到00:00:00:10位置，依次单击各属性后的"添加/移除关键帧"按钮◙，如图6-57所示。然后将时间指示器移动到00:00:00:00位置，修改各属性参数，如图6-58所示。

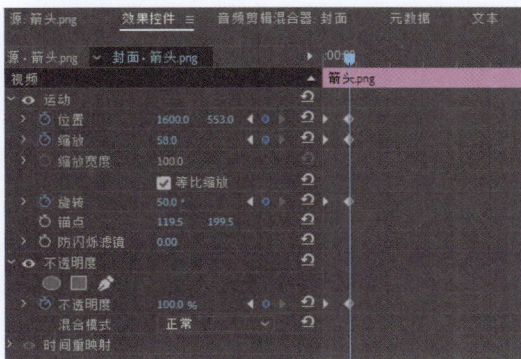

| 图6-57　添加关键帧 | 图6-58　修改属性参数 |

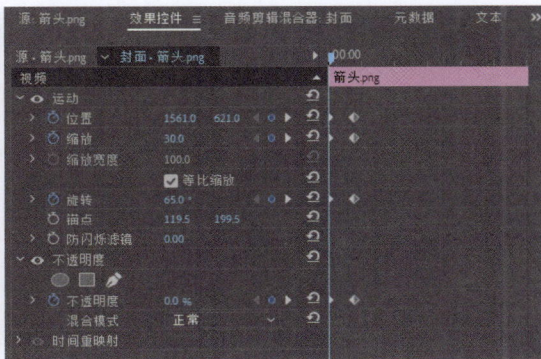

（10）按住鼠标左键选择所有关键帧，按【Ctrl+C】组合键复制，将时间指示器移动到00:00:00:20位置，按【Ctrl+V】组合键粘贴关键帧，如图6-59所示。

（11）选择所有关键帧，将时间指示器移动到00;00;01:15位置，再复制和粘贴关键帧，如图6-60所示。

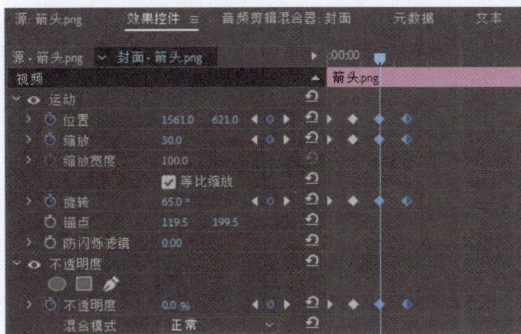

| 图6-59　粘贴关键帧 | 图6-60　复制和粘贴关键帧 |

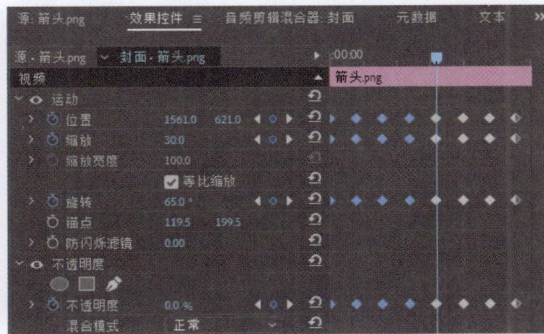

（12）调整V2～V4轨道上所有素材的时长与"背景"序列的一致，完成片头的制作，预览片头效果如图6-61所示。

图6-61　预览片头效果

6.4.2　剪辑素材并对画面调色

效果预览

剪辑素材并对画面调色

根据起床、做早餐、吃早餐、出发、看风景的顺序依次剪辑视频素材，然后利用"颜色平衡""Brightness & Contrast"视频特效对部分画面进行调色处理。具体操作如下。

（1）新建分辨率为"1920像素×1080像素"、时基为"25帧/秒"、名称为"生活记录Vlog"的序列。

（2）在"项目"面板中双击"起床视频.mp4"视频素材，在"源"面板中依次将00:00:00:26～00:00:04:23、00:00:05:14～00:00:07:15、00:00:08:12～00:00:10:20的视频片段插入"生活记录Vlog"序列中，然后调整第1段视频的播放速度为"250%"、其余2段视频的播放速度为"200%"。

（3）在"项目"面板中新建一个调整图层，将其拖曳到V2轨道上，并调整时长，如图6-62所示。

（4）在"效果"面板中依次展开"视频效果""颜色校正"文件夹，选择"Brightness & Contrast"视频特效，将其拖曳到V2轨道上的调整图层中，在"效果控件"面板中设置图6-63所示的参数。

图6-62　调整时长

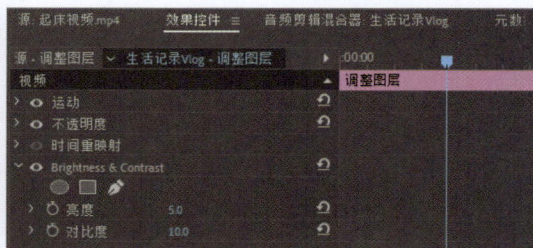

图6-63　设置视频特效参数

（5）在"节目"面板中，预览调色前后的对比效果，如图6-64所示。

（6）将"颜色校正"文件夹中的"颜色平衡"视频特效拖曳到调整图层中，在"效果控件"面板中设置参数，使画面呈现出比较轻透、鲜亮的效果，如图6-65所示。

（7）将时间指示器移动到视频末尾，在"项目"面板中双击"枸杞1.mp4"视频素材，在"源"面板中将00:00:02:23～00:00:04:07、00:00:10:21～00:00:12:26的视频片段插入时间轴，删除原始音频，然后调整其播放速度为"200%"。使用相同的方法将"枸杞2.mp4"视频素材中的00:00:01:20～00:00:03:14视频片段插入时间轴，删除原始音频，然后调整其播放速度为"150%"。

（8）将"自驾.mp4"视频素材拖曳到时间轴上，调整其播放速度为"300%"，删除原始音频，调整视频的出点为00：00：09：00。

（9）将"人物.mp4"视频素材中的00：00：04：28～00：00：08：05、00：00：09：10～00：00：12：10视频片段插入时间轴，调整其播放速度为"200%"。

（10）将"日落.mp4"视频素材拖曳到时间轴上，调整视频的持续时间为00：00：05：00，为该素材添加"阴影/高光"效果，自动调整素材的阴影和高光部分，预览调色前后的对比效果，如图6-66所示。

图 6-64　预览调色前后的对比效果（1）　　图 6-65　设置参数　　图 6-66　预览调色前后的对比效果（2）

（11）将"项目"面板中的调整图层拖曳到V2轨道上，调整其入点为00：00：09：00、出点为00：00：12：04，刚好覆盖2段"人物.mp4"视频素材。将"Brightness & Contrast"视频特效应用到第2个调整图层中，在"效果控件"面板中设置亮度和对比度均为"15"，如图6-67所示。预览调色前后的对比效果，如图6-68所示。

图6-67　设置亮度和对比度　　　　　图6-68　预览调色前后的对比效果（3）

6.4.3　添加装饰元素和字幕

添加录像模式的特效，并利用混合模式将其融入视频画面中，增加视觉上的创意性与动态感，然后根据语音内容添加合适的字幕。具体操作如下。

（1）拖曳"录像模式.mp4"视频素材至V3轨道上的00：00：00：00处，

微课视频

添加装饰素材和字幕

删除原始音频，调整其出点为00:00:17:04，覆盖当前时间轴上所有视频，然后在"效果控件"面板中调整"录像模式.mp4"视频素材的混合模式为"变亮"，去除视频中的黑色背景，预览效果如图6-69所示。

图6-69 预览效果

（2）在"项目"面板中选择"封面"序列，按住【Ctrl】键，将其插入"时间轴"面板中V1轨道上的00:00:00:00位置。

（3）将"语音.mp3"音频素材拖曳到A1轨道上，调整其出点与整个视频的出点一致。打开"文本"面板，在"转录文本"选项卡中单击 转录 按钮，修改转录完成后的文字内容，效果如图6-70所示。

（4）根据画面内容剪辑"语音.mp3"音频，这里依次在00:00:03:07、00:00:03:22位置剪辑"语音.mp3"音频素材，然后删除剪切后的中间空白段音频和间隙，使声音与画面同步。

（5）单击"文本"面板上方的"创建说明性字幕"按钮 CC ，打开"创建字幕"对话框，保持默认设置，单击 创建字幕 按钮创建字幕，然后调整字幕内容，以及字幕和语音音频的入点和出点，使字幕、音频与画面同步，如图6-71所示。

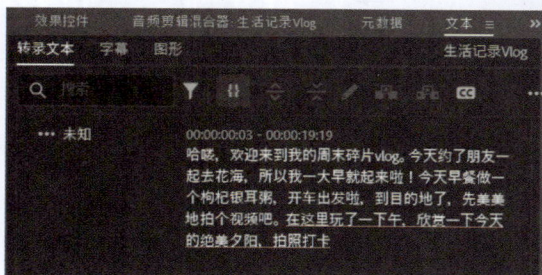

图6-70 修改文字内容后的效果

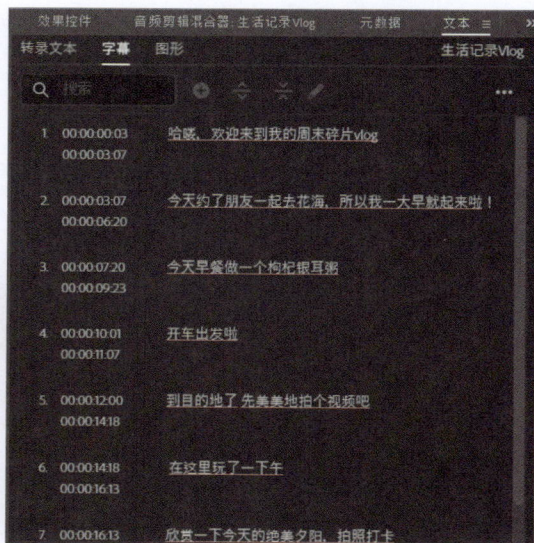

图6-71 调整字幕

（6）选择C1轨道上所有字幕，修改字体为"方正少儿简体"、文字大小为"50"、垂直位置为"-70"、填充为"#FFFFFF"。

6.4.4 添加音效和背景音乐

　　继续完善Vlog，可在拍照效果出现时添加相机快门按下时发出的"咔嚓"声音效，再为整个Vlog添加合适的背景音乐。具体操作如下。

微课视频

添加音效和背景音乐

　　（1）将"对焦拍照音效.mp3"音频素材拖曳到A2轨道上的00：00：19：04处，调整其出点与整个视频的出点一致。将时间指示器移动到00：00：19：04位置，选择"时间轴"面板中的"日落.mp4"素材，单击鼠标右键，在弹出的快捷菜单中选择"添加帧定格"命令。

　　（2）选择V1轨道上最后一段素材，将时间指示器移动到00：00：16：16（快门声音响起时），按【Ctrl+K】组合键剪切。为剪切后的第2段素材添加"白场过渡"视频过渡效果，修改持续时间为00：00：00：05、对齐方式为"起点切入"，制作出拍照时产生的闪光灯效果，此时"时间轴"面板效果如图6-72所示。

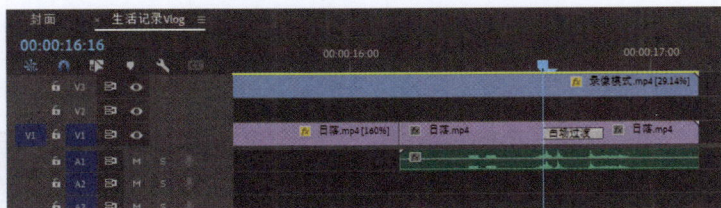

图6-72　"时间轴"面板效果

　　（3）选择V1轨道上最后一段素材，按住【Alt】键，将其向上拖曳以复制到V2轨道上，删除复制素材中的"白场过渡"视频过渡效果，在"效果控件"面板中调整图6-73所示的参数。

　　（4）为V1轨道上最后一段素材添加"高斯模糊"视频特效，在"效果控件"面板中调整模糊度为"50"。

　　（5）将"背景音乐.mp3"素材拖曳到A3轨道上，调整其级别为"-15"，然后调整该音频入点为00：00：00：20，出点与视频的出点一致，并在音频的出点添加"恒定功率"音频过渡效果。最后按【Ctrl+S】组合键保存项目，并导出MP4格式的视频文件。

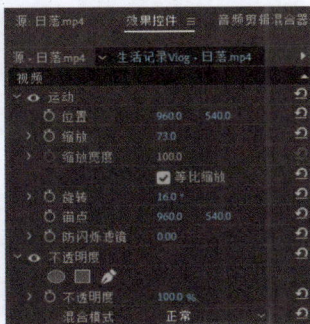

图6-73　调整参数

6.5 拓展训练

实训 1　**制作动物园一日游Vlog**

实训要求

　　（1）以游览景山森林动物园为主题制作Vlog，捕捉动物园的多样魅力，展现动物们的生动瞬间，吸引更多游客前去游览。

（2）视频分辨率为1920像素×1080像素，时长在50s以内，导出MP4格式的视频文件。

（3）依次介绍园区内的多种动物，并添加清晰、可读性强的字幕。

✍ **操作思路**

（1）新建"片头"序列，然后依次添加4种类型的动物素材到时间轴上，并利用"裁剪"视频特效和运动属性制作出分屏动画效果。

（2）当分屏动画完成时，添加主题文字，并设置合适的字体类型、大小、位置和颜色，以及添加装饰元素，丰富画面效果。另外在文字出现时，还可以添加"黑场过渡"视频特效，使文字的出现更突出。

（3）新建"片中"序列，依次添加不同的视频片段素材，将每段视频的时长大概控制在3s，尽量选择动物正面且画面完整美观的片段。

视频预览

动物园一日游
Vlog

（4）利用"Lumetri颜色"面板优化部分视频素材的色彩，使画面干净、透亮，然后添加与画面内容匹配的字幕，再添加装饰和背景音乐。

具体制作过程如图6-74所示。

①制作分屏动画效果　　　　　　　②添加主题文字

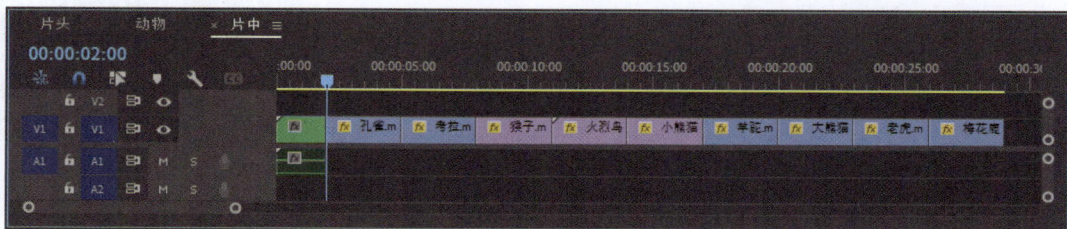
③添加并剪切视频片段

④对画面调色并添加字幕、装饰和背景音乐

图6-74　动物园一日游Vlog制作过程

实训 2　制作春游Vlog

实训要求

（1）将某博主提供的视频素材制作为春游Vlog，让观众也感受到春日的魅力，进一步丰富相关账号的创作内容，增强粉丝黏性。

（2）视频分辨率为1920像素×1080像素，时长在15s左右，导出MP4格式的视频文件。

（3）画面具有春日氛围感，搭配轻松的背景音乐，营造愉悦的氛围。

操作思路

（1）添加视频素材，并利用"Lumetri颜色"面板，以及"Brightness & Contrast""颜色平衡""阴影/高光"特效优化视频画面的色彩，提高明亮度。

（2）通过调整各视频的播放速度和剪切视频控制整个视频节奏，然后将各视频分别嵌套，在各嵌套序列中根据视频画面的内容添加解说文字。

视频预览

（3）添加边框视频素材，调整合适时长，再利用"变亮"混合模式使其与视频画面相融合。

春游 Vlog

（4）在片头处输入Vlog主题文字，利用过渡效果制作渐显动画，吸引观众视线。添加背景音乐，并利用音频过渡效果制作音量逐渐降低的效果。

具体制作过程如图6-75所示。

①优化视频画面色彩

②添加解说文字　③应用混合模式

图6-75　春游Vlog制作过程

④输入主题文字并应用视频、音频过渡效果

图6-75　春游Vlog制作过程（续）

6.6　AI辅助设计

度加创作工具 根据文案生成短视频

度加创作工具是由百度出品的AI创作平台，致力于通过AI技术降低内容生产门槛，提升创作效率。度加创作工具提供了AI成片（输入文案成片/选择文章成片）功能，可以很大程度地提升短视频创作的效率，生成的内容也具有一定吸引力。例如，使用度加创作工具根据鲜花店探店Vlog的文案生成视频。

使用方式：输入文案

使用方式：输入文案→ 调整视频（修改字幕、替换素材、更改模板、朗读语音、添加背景音乐、分割视频、添加动画）→ 生成视频

示例：

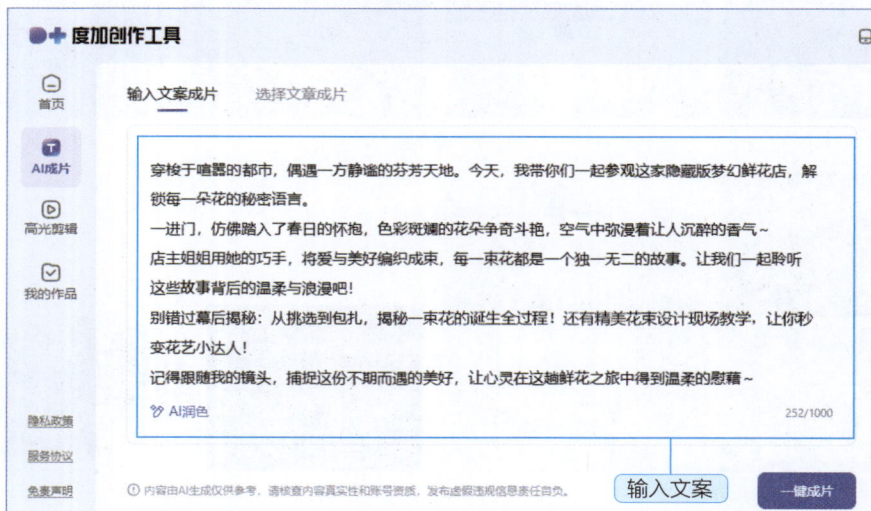

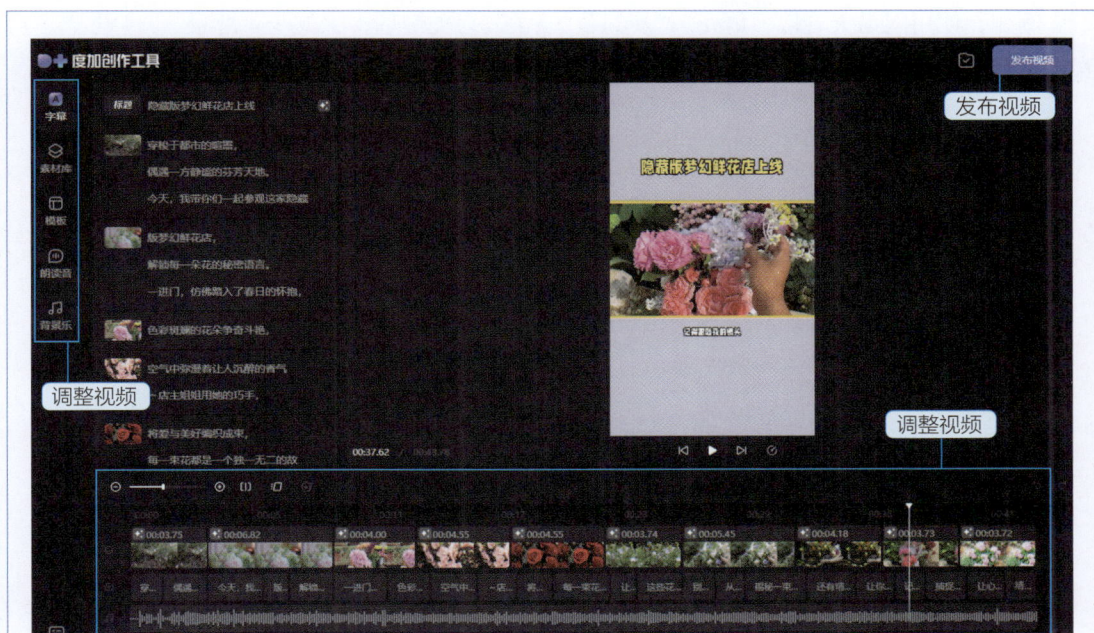

示例效果：

网易天音　一键生成背景音乐

　　网易天音是网易推出的一站式AI音乐创作平台，提供一键写歌的功能，可以一键完成词曲编唱的创作全流程；还支持单独的AI编曲和AI作词功能，旨在提供便捷、高效的音乐创作体验。在短视频编辑与制作领域，网易天音可以帮助短视频创作者根据短视频的内容和风格，定制专属的背景音乐。这大大节省了短视频创作者寻找和筛选音乐素材的时间，还可以为短视频增添多元化的音乐元素。

例如，使用网易天音以"鲜花""梦幻""轻柔"为关键词，生成一首背景音乐，将其用于鲜花店探店Vlog中。

使用方式：输入文字

使用方式：输入关键词 → 设置段落结构 → 选择音乐类型 → AI写歌 → 调整歌词/音乐效果 → 下载文件

主要参数：关键词、段落结构、音乐类型、AI人声、AI伴奏等

示例参数

关键词：鲜花、梦幻、轻柔

段落结构：副歌模式

音乐类型：流行

AI人声：何畅

AI伴奏：温柔治愈

示例效果：

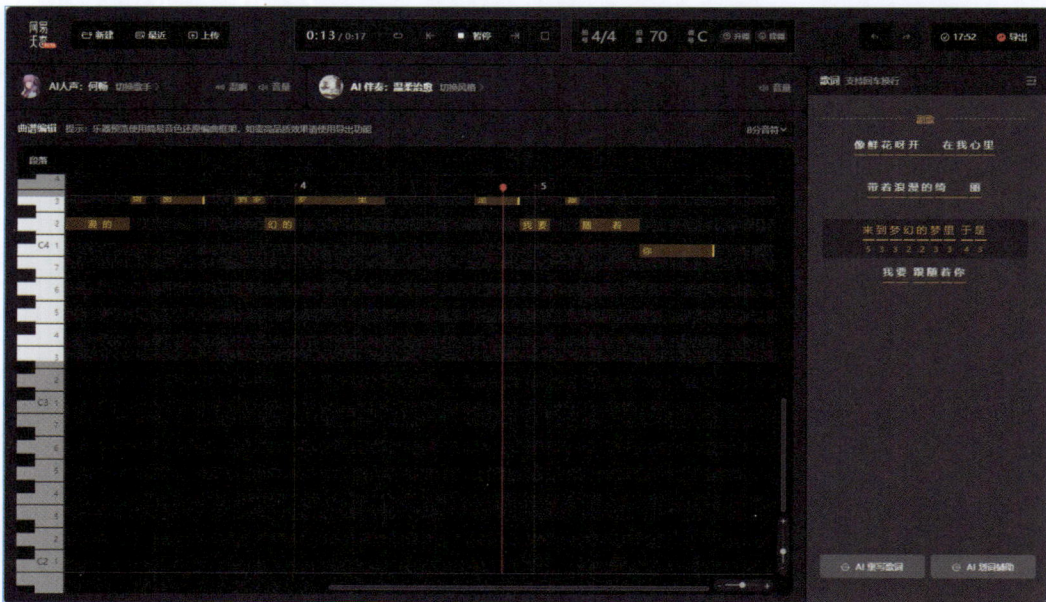

拓展训练

请参考上述度加创作工具和网易天音的使用方法，以"青春""毕业季""梦想"为关键词制作一个Vlog，并为该Vlog添加背景音乐，提升对度加创作工具和网易天音的应用能力。

6.7 课后练习

1. 填空题

（1）_____类Vlog是一种通过视频形式，实时捕捉并分享特定现场活动的场景、环境氛围、参与者互动及个人体验的短视频类型。

（2）在"Lumetri颜色"面板中可以通过基本校正、_____、_____、_____、_____、_____栏中的参数来调整画面色彩。

（3）_____是由百度出品的AI创作工具网站，致力于通过AI技术降低内容生产门槛，提升创作效率。

2. 选择题

（1）【单选】（　　）是一种通过视频记录探索并体验各种店铺或消费场所的短视频类型，尤其受到注重生活质量和喜爱探索的年轻人群的喜爱。

A. 美食制作Vlog　　　　　　　　　B. 经验分享Vlog

C. 探店Vlog　　　　　　　　　　　D. 教育Vlog

（2）【单选】在Premiere 中可以通过（　　）视频特效来对画面进行调色。

A. 渐变　　　　　B. 颜色平衡　　　　　C. 镜像　　　　　D. 高斯模糊

（3）【多选】下面属于Premiere 中的混合模式的选项有（　　）。

A. 变暗　　　　　B. 变亮　　　　　C. 饱和度　　　　　D. 强光

（4）【多选】网易天音的主要功能有（　　）。

A. 一键写歌　　　　B. AI写词　　　　C. AI编曲　　　　D. 音乐推荐

3. 操作题

（1）为某博主制作一个夏日风光Vlog，要求画面的色彩鲜艳、明亮，符合夏日氛围，同时各视频片段的色调尽量统一。另外需要在视频中添加合适的文案内容，增加视频的氛围感，并在片头处制作主题文字动画，参考效果如图6-76所示。

视频预览

夏日风光 Vlog

图6-76　夏日风光Vlog参考效果

（2）制作一个以图书馆打卡为主题的学习日常记录Vlog，要求对提供的素材进行剪切和调色处理，然后添加合适的过渡效果，以及悠闲自在的背景音乐，参考效果如图6-77所示。

视频预览

学习日常记录Vlog

图6-77　学习日常记录Vlog参考效果

（3）利用度加创作工具将提供的"在家办公的一天"文案生成为"在家办公日常"Vlog，然后利用网易天音为该Vlog生成背景音乐，关键词为轻松、温柔、励志、晚风、黎明、落日，段落结构为副歌模式，音乐类型为流行。

第 7 章

创意短视频制作

随着互联网的普及和社交媒体平台的快速发展，创意短视频逐渐成为一种备受追捧的内容形式。无论是新颖有趣的故事情节，还是专业酷炫的表现手段，都展现出了短视频较强的创意性和艺术性。

学习目标

▶ 知识目标

◎ 了解创意短视频的常见类型。
◎ 熟悉创意短视频的制作技巧。

▶ 技能目标

◎ 能够以专业的角度使用 Premiere 制作各类创意短视频。
◎ 能够借助 AI 工具生成数字人播报和特效视频。

▶ 素养目标

◎ 通过对优秀创意短视频的欣赏与品鉴，提升自身审美素养。
◎ 培养创造力，提升创意短视频的创新性与创意表现。

学习引导

STEP 1 相关知识学习　　　　　　　建议学时：＿＿1＿＿学时

课前预习
1. 扫码了解创意短视频的作用，建立对创意短视频的基本认识
2. 网络搜索创意短视频相关的制作案例，提升对创意短视频的赏析能力

课前预习

电子书

课堂讲解
1. 创意短视频的常见类型
2. 创意短视频的制作技巧

重点难点
1. 学习重点：创意短视频的类型、创意短视频的制作技巧
2. 学习难点：视频抠图、"轨道遮罩键"视频效果的运用、蒙版的运用

STEP 2 案例实践操作　　　　　　　建议学时：＿＿3＿＿学时

实战案例
1. 制作美食卡点短视频
2. 制作水墨定格创意短视频
3. 制作"我的故事"情景短视频

操作要点
1. 自动匹配序列、"颜色键"视频特效
2. 时间重映射、"轨道遮罩键"视频特效、蒙版、"风格化""过时"特效组
3. "生成""透视"特效组

案例欣赏

STEP ③ 技能巩固与提升　　　　　　　　　　建议学时：　3　学时

拓展训练	1. 制作秒变漫画趣味短视频 2. 制作"草根老板"情景短视频
AI 辅助 设计	1. 使用腾讯智影生成数字人播报视频 2. 使用 WHEE 生成创意特效视频
课后练习	通过填空题、选择题巩固创意短视频制作的行业知识，通过操作题提高制作 创意短视频的能力

7.1　行业知识：创意短视频制作基础

创意短视频以其独特的创意内容和精湛的剪辑手法吸引了大量观众，短视频创作者要成功制作创意短视频，需要在了解创意短视频不同类型的基础上，采用合适的制作技巧。

7.1.1 创意短视频的常见类型

创意短视频的类型多样，各具特色。这里为了与其他类型短视频进行区分，从内容和剪辑两个层面介绍创意短视频。

1. 创意内容类

想要做好短视频，内容是核心。尤其是对于创意短视频来说，内容的创意性至关重要。创意内容类短视频在市场上非常受欢迎，比较常见的就是依托相对固定的场景，利用生活中常见的情节及道具进行剧情编创，以及场景化演绎的情景短剧。这种短视频的故事性较强、类型丰富、风格多样，能够在短时间内展现丰富的故事情节和表达深刻的情感，深受观众喜爱。短视频创作者制作创意内容类短视频时，可以从以下几个方面入手。

● **独特的剧情设计**。在制作创意内容类短视频时，若想迅速抓住观众的注意力，激发其好奇心，可以通过独特的剧情设计和新颖的故事情节，如反转剧情、意料之外的结局，或是将日常琐事以非传统视角呈现。图7-1所示为陇南文旅微短剧《特殊客人》，通过精彩纷呈的故事情节去探秘陇南美景、美食、非遗民俗歌舞等，并分享创业故事。

图7-1　微短剧《特殊客人》

- **文化元素与视频内容融合**。将传统文化、流行文化等元素与短视频内容相结合，创造出具有文化特色的创意短视频。这种融合不仅能够丰富视频的内涵，还能够吸引特定群体的关注。
- **情感共鸣与价值观传递**。情景短剧强调以情动人，因此可多从亲情、爱情、友情等情感出发，通过讲述故事、分享情感话题等方式来进行创作，传递积极向上的价值观和生活态度，以引发观众的情感共鸣和思考。

2. 创意剪辑类

创意剪辑类短视频是当今社交媒体和短视频平台上一种受欢迎的短视频类型，其核心在于通过独特的剪辑技巧、专业的剪辑手法，以及创意思维的表达，展现出短视频创作者的创意，为观众带来全新的视觉和情感体验。

例如，以较快的节奏剪辑一系列短镜头，形成连贯而紧凑的视觉体验；通过调整视频的播放速度来强调特定的动作或情感，从而产生独特的视觉效果和节奏感；围绕一个中心思想或情感基调，通过剪辑、配乐、字幕等多种手段将多个素材拼接成一个完整的故事。图7-2所示的萌宠搞笑创意短视频中，创作者通过精心设计的剧情和创意剪辑，将原本零散的素材整合成一个紧凑有趣的故事，展现了狗与主人之间的日常互动，突出了人与宠物之间的有趣关系。

图7-2 萌宠搞笑创意短视频

在制作创意剪辑类短视频时，短视频创作者也可以添加一些后期创意特效，让画面更具有创意。比如，将动画元素与实拍素材相结合，创造出超越现实的创意视觉效果，如图7-3所示。

图7-3 将动画元素与实拍素材相结合的创意短视频

另外，还有许多短视频创作者会对影视剧、动漫、游戏等内容进行加工，二次创作出具有新内容的创意短视频。

设计大讲堂

　　创意剪辑类短视频需要重点注意的是版权问题，因为未经授权擅自挪用他人享有版权的视频进行二次加工，并获得商业利益的行为属于侵权行为。如果要制作以剪辑内容为主的短视频，其创作者需要先获得原版权方授权，没有获得授权时，制作的短视频不能用于获取商业利益，只有原版权方运营的短视频账号有权进行商业推广并从中获利。

7.1.2　创意短视频的制作技巧

除了注重创意以外，制作创意短视频时还应注重以下4个方面的技巧。

● **讲好故事**。大多数广为传播的创意短视频通常都有一个共同点，即具有故事性。可以说，有新意、有创意的故事总是能够吸引观众的关注。因此要让短视频内容具有创意，就要会讲故事，通过讲述具有代表性或具备正能量且能够引起观众共鸣的故事来吸引观众的注意力。例如，在枯燥无味的知识讲解短视频中增加一些故事情节，让整个短视频内容更加生动形象，也区别于其他同类短视频。

● **内容反转**。将短视频内容加以反转，利用反差制造出强烈的冲突，以形成戏剧效果。常见的有剧情反转、人物形象反转、人物身份反转等方式。例如，某美妆博主发布的短视频中，通过设计妆前妆后的剧情，体现人物外在形象的巨大反差。

● **运用创新技术**。在创意短视频中运用一些大数据技术、人工智能技术、增强现实技术、虚拟现实技术等创新技术，创造更加真实的互动体验，增强短视频的趣味性和观众的观看体验，带给观众强烈的沉浸感。例如，在科普解说短视频中直接通过数字人播报视频内容。

● **结合社会热点**。了解当前社会热点事件或流行趋势，将其融入创意短视频内容中。例如，在有大型国际赛事或文化节日时，制作相应主题的创意短视频，以此来吸引观众的注意；同时提高观众参与度，增加创意短视频的传播度和影响力。

7.2　实战案例：制作美食卡点短视频

案例背景

某美食探店博主接到商业推广，需要利用自媒体账号发布一则关于美食街探店的卡点短视频，吸引更多游客前来游览。具体要求如下。

（1）选取美食街上多种美食画面，以吸引观众视线，使其产生兴趣。

（2）画面美观，视觉效果要与背景音乐相契合。

（3）视频分辨率为1080像素×1920像素，时长在15s以内，输出MP4格式的视频文件。

🔆 设计思路

（1）画面设计。主要展示各种美食的烹饪画面，并调整画面的展示时长，确保对应音乐的节奏点，营造流畅且富有动感的观看体验。另外，还可以统一为视频画面添加录制效果的装饰素材，让画面看起来更真实。

（2）音频设计。选择节奏感强的背景音乐，注重音乐的感染力。

（3）主题文字设计。由于视频开头的美食画面展现速度较快，不方便查看主题文字，因此可考虑在视频末尾添加主题文字，以总结视频内容和强调视频主题，从而给观众留下深刻印象。另外，主题文字尽量选择与视频整体风格协调的字体，既要清晰易读，又要具有一定的设计感。

本案例的参考效果如图7-4所示。

视频预览

美食卡点短视频

图7-4　美食卡点短视频参考效果

🔲 操作要点

（1）通过"自动匹配序列"操作自动调整子剪辑视频。

（2）利用"颜色键"视频特效抠取绿幕素材。

操作要点详解

电子书

7.2.1 导入音频素材并添加标记点

导入并试听背景音乐，为具有强烈节奏感或情感表达的部分添加标记点，以便后续卡点。具体操作如下。

微课视频

导入音频素材并
添加标记点

（1）新建"美食卡点短视频"项目，导入所有素材。新建分辨率为"1920像素×1080像素"、时基为"25帧/秒"、名称为"美食卡点短视频"的序列。

（2）拖曳"卡点音频.mp3"素材至"时间轴"面板中的A1轨道上，试听音频，同时观察右侧的"音频仪表"面板，发现音频的音量较高，可在"效果控件"面板的"音量"选项组中设置级别为"−8"，使音频的音量降低。

（3）按空格键试听音频，发现节奏较快，不利于展现更多的画面，因此可调整该音频的播放速度为"80%"。

（4）将鼠标指针移动到A1轨道的空白处，双击放大该轨道，以便查看音频波形，如图7-5所示。

（5）试听音频，当听到明显的鼓点声时（A1轨道上的音频波形较高时，这里第1个鼓点在00:00:00:16位置），按【M】键添加标记点，以便后续添加素材，如图7-6所示。

图7-5　查看音频波形　　　　　　　　　　图7-6　添加标记点

（6）继续试听音频，使用与步骤（5）相同的方法，在后续的每个鼓点处添加标记点（为了方便后续操作，这里还需要在00:00:00:00位置添加标记点），这里总共添加了14个标记点，效果如图7-7所示。

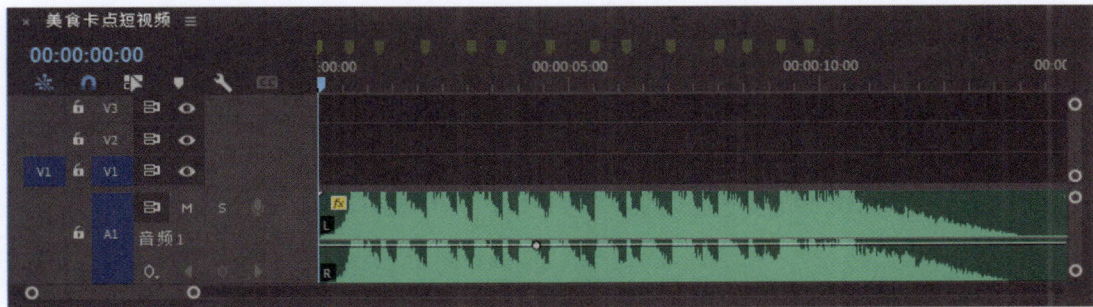

图7-7　添加完标记点的效果

7.2.2　剪辑美食视频素材

依次制作美食视频素材的子剪辑，并利用"自动匹配序列"功能和根据标记点位置自动添加剪切后的视频片段，然后手动调整部分视频的入点和出点，使其能够与音频的标记点更契合。具体操作如下。

（1）在"项目"面板中选择"烤鱼.mp4"素材，单击鼠标右键，在弹出的快捷菜单中选择"速度/持续时间"命令，打开"速度/持续时间"对话框，设置速度为"150"，单击 确定 按钮。使用相同的方法依次调整其他视频素材的播放速度为"200"。

（2）在"项目"面板中双击"烤鱼.mp4"素材，在"源"面板中设置入点和出点分别为00:00:05:03、00:00:05:22，按【Ctrl+U】组合键打开"制作子剪辑"对话框，单击 确定 按钮，如图7-8所示。

（3）使用同样的方法在"美食合集1.mp4"素材的基础上依次制作入点为00:00:00:00、

出点为00:00:00:20的子剪辑，入点为00:00:04:17、出点为00:00:05:21的子剪辑，入点为00:00:07:03、出点为00:00:07:22的子剪辑，入点为00:00:08:08、出点为00:00:09:13的子剪辑，入点为00:00:11:15、出点为00:00:12:11的子剪辑，入点为00:00:12:13、出点为00:00:13:10的子剪辑。

（4）使用同样的方法在"美食合集2.mp4"素材的基础上依次制作入点为00:00:01:14、出点为00:00:02:10的子剪辑，入点为00:00:09:20、出点为00:00:11:06的子剪辑，入点为00:00:30:21、出点为00:00:31:23的子剪辑，入点为00:00:38:07、出点为00:00:39:15的子剪辑。

（5）使用同样的方法，在"包浆豆腐.mp4"素材的基础上制作入点为00:00:07:06、出点为00:00:08:05的子剪辑；在"烤猪蹄.mp4"素材的基础上制作入点为00:00:22:26、出点为00:00:24:12的子剪辑；在"烤串.mp4"素材的基础上制作入点为00:00:08:03、出点为00:00:09:10的子剪辑。

（6）在"项目"面板中选择所有的子剪辑素材，如图7-9所示。单击"项目"面板右下角的"自动匹配序列"按钮 ，打开"序列自动化"对话框，在"顺序"下拉列表中选择"排序"选项，在"放置"下拉列表中选择"在未编号标记"选项，勾选"忽略音频"复选框，如图7-10所示，单击 确定 按钮。

图7-8 "制作子剪辑"对话框

图7-9 选择所有子剪辑

（7）此时所有素材将自动添加到"时间轴"面板中，并按照标记点的位置自动匹配，如图7-11所示。但部分视频素材的出入点与标记点位置不符，需手动调整其播放速度，使所有视频片段的出入点与标记点相契合。

（8）锁定A1轨道，将时间指示器移动到00:00:10:10位置，在"项目"面板中双击"美食合集2.mp4"素材，在"源"面板中设置入点为00:00:53:20，按【,】键，将该视频素材插入时间轴中，调整其出点与音频出点一致。

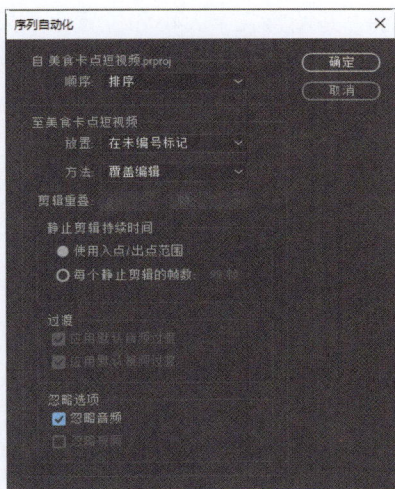

图7-10　"序列自动化"对话框

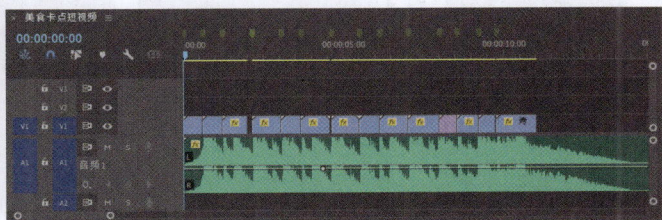

图7-11　自动匹配标记

7.2.3　添加视频过渡效果和文字

将视频素材添加到"时间轴"面板中后，再应用"急摇"视频过渡效果制作转场，增加画面切换时的节奏感，然后在视频末尾添加文字，以突出视频主题。具体操作如下。

（1）打开"效果"面板，展开"视频过渡"文件夹中的"内滑"文件夹，选择"急摇"视频过渡效果，单击鼠标右键，在弹出的快捷菜单中选择"将所选过渡设置为默认过渡"命令，选择V1轨道上的所有素材，按【Ctrl+D】组合键对素材应用默认的"急摇"视频过渡效果。

微课视频

添加视频过渡效果
和文字

（2）修改添加的所有"急摇"视频过渡效果的持续时间为00:00:00:05，对齐方式为"起点切入"，然后删除V1轨道上最后一个素材出点处的"急摇"视频过渡效果，效果如图7-12所示。

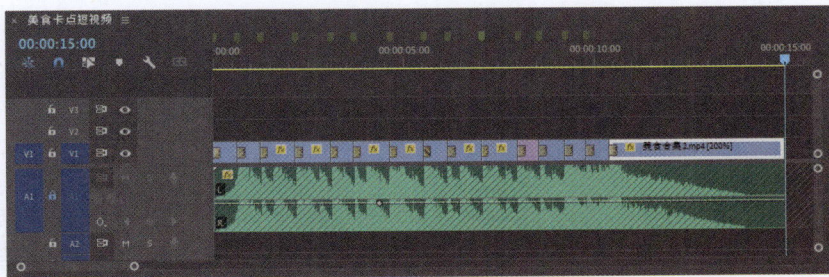

图7-12　添加并编辑视频过渡效果

（3）将时间指示器移动到V2轨道上的00:00:10:15位置，选择"文字工具"，在画面上方中间输入主题文字，设置字体为"汉仪中楷简"、填充为"#FFFFFF"，并调整文字大小和位置，效果如图7-13所示。

（4）重新设置字体为"方正中雅宋简体"，输入其他文字，并调整文字大小和位置，效果如图7-14所示。然后调整文字的出点为00：00：15：00。

图7-13　添加主题文字后的效果

图7-14　添加其他文字的效果

（5）将"印章.png"素材拖曳到V3轨道上，调整其入点和出点与文字的入点和出点一致，调整其缩放为"50"，调整位置后的效果如图7-15所示。

（6）将V2、V3轨道上的素材嵌套，嵌套序列名称为"主题文字"。为"主题文字"嵌套序列添加"快速模糊入点"视频预设效果。

（7）将时间指示器移动到00：00：10：15位置，在"效果控件"面板中激活不透明度关键帧，设置参数为"0%"。展开"快速模糊"选项组，单击"模糊度"选项右侧的"转到下一关键帧"按钮 ▶，调整不透明度为"100%"，如图7-16所示。

图7-15　调整素材位置后的效果

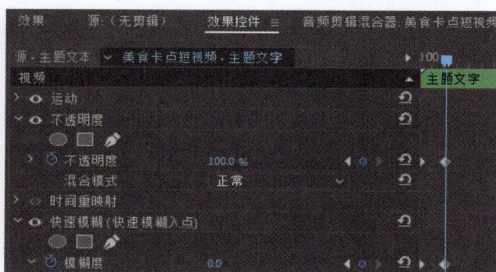

图7-16　调整不透明度

7.2.4　添加装饰素材并抠像

为了丰富视频画面，可以添加美观的装饰素材，同时利用"颜色键"特效抠除素材中的绿色背景。具体操作如下。

（1）将"绿幕素材.mp4"视频素材导入V3轨道上的00：00：00：00位置，然后调整其播放速度为"200%"、出点为00：00：10：10。在"效果控件"面板中展开"运动"选项组，调整缩放为"50"，使该视频素材能够被完全显示。

（2）在"效果"面板中搜索"颜色键"视频特效，将其应用到"绿幕素材.mp4"视频素材中，在"效果控件"面板中展开"颜色键"选项组，单击"主要颜色"选项后的吸管工具 ✏，吸取"节目"面板中的绿色，如图7-17所示。此时"绿幕素材.mp4"视频素材中的绿色已被去除了一部分，效果如图7-18所示。

微课视频

添加装饰素材并抠像

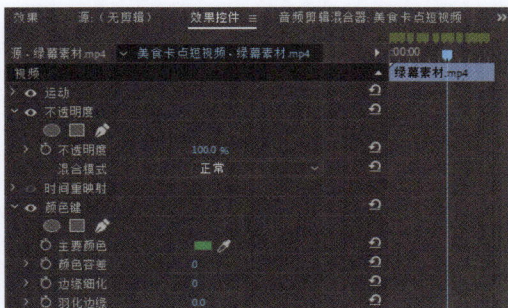

图7-17 编辑"颜色键"视频特效 　　　图7-18 去除部分绿色的效果

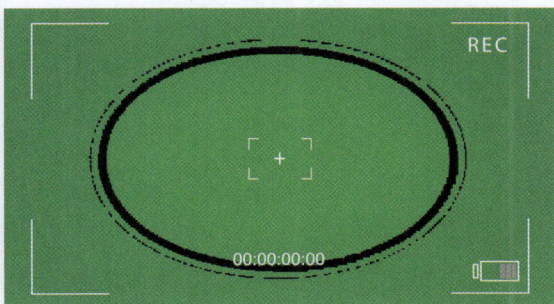

（3）由于"节目"面板中的绿色并没有被完全去除，需要在"效果控件"面板的"颜色键"选项组中调整颜色容差为"49"、边缘细化为"1"，此时"绿幕素材.mp4"视频素材中的绿色已基本被去除，抠图完成后的预览效果如图7-19所示。

图7-19 抠图完成后的预览效果

（4）按【Ctrl+S】组合键保存项目，并导出MP4格式的视频文件。

7.3 实战案例：制作水墨定格创意短视频

案例背景

在数字艺术日新月异的今天，传统文化与现代文化的融合成为摄影领域的新潮。某热爱传统文化的摄影博主萌生将现代拍摄技术与中国传统水墨画元素相结合的创意想法，现拍摄了一段古色古香的身着汉服的人物背影视频，需要将其转化为别具一格的水墨定格创意短视频，以此展现中国古典文化的韵味以及古典文化与现代艺术的碰撞。该博主对Vlog的制作要求如下。

（1）在视频中展示出模特、摄影师和摄影地点的信息。

（2）添加具有中国古典韵味的背景音乐，与水墨定格的视觉风格相协调。

（3）视频分辨率为1080像素×1920像素，时长在15s以内，输出MP4格式的视频。

设计思路

（1）视频剪辑。为了使视频更有节奏性和观赏性，可以在水墨效果出现前为视频素材添加变速效果。

（2）制作水墨定格效果。先选择一个具有水墨效果的素材，然后利用视频特效将其与视频画面融合。利用"帧定格"功能定格人物静止时的画面，并利用蒙版将定格人物抠取出来，为其制作出类似于水墨的效果，进一步强化类似水墨画的艺术效果。

（3）添加装饰素材和文字。在视频中添加类似于水墨笔触的装饰素材，并将其作为文字的底纹。另外，还可以选择具有古典韵味的字体，如楷体等，使文字很好地与水墨风格相融合，营造出浓厚的传统文化氛围。

本案例的参考效果如图7-20所示。

视频预览

水墨定格创意
短视频

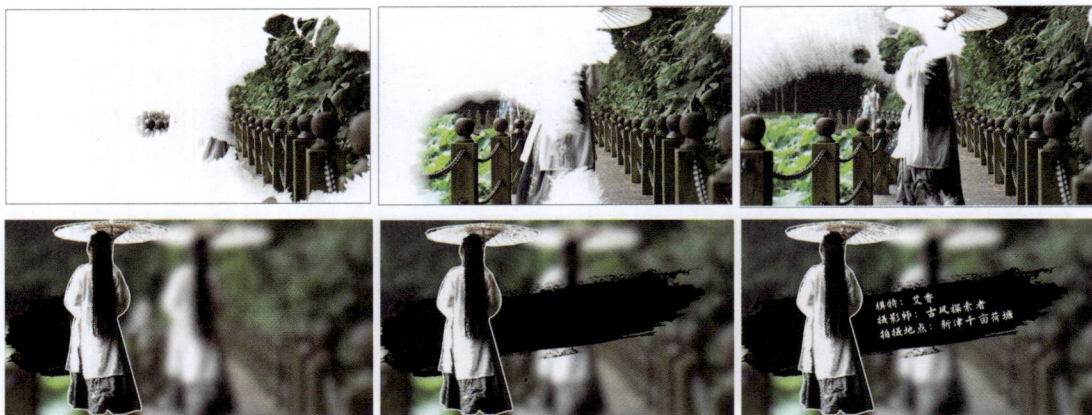

图7-20　水墨定格创意短视频参考效果

操作要点

（1）利用时间重映射来制作变速视频。

（2）利用"轨道遮罩键"视频特效制作水墨效果。

（3）绘制和编辑蒙版。

（4）利用"风格化""过时"特效组中的视频特效增强水墨效果。

操作要点详解

电子书

7.3.1　制作变速视频

利用时间重映射中的速度属性，分别为一部分视频片段制作快速播放和慢速播放效果，增强视频的趣味性，同时也为后续人物的出场做铺垫。具体操作如下。

（1）新建名称为"水墨定格创意短视频"的项目，将提供的素材全部导入"项目"面板中。

（2）在"项目"面板中将"人物背影.mp4"视频素材拖曳到"时间轴"面板中。选择"序列"/"序列设置"命令，打开"序列设置"对话框，修改时基为"25帧/秒"，单击 确定 按钮。

微课视频

制作变速效果

（3）将"水墨.mp4"视频素材拖曳到V2轨道上，删除其原始音频，然后调整持续时间为00:00:15:00。

（4）选择V1轨道上的素材，在"效果控件"面板中展开"时间重映射"选项组，将时间指示器移动至00:00:05:00处（水墨效果即将完全消失时），单击"速度"属性右侧的"添加/移除关键帧"按钮添加关键帧。

（5）将时间指示器移动至00:00:02:14处，在"效果控件"面板中展开"速度"选项组，将鼠标指针移至关键帧前面的线段（代表播放速率）上，当鼠标指针变为状态时（见图7-21），按住鼠标左键向上拖曳，使这段视频的播放速度变快，如图7-22所示。

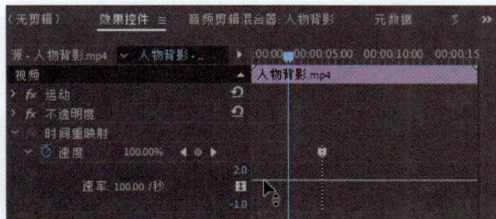

图7-21 移动鼠标指针

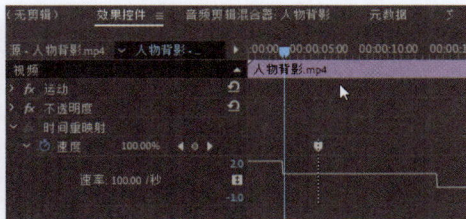

图7-22 向上拖曳线段

（6）将鼠标指针移至关键帧后面的线段上，当鼠标指针变为状态时，按住鼠标左键向下拖曳（使该段视频的播放速度变慢），如图7-23所示。直至"时间轴"面板中V1轨道上的素材与V2轨道上的素材时长基本一致，如图7-24所示。

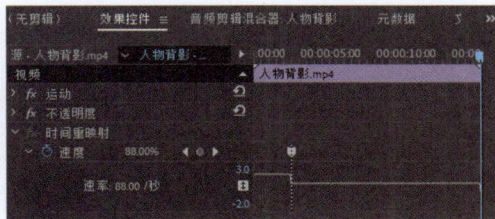

图7-23 向下拖曳线段

图7-24 调整V1轨道上的视频时长

7.3.2 制作水墨效果

将水墨纹理视频素材放置在人物视频素材所在轨道上方，并为人物视频素材添加"轨道遮罩键"视频特效，通过调整相应参数，让水墨纹理只显示在人物视频素材中。具体操作如下。

微课视频

制作水墨效果

（1）选择V1和V2轨道上的素材，将其向上移动一个轨道。在"效果"面板中搜索"轨道遮罩键"视频特效，将其应用到V2轨道上的"人物背影.mp4"视频素材中，在"效果控件"面板中选择遮罩为"视频3"（水墨素材所在轨道），合成方式为"亮度遮罩"，勾选"反向"复选框，如图7-25所示。

（2）预览效果，发现画面的黑色背景影响观感，因此可选择"文件"/"新建"/"颜色遮罩"命令，打开"新建颜色遮罩"对话框，保持默认参数，单击 确定 按钮，打开"拾色器"对话框，选择颜色为"#FFFFFF"，单击 确定 按钮，新建一个白色的颜色遮罩素材，并将该素材拖曳到V1轨道上，调整其时长，如图7-26所示。

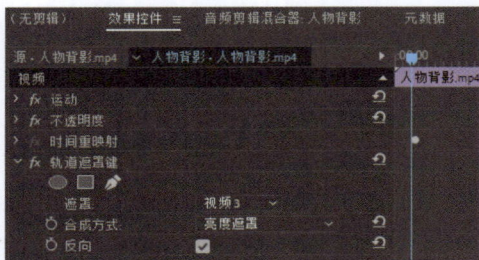

图7-25　调整"轨道遮罩键"视频特效

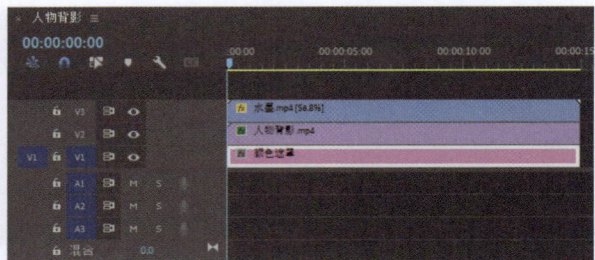

图7-26　添加颜色遮罩素材

（3）此时，在"节目"面板中预览水墨效果如图7-27所示。

图7-27　预览水墨效果

7.3.3　丰富视频效果

　　接下来需要让视频中的人物产生定格效果，并利用蒙版将人物抠取出来，重点展示人物，然后利用视频特效来增强模拟水墨画的笔触。具体操作如下。

微课视频

丰富视频效果

　　（1）选择V2轨道上的素材，将时间指示器移动到00：00：06：00位置，单击鼠标右键，在弹出的快捷菜单中选择"添加帧定格"命令，将该素材分为2段，第2段为定格画面。

　　（2）选择V2轨道上的第2段素材，在"效果控件"面板中选择"轨道遮罩键"视频特效，按【Delete】键删除，然后调整V3轨道上素材的出点为00：00：06：00，如图7-28所示。

　　（3）选择V2轨道上的第2段素材，按住【Alt】键不放并将其向上移动，复制一个相同素材。选择V3轨道上的第2段素材，在"效果控件"面板中展开"不透明度"选项组，选择"自由绘制贝塞尔曲线工具" ，设置蒙版羽化为"0"，如图7-29所示。

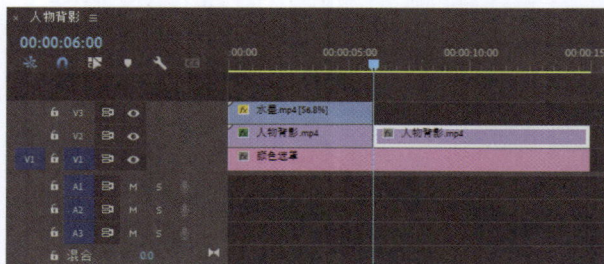

图7-28　调整素材的出点

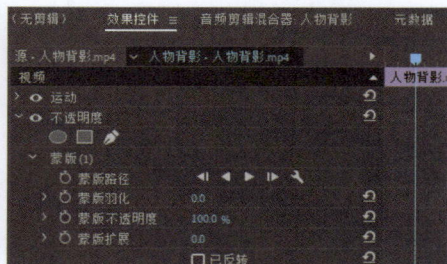

图7-29　设置蒙版羽化

（4）放大"节目"面板，在画面中沿着人物的大致轮廓依次单击鼠标左键创建锚点，并拖曳鼠标调整蒙版路径，当鼠标指针移动到第1个锚点处时，鼠标指针变为 ▓ 形状，单击鼠标左键闭合蒙版，抠取出大致的人物形象，如图7-30所示。

（5）为V2轨道上的第2段素材添加"画笔描边"视频特效，并在"效果控件"面板中调整参数，如图7-31所示。

图7-30　抠取出大致的人物形象　　图7-31　调整"画笔描边"视频特效参数

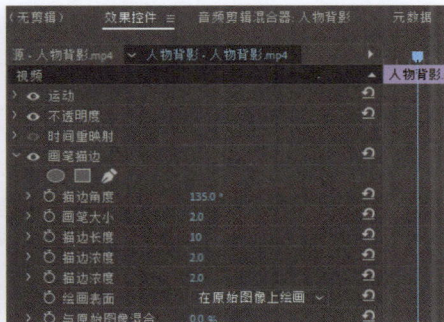

（6）依次为V2轨道上的第2段素材添加"彩色浮雕""色调分离"视频特效，并在"效果控件"面板中调整图7-32所示的参数，调整后的画面效果如图7-33所示。

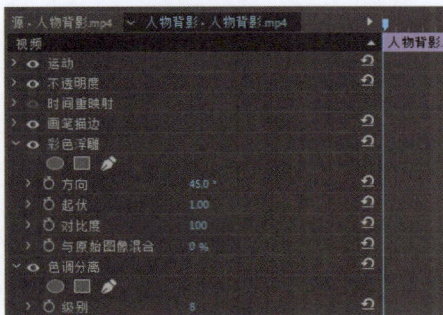

图7-32　调整"彩色浮雕""色调分离"视频特效参数　　图7-33　调整后的画面效果（1）

（7）将V3轨道上的第2段素材嵌套，为嵌套序列添加"油漆桶"视频特效，并在"效果控件"面板中调整图7-34所示的参数，调整后的画面效果如图7-35所示。

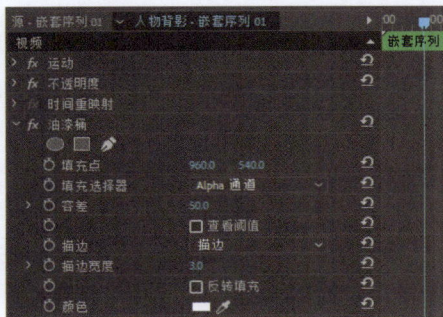

图7-34　调整"油漆桶"视频特效参数　　图7-35　调整后的画面效果（2）

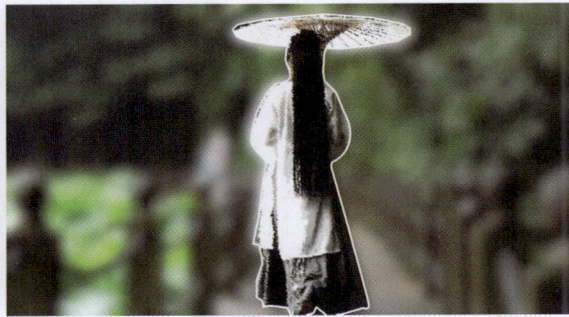

7.3.4 添加装饰文字和音乐

微课视频

添加装饰、文字
和音乐

完成前文所述操作后，可添加合适的装饰和文字，并利用视频过渡效果和关键帧制作出动画效果，最后添加轻柔的背景音乐，营造出一种宁静而深远的意境。具体操作如下。

（1）将时间指示器移动到00:00:06:00位置，选择V3轨道上的第2段素材，在"效果控件"面板中调整位置属性参数，移动人物位置，效果如图7-36所示。

（2）将"笔触.png"素材拖曳到V4轨道上的时间指示器位置，并在"效果控件"面板中修改混合模式为"变暗"，去除素材中的灰色底纹，以及设置"运动"选项组中的参数，如图7-37所示。

图7-36　移动人物位置后的效果

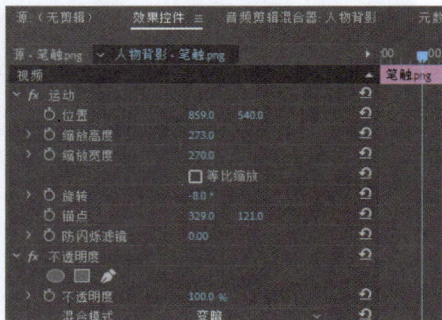

图7-37　设置"运动"选项组参数

（3）调整V3轨道上的第2段素材和V4轨道上的素材位置。为V2轨道上的第2段素材添加"高斯模糊"视觉效果，设置模糊度为"70"。

（4）为"笔触.png"素材添加"线性擦除"视频过渡效果，在"效果控件"面板中设置过渡完成为"100%"、擦除角度为"-90°"。在00:00:06:00处激活"过渡完成"关键帧，将时间指示器移动到00:00:07:00位置，设置过渡完成为"0%"。

（5）在"笔触.png"素材上输入文字，设置字体为"演示秋鸿楷"、大小为"65"、填充为"#FFFFFF"、旋转为"-9°"，如图7-38所示。然后调整文字位置，如图7-39所示。

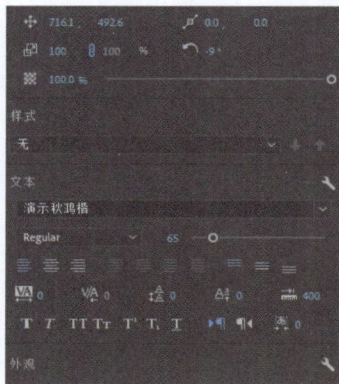

图7-38　调整文字参数

图7-39　调整文字位置

（6）将"古风音效.mp3"素材拖曳到A1轨道上，调整轨道上所有素材（V2、V3轨道仅调整第2段素材）的出点均为00:00:12:00。最后按【Ctrl+S】组合键保存项目，并导出MP4格式的视频文件。

7.4　实战案例：制作"我的故事"情景短视频

案例背景

某自媒体创作者决定以"我的故事"为主题制作一段别开生面的情景短视频，并以一种独特的幽默方式，向观众呈现既真实又妙趣横生的自我介绍。该博主对短视频的制作要求如下。

（1）剧情节奏紧凑，不拖沓，以确保观众能够集中注意力完整观看短视频。

（2）注重视觉效果，利用装饰元素来增强视觉冲击力。

（3）视频分辨率为1920像素×1080像素，时长在80s以内，输出MP4格式的视频。

设计思路

（1）片头设计。在片头开始处添加主题和引言文字，并为文字制作动画效果。另外，文字背景和动画效果尽量简单，不影响后续内容的观看。

（2）视频剪辑。由于本例博主在视频拍摄期间已经完成了剧本的创作，因此在剪辑时可直接根据剧本内容进行剪辑，再添加合适的语音和字幕，以及不同场景下的背景音乐。

（3）画面设计。用生动形象的装饰素材丰富视频内容，让观众能够感受到短视频的幽默氛围和创意点。

本案例的参考效果如图7-40所示。

图7-40　"我的故事"情景短视频参考效果

操作要点

（1）利用"Lumetri颜色"面板精细调整视频色调。

（2）利用"变换"视频特效制作动画效果。

（3）利用"生成""透视"特效组中的视频特效制作文字特效。

7.4.1 根据剧本粗剪视频素材

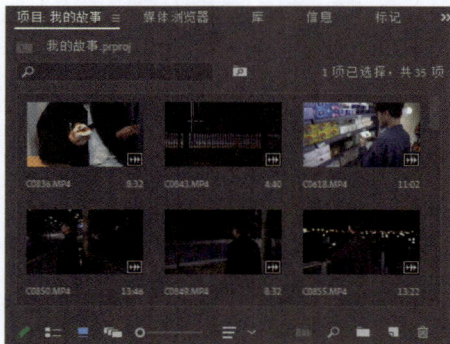

先将所有拍摄好的视频素材放置到同一个文件夹中，然后根据剧本，为每个视频素材设置入点和出点，以及删除不需要的片段。具体操作如下。

微课视频

根据剧本粗剪视频素材

（1）新建名为"我的故事"的项目，并将提供的音视频素材文件全部导入"项目"面板中。新建分辨率为"1920像素×1080像素"、时基为"25帧/秒"、名称为"我的故事"的序列。

（2）选择"文件"/"新建"/"黑场视频"命令，打开"新建黑场视频"对话框，保持默认参数，单击 确定 按钮，新建一个黑场视频素材，并将该素材拖曳到V1轨道上，调整其时长为00∶00∶01∶22。

（3）在"项目"面板底部单击"图标视图"按钮■，使其中的素材以图标形式展示，以便查看素材内容，如图7-41所示。

（4）打开"《我的故事》剧本.docx"文档，根据剧本提示第1幕是"超市货架 内景"，在"项目"面板中双击"C0614.mp4"视频素材，在"源"面板中设置入点、出点分别为00∶00∶02∶44、00∶00∶06∶20，然后将选择的视频片段添加到V1轨道上，并调整播放速度为"150%"，删除原始音频。

（5）使用与步骤（4）相同的方法，依次根据剧本将"C0840.mp4""C0842.mp4""C0847.mp4""C0853.mp4""C0854.mp4""C0857.mp4""C0859.mp4""C0849.mp4""C0852.mp4""C0624.mp4""C0625.mp4""C0607.mp4""C0608.mp4""C0610.mp4""C0837.mp4""C0597.mp4""C0605.mp4""C0594.mp4""C0839.mp4""C0836.mp4""C0843.mp4""C0668.mp4""C0616.mp4""C0619.mp4"视频素材中的部分片段添加到V1轨道上，并删除原始音频，如图7-42所示。注意，第17幕的内容可以直接复制第1幕的内容。

图7-41　单击"图标视图"按钮　　　　图7-42　添加视频素材

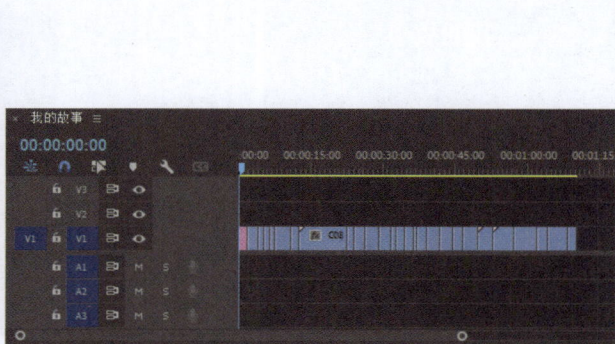

（6）由于部分视频画面主体不够突出，需分别调整缩放参数。选择"C0605.mp4"视频素材，调整缩放为"150%"；选择"C0594.mp4"视频素材，调整缩放为"112%"；选择"C0668.mp4"视频素材，调整缩放为"110%"。

7.4.2　添加语音和字幕

根据剧本在视频中添加语音，并将语音转录为文字，再添加字幕。具体
操作如下。

（1）将"配音.mp3"音频素材拖曳到A1轨道上，调整该素材的入点为
00：00：10：08，然后在00：00：42：05位置剪切音频素材。

（2）根据第1段音频素材中的语音内容和"《我的故事》剧本.docx"文档
适当调整视频时长和播放速度，使音画同步；移动第2段音频素材的入点与倒数第3段视频素
材的入点对齐，如图7-43所示。

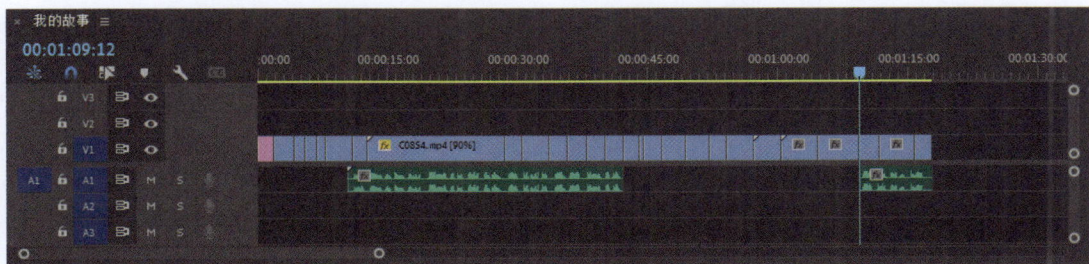

图7-43　移动音频素材位置

（3）将A1轨道上的语音素材转录为文字，然后根据
"《我的故事》剧本.docx"文档中的内容修改其中的文字内
容，如图7-44所示。

（4）单击"文本"面板上方的"创建说明性字幕"按
钮，打开"创建字幕"对话框，保持默认设置，单击
按钮创建字幕，然后在"时间轴"面板中调整字幕
内容，以及字幕和语音的入点和出点，使字幕、音频与画
面同步，如图7-45所示。

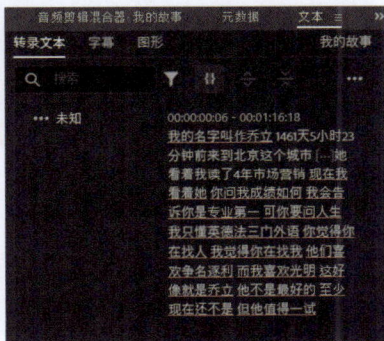

图7-44　修改文字内容

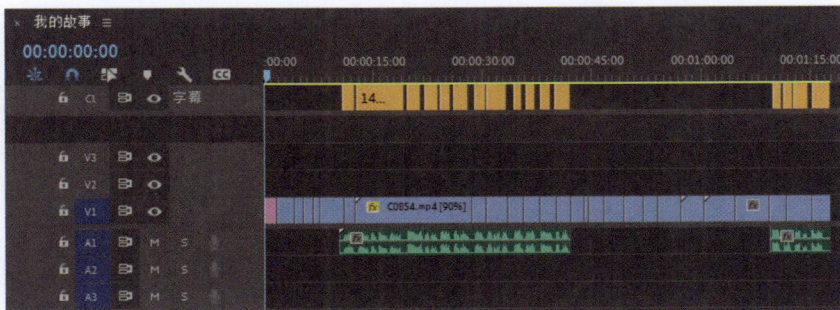

图7-45　创建字幕并调整字幕和语音

（5）选择C1轨道上的所有字幕，修改字体为"方正风雅宋简体"、文字大小为"55"，取
消勾选"阴影"复选框，预览画面效果，如图7-46所示。

图7-46 预览画面效果

（6）将时间指示器移动到00:00:00:00位置，选择"文字工具" T，在画面上方中间输入"我的故事"文字，设置文本字体为"方正风雅宋简体"、文字大小为"150"、填充为"#FFFFFF"；继续输入其他文字，修改字体为"仿宋"、文字大小为"60"，调整文字位置，效果如图7-47所示。

（7）调整文字素材的出点与黑场视频的出点一致，并为文字素材添加"变换"视频特效，在"效果控件"面板中展开"变换"选项组，设置快门角度为"360"，并在00:00:01:10处激活位置关键帧，如图7-48所示。

图7-47 调整文字位置后的效果

图7-48 激活位置关键帧

（8）将时间指示器移动到00:00:01:21位置，将文字向下移出画面。为V1轨道上的最后一个视频片段出点添加"黑场过渡"视频特效，在该片段后方添加"黑场视频"视频素材，调整该素材的出点为00:01:20:00，并在该素材上方添加与片头主题文字风格相同的片尾文字，内容参考《我的故事》剧本.docx"文档，并为文字入点添加"交叉溶解"视频过渡效果。

7.4.3 校正画面色调

由于拍摄的视频画面色调全部偏灰暗，因此需要利用调整图层和"Lumetri颜色"面板对画面进行统一调色处理，然后针对部分画面进行精细调色处理。具体操作如下。

微课视频

校正画面色调

（1）将时间指示器移动到00:00:01:22位置，新建一个调整图层，并将其拖曳到V2轨道上的时间指示器位置，调整该调整图层的出点，使其与"黑场视效"素材相连接，如图7-49所示。

（2）选择调整图层，打开"Lumetri颜色"面板，展开"基本校正"选项组，设置其中的参数，如图7-50所示。

（3）在"Lumetri颜色"面板中展开"创意"选项组，调整自然饱和度为"30"、饱和度为"110"，部分画面调色前后的对比效果如图7-51所示。

图7-49　调整调整图层的出点　　　　　　图7-50　设置"基本校正"选项组参数

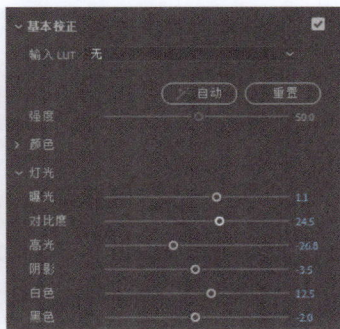

图7-51　部分画面调色前后的对比效果

（4）此时部分画面还需单独进行调色处理。选择"C0597.mp4"视频素材，在"Lumetri颜色"面板中展开"曲线"选项组，选择"色相饱和度曲线"吸管 🖊，在"节目"面板中吸取人物脸部的皮肤颜色，然后调整色相饱和度曲线，如图7-52所示。这时人物面部皮肤看起来更好，调色前后的对比效果如图7-53所示。

（5）使用与步骤（4）相同的方法对"C0594.mp4"视频素材中的草地进行调色，调色前后的对比效果如图7-54所示。

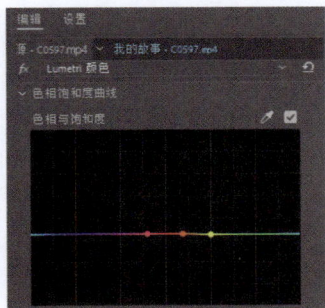

图7-52　调整色相饱和度曲线　图7-53　调色前后的对比效果（1）　图7-54　调色前后的对比效果（2）

（6）选择"C0837.mp4"视频素材，在"Lumetri颜色"面板中展开"曲线"选项组，调整"RGB曲线"以增加画面细节，如图7-55所示。

（7）选择"C0839.mp4"视频素材，在"曲线"选项组中调整参数，如图7-56所示。

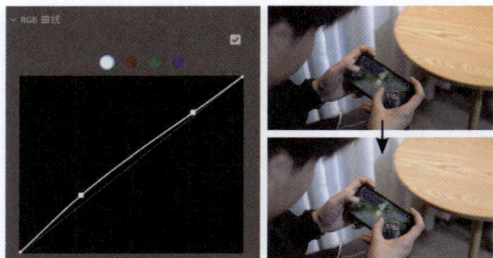

图7-55　调整"RGB曲线"（1）　　　　图7-56　调整"RGB曲线"（2）

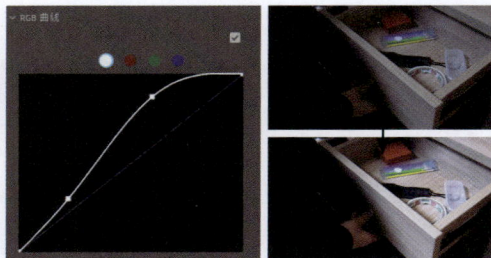

（8）选择"C0836.mp4"视频素材，在"Lumetri颜色"面板中展开"色轮和匹配"选项组并调整参数，如图7-57所示。增加画面细节，调色前后的对比效果如图7-58所示。

（9）选择"C0668.mp4"视频素材，画面中的白纸曝光过度导致纸上文字看不清，因此需要在"基本校正"选项组中设置曝光度为"-1.2"、对比度为"55"，增强文字对比。但为了不影响画面中的其他色调，这里还需要在"效果控件"面板的"Lumetri颜色"选项组中选择"自由绘制贝塞尔曲线工具" ，沿着白纸和书籍绘制蒙版，使调色效果只对蒙版中的画面有影响，如图7-59所示。

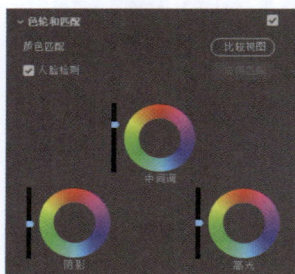

图7-57　调整"色轮和 　　图7-58　调色前后的对 　　　图7-59　绘制蒙版
　　　匹配"组参数 　　　　　　比效果（3）

（10）为了让蒙版看起来更自然，可以在"效果控件"面板中调整蒙版羽化为"20"、蒙版不透明度为"84%"。

（11）选择"C0847.mp4"视频素材，在"Lumetri颜色"面板中展开"基本校正"选项组，单击 自动 按钮自动调色。使用相同的方法依次对"C0857.mp4""C0859.mp4""C0849.mp4"视频素材进行调色处理，部分画面调色前后的对比效果如图7-60所示。

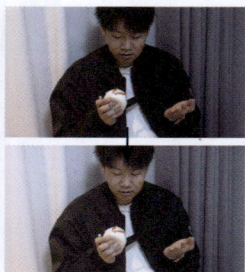

图7-60　部分画面调色前后的对比效果

7.4.4 丰富视频内容

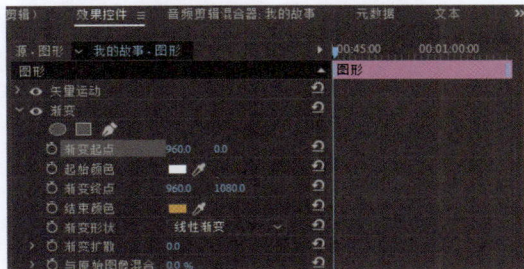

微课视频

丰富视频内容

具有创意性的画面可以添加装饰和背景音乐进行强调，以增强情感的表达和氛围的营造。具体操作如下。

（1）将时间指示器移动到00：00：42：05位置，选择"文字工具" T，在画面上方中间左右输入文字"他喜欢运动"，设置字体为"优设标题黑"、文字大小为"90"、填充为"#FFFFFF"。

（2）为文字添加"渐变"视频特效，在"效果控件"面板中设置起始颜色为"#FFFFFF"、结束颜色为"#EDA63B"，如图7-61所示。然后分别选择"渐变起点""渐变终点"选项，并在"节目"面板中调整起点锚点和终点锚点的位置，如图7-62所示。

图7-61　添加并编辑"渐变"视频特效

图7-62　调整锚点位置

（3）继续为文字添加"投影"视频效果，参数保持默认，然后根据"《我的故事》剧本.docx"文档为画面添加相同风格的解说文字，丰富视频内容。

（4）依次在"C0614.mp4"视频素材的入点、"C0854.mp4"视频素材的入点和出点、"C0624.mp4"视频素材的入点、"C0625.mp4"视频素材的出点处添加"交叉溶解"视频过渡效果。

（5）将"动态线条.mp4"素材拖曳到V4轨道上的00：00：4：05处，然后调整该素材的出点为00：00：44：14、混合模式为"滤色"，效果如图7-63所示。

（6）将"眩晕.mov"素材拖曳到V4轨道上的00：00：52：04处，然后调整该素材的缩放为"30"、旋转为"24°"、出点为00：00：54：03，调整后素材位置如图7-64所示。

图7-63　调整素材混合模式后的效果

图7-64　调整后素材位置（1）

（7）将"乱码.mp4"素材拖曳到V4轨道上的00：00：54：03处，然后调整该素材的出点为00：00：57：07、混合模式为"滤色"，调整素材位置和大小，如图7-65所示。

（8）将"乌鸦.mov"素材拖曳到V4轨道上的00:00:57:08处，然后调整该素材的播放速度为"150%"、出点为00:01:00:12。将"乌鸦音效.mp3"素材拖曳到A2轨道上的00:00:57:20处，然后调整该素材的出点为00:00:59:14。

（9）将"问号.mp4"素材拖曳到V4轨道上的00:01:03:17处，然后调整该素材的缩放为"19"、出点为00:01:04:19、混合模式为"滤色"，调整后素材位置如图7-66所示。

图7-65　调整素材位置和大小　　　　　　　　图7-66　调整后素材位置（2）

（10）将"乌鸦音效.mp3"素材中的00:00:02:14～00:00:03:06片段添加到A2轨道上的00:01:03:23处。

（11）在00:00:04:06处添加"背景1.mp3"音频素材，调整该音频音量级别为"-8"、音频出点为00:00:42:05，并在音频出点处添加"恒定功率"音频过渡效果。在00:00:42:05处添加"背景2.mp3"音频素材，调整该音频音量级别为"-10"、音频出点为00:01:20:00，并在音频出点处添加"恒定功率"音频过渡效果。

（12）按【Ctrl+S】组合键保存文件，并导出MP4格式的视频。

7.5　拓展训练

实训 1　制作秒变漫画趣味短视频

实训要求

（1）为提供的视频素材制作漫画风格的趣味短视频，以增强视觉冲击力。

（2）视频分辨率为1920像素×1080像素，时长在10s以内，导出MP4格式的视频。

（3）将视频中的部分画面处理为漫画风格，使其具有动态感和趣味性，同时通过调色美化视频画面。

操作思路

（1）新建项目，添加视频素材到V1轨道上，调整视频素材的播放速度为"300%"，然后复制一个视频素材到V2轨道上。

（2）为复制的视频素材依次添加"查找边缘""画笔描边""色调分离""彩色浮雕"视频

特效，并调整相应参数，将真实画面变为手绘漫画效果。

（3）添加"手.png"素材到V3轨道上，调整至合适大小和位置后，为该素材添加"颜色键"视频效果，并通过调整参数去除素材中的绿幕。

（4）将V2轨道上的素材嵌套，调整嵌套序列的入点、出点与"手.png"素材入点、出点的一致，然后选择该嵌套序列并绘制蒙版。

（5）利用"Lumetri颜色"面板对V1轨道上的视频素材进行调色处理，美化画面并增强类似漫画画面的对比，然后输入合适的文字，最后添加并剪切背景音乐，调整合适音量，并利用音频过渡效果制作音量逐渐降低的效果。

具体制作过程如图7-67所示。

视频预览

秒变漫画趣味
短视频

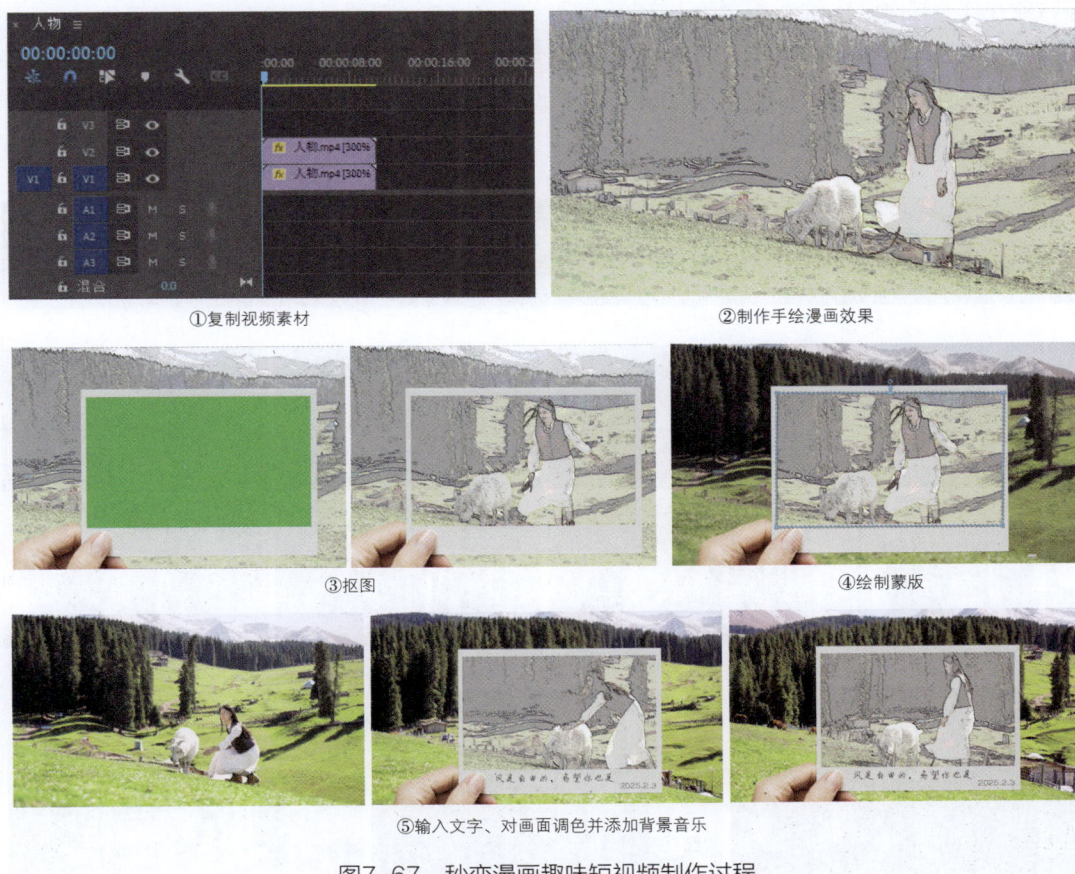

①复制视频素材

②制作手绘漫画效果

③抠图

④绘制蒙版

⑤输入文字、对画面调色并添加背景音乐

图7-67 秒变漫画趣味短视频制作过程

实训 2　制作"草根老板"情景短视频

实训要求

（1）为某自媒体团队制作以"草根老板"为主题的情景短视频，要求根据剧本内容剪辑视频素材，添加音频和字幕，且字幕清晰、可读性强。

（2）视频分辨率为1920像素×1080像素，时长在50s以内，导出MP4格式的视频。

（3）注重视频的画面质量和细节处理，在营造真实感的基础上增强画面美观性。

📝 操作思路

（1）新建符合要求的序列，然后根据"脚本.doc"文档依次添加视频素材，删除视频素材自带的原始音频，并对部分视频素材进行适当剪辑。

（2）新建调整图层，调整其时长至覆盖整个视频，并在"Lumetri颜色"面板中对调整图层进行调色，美化视频画面。

（3）添加转场视频素材，剪切合适时长的视频，再利用"轨道遮罩键"视频特效在片头制作出转场效果，然后在片头添加主题文字并调整到合适时长。

（4）在相应位置添加合适的语音、音效和背景音乐素材，以及字幕内容，注意音画同步；调整合适的字体和文字大小，并利用音频过渡效果制作背景音乐音量逐渐降低的效果。

具体制作过程如图7-68所示。

视频预览

"草根老板"情景短视频

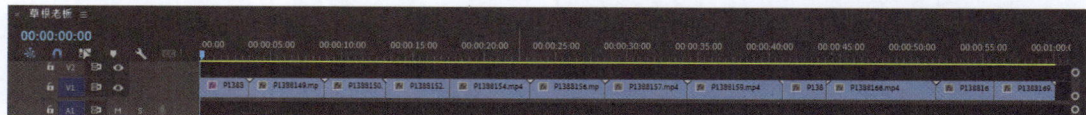
①新建序列并添加视频素材

②调整图层的效果

③输入主题文字并制作转场效果

④添加语音、音效、背景音乐和字幕

图7-68　"草根老板"情景短视频制作过程

7.6 AI辅助设计

腾讯智影 生成数字人播报视频

　　腾讯智影提供的数字人播报功能，可以帮助短视频创作者更好地生成所需视频。数字人播报是一种基于人工智能的语音合成技术，利用计算机模拟真实人类的发声和表情。短视频创作者可以利用数字人播报功能模拟一个数字人在视频中讲话，为观众带来更加自然、真实的语音解说效果，增加观众的代入感和记忆点。例如，使用腾讯智影生成一段讲解李白诗句的数字人播报视频，用于进行创意短视频的制作。

使用方式：数字人播报

使用方式：选择模板/数字人 → 输入播报内容 → 调整播报效果 → 保存并生成播报 → 优化画面 → 合成视频

主要参数：模板、数字人、播报内容、音色、音乐、文字样式等

示例参数

模板：知识课堂

数字人：依丹

播报内容：望庐山瀑布 李白（唐）日照香炉生紫烟，遥看瀑布挂前川。飞流直下三千尺，疑是银河落九天。

文字样式：字符颜色RGBA（184,233,134,1）、描边颜色RGBA（65,117,5,1）、字体为"造字工房格黑体"

示例效果：

WHEE 生成创意特效视频

　　WHEE是美图公司旗下的AI视觉创作工具，提供了文生图、图生图、视频生成、AI改图、AI超清、AI无痕消除、AI模特图等功能。同时网站中还有各种优秀的AI绘画作品实例供短视频创作者参考，短视频创作者可以从中洞察到市场的需求和偏好变化，从而调整设计方向，顺应潮流。在创意短视频制作方面，短视频创作者可以用文字或图像一键生成独特且符合观众个性化需求的视频内容，为观众带来新鲜感。

- 图生视频。图生视频技术通过深度学习模型，分析短视频创作者上传的图片，并自动将其转化为动态的视频内容。这一技术使得静态图片能够呈现出动态的效果，如云、雨、雪、风、水等自然元素的动态化，以及镜头拉近、拉远、平移等效果。
- 文生视频。文生视频技术结合了自然语言处理和视频生成技术，能够根据制作人员提供的文字内容进行语义分析，提取关键信息和情感色彩，然后自动生成视频。

　　例如，通过使用"飞鱼"图像，或通过输入"飞鱼"相关的提示词生成一段创意视频。

使用方式：图生视频

使用方式：上传图像+设置画面尺寸

使用方式：文生视频

使用方式：输入提示词+设置画面尺寸

提示词：幻想插画，大鱼飞翔，巨大的翅膀，蓝天白云，高清分辨率，卡通风格，浪漫，阳光照射，轻盈透明

画面尺寸：16∶9（1280像素×720像素）

示例效果：

拓展训练

　　请参考上述腾讯智影和WHEE的使用方法，尝试生成数字人解说视频和创意短视频，提升对腾讯智影和WHEE的应用能力。

7.7　课后练习

1. 填空题

　　（1）创意短视频的常见类型主要有_____和_____两种。

　　（2）大多数广为传播的创意短视频通常都有一个共同点，即具有_____。

　　（3）_____是腾讯推出的一款云端智能视频编辑工具，支持数字人播报、视频剪辑等功能。

2. 选择题

　　（1）【单选】在Premiere中可以使用（　　）来制作变速视频。

　　A. 矩形工具　　　　　　　　　　　　B. "时间重映射"功能

　　C. 钢笔工具　　　　　　　　　　　　D. "自动匹配序列"功能

　　（2）【单选】在Premiere中可以通过（　　）视频效果来抠取绿幕素材。

　　A. 颜色键　　　　B. 颜色平衡　　　　C. 镜像　　　　D. 高斯模糊

　　（3）【多选】创意是短视频内容的生存之本，而要提高创意短视频的内容质量，可以从（　　）方面入手。

A．讲好故事 　　　　B．内容反转 　　　　C．运用创新技术 　　　　D．结合社会热点

（4）【多选】WHEE的主要功能有（　　）。

A．图生视频 　　　　B．文生视频 　　　　C．AI编曲 　　　　D．音乐推荐

3．操作题

（1）某视频博主准备拍摄一个展示家乡10年来变化的短视频，由于制作周期较长，现需要先制作一个具有电影感的创意短视频预告，然后发布在社交平台引流，要求视频主题名称为"十年巨变"，电影感氛围浓烈且具有创意性，参考效果如图7-69所示。

视频预览

电影感创意片头

图7-69　电影感创意片头预告参考效果

（2）以"青春不散场"为主题，将学生拍摄的毕业照片制作为一个具有纪念意义的毕业季创意短视频。为了提高视觉吸引力，可对照片进行创意风格调色，比如调整为蓝色、黑白色调等，然后利用一些视频特效制作出动画效果，参考效果如图7-70所示。

视频预览

毕业季创意
短视频

图7-70　毕业季创意短视频参考效果

（3）利用腾讯智影制作一个与企鹅相关的创意短视频，要求在视频中添加数字人，数字人的表现自然、流畅，视频内容准确、易懂，为公众带来全新的视觉和听觉体验。

Pr

第　　　　章

综合案例

在实际进行短视频编辑工作时，短视频创作者可能会接触到不同行业、不同风格的商业案例。这些案例不仅涵盖了广泛的题材和领域，还涉及不同的核心和创意需求。通过多样化的商业案例，短视频创作者可以熟练掌握短视频编辑与制作的相关技能，准确把握各类型短视频的核心制作要点，不断学习、进步和成长。

学习目标

▶ 知识目标

◎ 掌握不同行业的短视频制作方法。
◎ 掌握不同类型的短视频制作方法。

▶ 技能目标

◎ 能够综合运用 Premiere 的各项功能完成短视频的制作。
◎ 能够从专业的角度完成不同短视频项目的制作。

▶ 素养目标

◎ 拓宽视野和思维，提升创新能力。
◎ 提高独立完成短视频编辑与制作商业项目的能力。
◎ 保持好奇心和求知欲，不断学习新知识，提升自己的专业素养。

学习引导 📊

STEP 1　相关知识学习　　　　　　　　　建议学时：____1____ 学时

课前预习

1. 扫码了解短视频创作者的职业要求，提升对本行业的基本认知
2. 上网搜索成体系的短视频制作项目，通过这些案例拓宽视野，激发创作灵感

课前预习

电子书

STEP 2　案例实践操作　　　　　　　　　建议学时：____9____ 学时

商业案例

1. 农产品品牌项目设计：制作品牌活动宣传短片、制作农产品展示短视频、制作水果选购知识分享短视频
2. 智能家居企业项目设计：制作家居新品发布宣传短片、制作"我的家居好物分享"Vlog、制作秒变不同家居风格创意短视频
3. 文化宣传项目设计：制作森林防火公益宣传短片、制作中药科普短视频、制作博物馆一日游Vlog

案例欣赏

8.1 农产品品牌项目设计

《"十四五"电子商务发展规划》曾提到：提高农产品标准化、多元化、品牌化、可电商化水平，提升农产品附加值。鼓励运用短视频、直播等新载体，宣传推广乡村美好生态，创新发展网络众筹、预售、领养、定制等产销对接新方式。随着乡村振兴战略的全面展开，众多农产品品牌如雨后春笋。欣芮农产品作为一家专注于高品质农产品销售的品牌，一直致力于为消费者提供健康、安全、美味的农产品。现欣芮农产品需要制作一系列短视频发布到短视频平台上，主要包括品牌活动宣传短片、农产品展示短视频、水果选购知识分享短视频。

8.1.1 制作品牌活动宣传短片

为了庆祝公司成立3周年，并进一步提升品牌影响力和市场竞争力，欣芮农产品决定制作一个品牌活动宣传短片，发布在短视频平台上，以吸引更多潜在消费者的关注和参与。

🗒️ 制作要求

（1）重点突出欣芮农产品周年庆活动的主题，确保观众能够清晰理解视频意图，同时激发观众的参与热情。

（2）整个视频内容需按照"开场画面—品牌介绍—产品展示—活动时间和地点展示—结束画面"的脚本顺序来制作，增加观众对品牌的认同感。

（3）对提供的视频素材进行精心剪辑和后期处理，确保视频节奏紧凑、内容连贯、重点突出，视频画面清晰、色彩饱满，能够准确展示该品牌产品的特点和品质。

（4）根据需要添加字幕和特效，提升视频的观看体验和信息传递效率。

（5）选择适合视频主题的音效和配乐，增强视频的感染力和吸引力。

（6）视频分辨率为1920像素×1080像素，时长控制在40s内，避免时长过长导致观众失去耐心，导出MP4格式的视频文件。

💡 制作思路

（1）依次添加与片头相关的视频素材、背景音乐、语音音频素材并进行剪辑，调整部分视频素材的播放速度，使其时长符合需求，然后根据音频波形添加标记点（由于产品素材只有10个，因此这里只需添加10个标记点）。

（2）根据标记点依次将9个水果和1个蔬菜的视频素材添加到"时间轴"面板中，并将这部分素材全部嵌套。

（3）依次添加其余视频素材，并进行剪辑和调整播放速度，然后为部分视频素材添加合适的视频过渡效果，以及对其进行调色处理。

（4）将语音素材转录为字幕，并修改字幕中的错字，调整段落，以及字幕的字体样式、文字大小和外观。

视频预览

品牌活动宣传
短片

（5）依次在产品相关的视频画面中添加解说文字，并利用"模糊"视频预设效果制作文字入点和出点模糊化的动画效果。

具体制作过程如图8-1所示，参考效果如图8-2所示。

①添加标记点

②根据标记点添加视频素材

③调色前后的画面

④将语音转录为字幕

⑤制作文本动画效果

图8-1　品牌活动宣传短片制作过程

图8-2　品牌活动宣传短片参考效果

图8-2　品牌活动宣传短片参考效果（续）

8.1.2 制作农产品展示短视频

　　玉米即将迎来收获季并将大规模上市，欣芮农产品希望通过展示视频来宣传该产品的特点和优势，吸引更多消费者关注和购买。

制作要求

　　（1）视频画面需要突出展示玉米产品的特点和优势，如产地信息、口感、外观等，让消费者能够全面了解产品。

　　（2）结合画面内容，添加合适的字幕对画面内容进行描述，让消费者能够更加直观地获取到有效信息。

　　（3）添加背景音乐、配音和音效，以增强视频的吸引力和情感共鸣。

　　（4）视频分辨率为1920像素×1080像素，时长在14s左右，导出MP4格式的视频文件。

制作思路

　　（1）导入所需的音视频素材，然后新建符合要求的序列，再添加语音素材，并根据语音内容依次在序列中添加视频素材，并进行剪辑和调整播放速度。

　　（2）使用"Lumetri颜色"面板优化部分素材的画面色彩，如增加色彩对比度、提高整体明亮度和饱和度等。

　　（3）使用"基本图形"面板添加图形模板作为视频片头，并修改其中的文字内容，然后适当调整文字样式、颜色，使文字信息具有层次感，让观众能够快速获取到重要信息，适当更换其中的装饰元素，使其更符合当前画面效果。

　　（4）继续利用图形模板在视频中添加解说文字，文字内容与语音内容保持一致，同时调整模板中的文字字体样式、文字的大小和颜色，以及动画关键帧的位置。

　　（5）在视频末尾添加装饰素材，调整其位置和大小，并为该素材添加"颜色键"视频特效，通过调整其参数去除素材中的黑色背景。

　　（6）在掰玉米动作出现时添加掰玉米音效，在人物张嘴咬玉米时添加汁水音效，丰富视频画面，然后添加背景音乐并调整音量和出点，再使用音频过渡效果制作淡出效果。

　　具体制作过程如图8-3所示，最终参考效果如图8-4所示。

视频预览

农产品展示
短视频

①添加音视频素材并剪辑视频

②调色前后的画面

③利用图形模板制作片头   ④利用图形模板添加解说文字

⑤添加装饰素材   ⑥添加音效和背景音乐

图8-3   农产品展示短视频制作过程

图8-4   农产品展示短视频参考效果

8.1.3 制作水果选购知识分享短视频

随着生活水平的提升，食品安全成为越来越多人关注的焦点。在此背景下，欣芮农产品打算制作一系列"水果选购知识分享短视频"（本期短视频以"草莓"为主题），旨在通过直观、生动且易于理解的方式，向广大消费者传授草莓选购的实用技巧，并潜在传递该品牌产品优质的信息。

制作要求

（1）采用清新明亮的色调，搭配高质量的水果实拍视频，营造健康、美味的氛围。

（2）使用简洁明了的字幕说明关键信息，适当添加动画效果以增强视觉吸引力。

（3）选择轻快愉悦的背景音乐，与视频内容相协调，提升观看体验。

（4）采用亲切自然的语调进行配音和旁白，确保信息传递清晰准确。

（5）视频分辨率为1080像素×1920像素，时长在30s左右，导出MP4格式的视频文件。

制作思路

（1）新建分辨率为1080像素×1920像素的序列，然后添加视频素材，并依次剪辑出需要的视频片段。复制所有视频片段并向上移动一个轨道，将V1轨道上的视频素材嵌套。调整嵌套序列的大小，然后为嵌套序列添加"高斯模糊"视频特效模糊画面。

（2）新建调整图层，利用"Lumetri颜色"面板制作出暗角效果，营造出电影氛围，再在两者之间应用视频过渡效果。

（3）在画面顶部绘制2个矩形，添加黑色描边并填充不同的颜色，然后在矩形中输入不同粗细和大小的文字，作为视频主题，再添加草莓图案作为装饰。

（4）在画面底部复制步骤（3）中2个矩形和草莓装饰图案，调整位置和大小，并通过调整矩形的角半径将其转换为圆角矩形，再修改其中的文字内容。

（5）在画面底部继续添加草莓装饰素材，并调整其大小和位置，然后添加语音素材，并将其转换为字幕，最后对字幕进行编辑和添加背景音乐。

具体制作过程如图8-5所示，最终参考效果如图8-6所示。

视频预览

水果选购知识
分享短视频

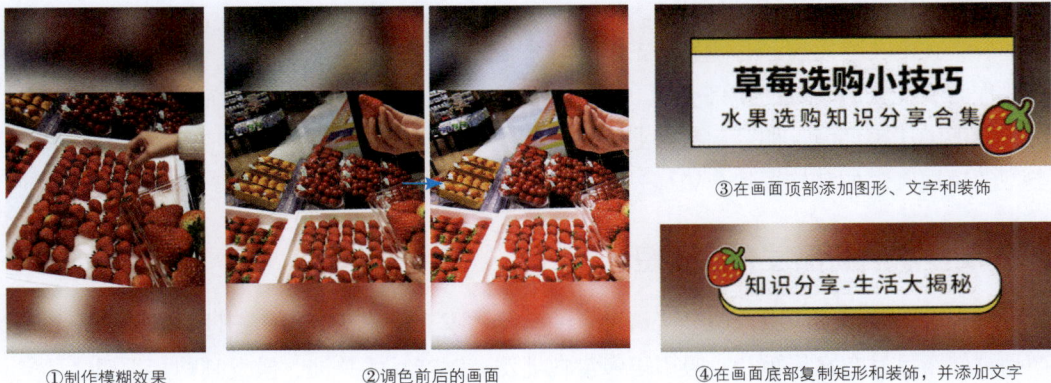

①制作模糊效果　　　　②调色前后的画面　　　　③在画面顶部添加图形、文字和装饰

④在画面底部复制矩形和装饰，并添加文字

图8-5 水果选购知识分享短视频制作过程

图8-6　水果选购知识分享短视频参考效果

8.2　智能家居企业项目设计

　　随着科技的飞速发展，智能家居产品正逐步成为现代家庭不可或缺的一部分。至伽智能家居企业作为智能家居领域的新兴品牌，致力于将前沿科技融入日常生活，为消费者打造智能、便捷、舒适的居家环境。如今，该企业为了在智能家居市场中占据一席之地，决定制作多个不同类型的短视频，如宣传短片、Vlog、创意短视频，在短视频平台上进行一系列宣传活动。

8.2.1　制作家居新品发布宣传短片

　　近期，至伽智能家居深入研究了消费者的实际需求，推出了全新的扫地机器人，现需要为该产品制作新品发布宣传短片，吸引更多潜在消费者对产品的关注，激发其购买欲望。

制作要求

（1）宣传短片需围绕"智能、便捷、舒适"的核心理念展开，通过生动的场景展示和富有感染力的文案，展现扫地机器人在家庭生活中的实际应用效果。

（2）营造出温馨、舒适的家居氛围，凸显产品的科技感和现代感。

（3）视频分辨率为1920像素×1080像素，时长在50s以内，导出MP4格式的视频文件。

制作思路

（1）新建序列，添加"片头"视频素材和语音素材，调整到合适音量，并将语音转换为字幕，调整字幕样式和位置。

（2）在产品名称字幕出现时添加产品图片素材，调整产品显示时长和大小，再利用蒙版使其与视频画面相融合，并为该素材添加合适的视频过渡效果。

（3）添加语音素材，并根据语音内容依次添加产品亮点的相关视频素材，对视频素材进行剪辑、调整播放速度和画面大小。

（4）根据视频画面的内容添加相应的文案，并利用视频过渡效果制作渐显动画，然后添加装饰背景和字幕背景素材，丰富画面效果，最后添加背景音乐并调整音量。

视频预览

家居新品发布
宣传短片

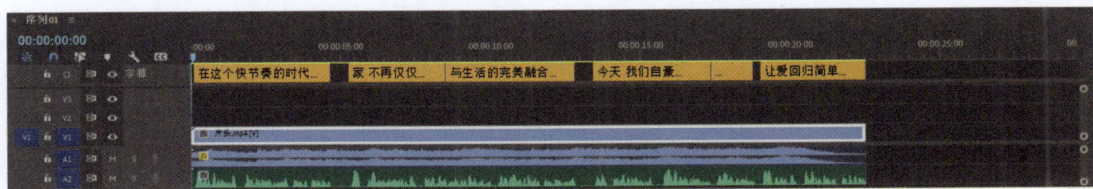

具体制作过程如图8-7所示，最终参考效果如图8-8所示。

①新建序列并添加素材和字幕

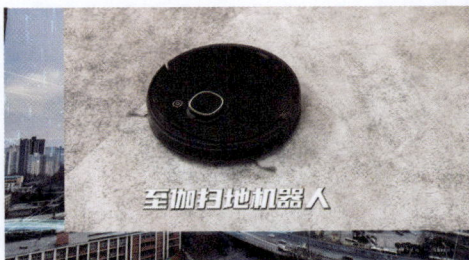

②添加产品图片

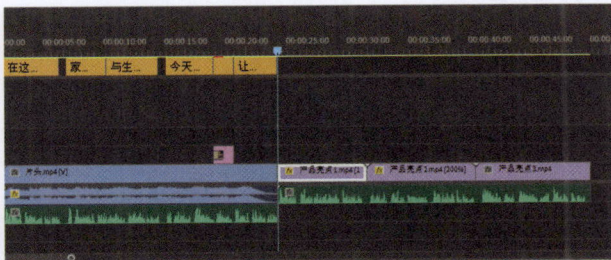

③添加并剪辑产品亮点相关音频、视频素材

④添加文案并制作动画效果

图8-7　家居新品发布宣传短片制作过程

图8-8　家居新品发布宣传短片参考效果

8.2.2 制作"我的家居好物分享"Vlog

至伽智能家居企业准备制作一期"我的家居好物分享"Vlog，向观众展示并大力推荐企业旗下的热销产品——智能音箱，以提高该产品的销售额。

制作要求

（1）结合实物展示和实际操作，详细介绍其设计亮点，分享自己使用后的真实感受，让观众感受到产品的品质。

（2）在封面中添加重要信息或品牌名称，方便观众理解和记忆。

（3）合理安排镜头和语音顺序，用转场效果使视频过渡自然。

（4）视频分辨率为1080像素×1920像素，时长在30s左右，导出MP4格式的视频文件。

制作思路

（1）新建分辨率为1080像素×1920像素的序列，再添加图片素材，并调整素材时长、大小和位置，制作封面背景图。

（2）在封面背景图中输入主题文字，再利用视频过渡效果制作文字动画，最后导入装饰素材，完成封面的制作。依次添加2段视频素材，调整素材大小和时长，并在这2段视频素材右下角添加统一的装饰元素。

（3）为2段视频素材依次添加语音素材，并调整到合适位置。为第2段视频素材添加位置关键帧，使智能音箱语音响起时画面移动到智能音箱处；然后在第1段和第2段视频素材之间添加转场素材，将其调整到合适大小，并利用"颜色键"视频特效去除素材中的黑色背景。

（4）当人物语音响起时，添加装饰素材，并截取需要的片段，调整其大小和位置；当智能音箱语音结束时添加音符素材与背景音乐素材，并对素材进行调整，最后分别在人物和音箱语音出现时添加对应的字幕。

视频预览

"我的家居好物
分享"Vlog

具体制作过程如图8-9所示，最终参考效果如图8-10所示。

①制作封面背景图　　②添加并调整视频素材和装饰　　③添加并调整转场素材　　④添加相应字幕

图8-9　"我的家居好物分享"Vlog制作过程

图8-10　"我的家居好物分享"Vlog参考效果

8.2.3 制作秒变不同家居风格创意短视频

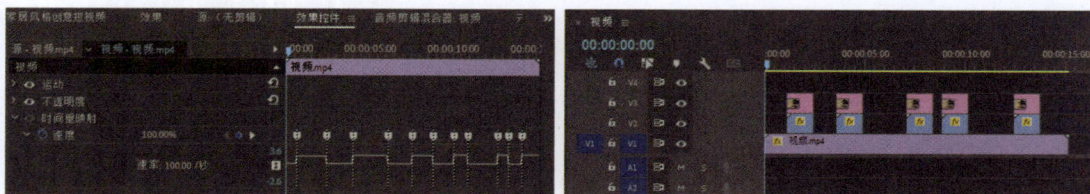

将至伽智能家居拍摄的多种家居装修风格视频素材，制作成具有趣味性的创意短视频，激发观众对家居装修的兴趣与灵感。

制作要求

（1）选择节奏明快的背景音乐，带动视频的整体氛围。
（2）切换文字和画面时快速转场，增强视觉冲击力。
（3）视频分辨率为1920像素×1080像素，时长在15s左右，导出MP4视频文件。

制作思路

（1）添加视频素材，利用"时间重映射"功能制作出变速效果。
（2）依次在相应的视频素材左侧添加风格描述文案，并为文案添加"急摇"视频过渡效果，添加"装饰3.mp4"视频素材作为文案背景，调整装饰素材的大小、位置和混合模式。
（3）为视频添加"裁剪"视频特效，并利用顶部和底部关键帧制作出黑幕从画面中间慢慢展现的动画效果，完成主场景的制作。
（4）新建序列，然后添加背景图片，调整其大小和位置。添加"装饰1.mp4""装饰2.mp4"视频素材以丰富画面效果，并调整素材的播放速度、混合模式和不透明度。
（5）将主场景添加到新序列中，调整其位置和大小，使其与背景图片中的电视屏幕一致（如果画面边缘与电视屏幕边缘不贴合，可以利用"裁剪"视频特效剪掉不需要的部分）。为主场景和背景图片都添加"变换"视频特效，并通过关键帧制作出从电视屏幕向外穿梭到画面中的效果。

视频预览

秒变不同家居风格创意短视频

具体制作过程如图8-11所示，最终参考效果如图8-12所示。

①添加视频素材并制作变速效果 ②添加文案和装饰

③制作开幕动画效果 ④为背景图片添加装饰素材 ⑤添加主场景到背景图片中

图8-11 秒变不同家居风格创意短视频制作过程

图8-12　秒变不同家居风格创意短视频参考效果

8.3 文化宣传项目设计

鉴于当前社会对文化传承与创新的高度重视，某文化部门决定启动一项综合性的文化宣传项目，该项目旨在通过创意化、数字化的手段，弘扬优秀传统文化，提升全民素养，积极响应时代需求，关注生态安全，共同构建和谐社会。本项目精心策划了3个内容板块：森林防火公益宣传短片、中药科普短视频、博物馆一日游Vlog。

设计大讲堂

对于这类综合性的文化宣传项目，首先，短视频创作者应具有深厚的文化底蕴和跨学科的知识储备，对中国传统文化有深入的了解，以便在项目中准确传达文化精髓；其次，在创作过程中，短视频创作者需确保所有信息准确无误，提升内容的可信度和权威性；最后，短视频创作者需保持对新知识、新技术、新趋势的敏感度，不断学习和提升自己的专业素养。

8.3.1 制作森林防火公益宣传短片

制作森林防火公益宣传短片，提高观众对森林防火重要性的认识，共同守护绿水青山，维护生态平衡。

设计要求

（1）清晰、准确地传达森林防火的重要性，使用简洁有力的语言打动观众。

（2）视频分辨率为1920像素×1080像素，时长在36s左右，导出MP4格式的视频文件。

设计思路

（1）新建序列，添加第1段视频素材，将其调整到合适大小，并使用"Lumetri颜色"面板增加画面亮度和饱和度。

（2）依次在视频中添加3段与森林重要性相关的文字，并调整文字的显示时长，然后分别为每段文字添加模糊类视频预设效果。

（3）添加第2段视频素材，将其剪辑到合适时长再添加相应文字，然后为文字添加蒙版，并利用蒙版路径关键帧制作出文字渐入效果。

（4）添加第3段视频素材，调整视频播放速度，为该段视频素材添加与森林防火危害相关的文字，并为该文字添加模糊类视频预设效果。

（5）添加火焰视频素材，然后输入"森林防火 人人有责"文字，再利用"轨道遮罩键"制作出火焰在文字中燃烧的效果。将火焰素材和文字嵌套，并利用缩放关键帧制作出火焰文字从放大到逐渐缩小的画面效果。

（6）最后添加背景音频，并调低音频音量，避免让观众产生不适感，然后应用音频过渡效果，使音频消失过渡自然。

视频预览

森林防火公益
宣传短片

具体制作过程如图8-13所示，最终参考效果如图8-14所示。

①调色前后的画面　　　　　　②添加文字　　　　　　③为文字添加蒙版

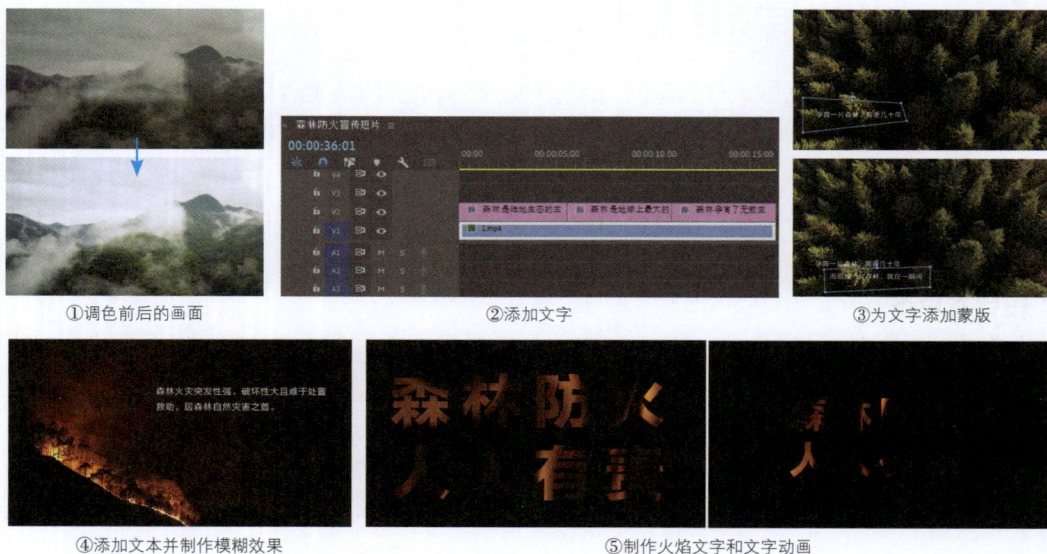

④添加文本并制作模糊效果　　　　　⑤制作火焰文字和文字动画

图8-13　森林防火公益宣传短片制作过程

图8-14　森林防火公益宣传短片参考效果

8.3.2　制作中药科普短视频

制作中药科普短视频，深入浅出地介绍中药的基本知识、功效与作用机制，让观众了解中药的魅力和价值，促进中药文化的传承与发展。

设计要求

（1）视频分辨率为720像素×1280像素，时长在40s以内，导出MP4格式的视频文件。

（2）画面内容以简洁明了为主，在片头处以"中药小知识"为标题。

（3）字幕文本以科普中药为主，确保准确，避免传播错误信息。

设计思路

（1）新建序列并依次添加视频素材，调整视频素材的缩放、位置，以及入点、出点和播放速度。在片头添加标题文字，并为其制作特殊效果，然后利用视频过渡效果设计文字动画效果。

（2）添加配音并将其转录为字幕，修改字幕中的错字和断句，再调整每段字幕在轨道上的入点和出点，以及字幕的外观样式和位置。

（3）添加背景音乐并降低音频音量，然后调整音频的出点，并在入点和出点处均添加音频过渡效果，使音频淡入淡出。

视频预览

中药科普短视频

具体制作过程如图8-15所示，最终参考效果如图8-16所示。

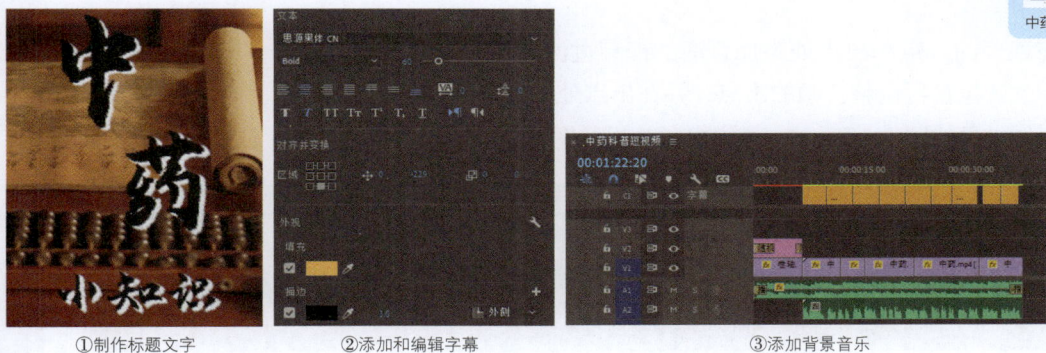

①制作标题文字　　　②添加和编辑字幕　　　③添加背景音乐

图8-15　中药科普短视频制作过程

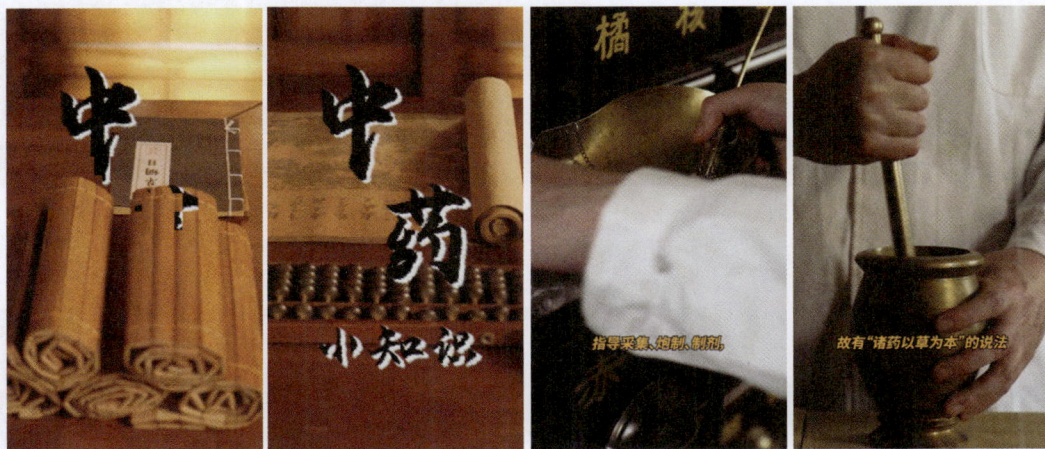

图8-16　中药科普短视频参考效果

8.3.3 制作博物馆一日游Vlog

通过制作博物馆一日游Vlog，以视频博主的亲身体验和精彩解说，带领观众"云游"兵马俑博物馆，拓宽观众的文化视野，激发观众对文化遗产的保护意识和对历史文化的兴趣。

设计要求

（1）简短介绍博物馆概况，包括位置、重要性及本次游览的顺序。

（2）添加必要的语音和字幕，方便观众理解。

（3）视频分辨率为1920像素×1080像素，时长在30s左右，导出MP4格式的视频文件。

设计思路

（1）新建序列，添加配音并将其转录为字幕，修改字幕中的错字、断句、入点和出点后，再依次根据语音内容添加视频素材并剪辑，以及调整播放速度。

（2）统一调整所有字幕的外观样式和位置，然后在画面右上角添加短视频的主题文字。

视频预览

（3）在视频的入点和出点处添加合适的视频过渡效果，最后添加背景音乐并降低音频音量，再调整音频的出点，并在出点处添加音频过渡效果。

具体制作过程如图8-17所示，最终参考效果如图8-18所示。

博物馆一日游
Vlog

①新建序列并添加语音和视频素材

②添加主题文字

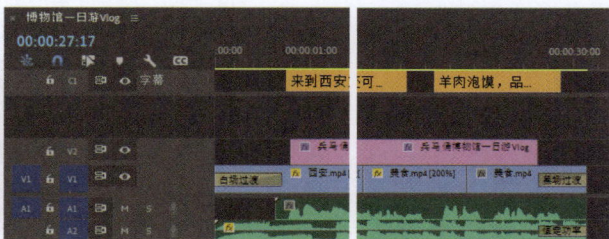
③添加视频过渡效果和背景音乐

图8-17　博物馆一日游Vlog制作过程

图8-18　博物馆一日游Vlog参考效果